北大社·"十四五"普通高等教育本科规划教材
高等院校汽车专业"互联网+"创新规划教材

# 新能源汽车技术

## （第 4 版）

崔胜民　编著

## 内 容 简 介

本书全面、系统地论述了新能源汽车技术,阐述了发展新能源汽车的必要性,新能源汽车的定义、分类、技术体系、标准体系和技术路线;重点介绍了电动汽车用动力电池和电动机的类型、基本结构、工作原理、特点等,以及纯电动汽车、增程式电动汽车、混合动力电动汽车、燃料电池电动汽车的结构、原理及传动系统参数匹配和仿真等。 书中内容既有在新能源汽车上已经广泛应用的成熟技术,又有近年来发展的一些高新技术。

本书内容丰富,图文并茂,实用性强,可作为高等院校车辆工程及其相关专业的教材,也可作为从事新能源汽车相关领域工程技术人员、管理人员和科研人员的参考用书。

**图书在版编目(CIP)数据**

新能源汽车技术/崔胜民编著 . —4 版 . —北京:北京大学出版社,2023.1
高等院校汽车专业"互联网+"创新规划教材
ISBN 978‐7‐301‐33376‐1

Ⅰ. ①新… Ⅱ. ①崔… Ⅲ. ①新能源—汽车—高等学校—教材 Ⅳ. ①U469.7

中国版本图书馆 CIP 数据核字(2022)第 176845 号

| | |
|---|---|
| 书 名 | 新能源汽车技术(第 4 版) |
| | XINNENGYUAN QICHE JISHU (DI‐SI BAN) |
| 著作责任者 | 崔胜民 编著 |
| 策划编辑 | 童君鑫 |
| 责任编辑 | 孙 丹 童君鑫 |
| 数字编辑 | 蒙俞材 |
| 标准书号 | ISBN 978‐7‐301‐33376‐1 |
| 出版发行 | 北京大学出版社 |
| 地 址 | 北京市海淀区成府路 205 号 100871 |
| 网 址 | http://www.pup.cn 新浪微博:@北京大学出版社 |
| 电子邮箱 | 编辑部 pup6@pup.cn 总编室 zpup@pup.cn |
| 电 话 | 邮购部 010‐62752015 发行部 010‐62750672 编辑部 010‐62750667 |
| 印 刷 者 | 河北文福旺印刷有限公司 |
| 经 销 者 | 新华书店 |
| | 787 毫米×1092 毫米 16 开本 18 印张 432 千字 |
| | 2009 年 9 月第 1 版 2014 年 2 月第 2 版 2020 年 8 月第 3 版 |
| | 2023 年 1 月第 4 版 2025 年 6 月第 3 次印刷 |
| 定 价 | 54.00 元 |

未经许可,不得以任何方式复制或抄袭本书之部分或全部内容。
**版权所有,侵权必究**
举报电话:010‐62752024 电子邮箱:fd@pup.cn
图书如有印装质量问题,请与出版部联系,电话:010‐62756370

# 第 4 版前言

《新能源汽车产业发展规划（2021—2035 年）》已经正式颁布，发展新能源汽车是我国从汽车大国迈向汽车强国的必由之路，是应对气候变化、推动绿色发展的战略举措。到 2035 年，新能源汽车销量要至少占汽车总销量的 50%。

编著者对《新能源汽车技术》（第 3 版）进行了全面修订，删除了一些与当前新能源汽车技术不符的内容，增加了仿真实例，更适合作为教材使用。

本书全面、系统地论述了新能源汽车技术。全书共分 7 章，第 1 章阐述了发展新能源汽车的必要性，新能源汽车的定义、分类、技术体系、标准体系、技术路线；第 2 章阐述了电池的分类和性能指标、动力蓄电池的结构类型和组合方式、对电动汽车用动力蓄电池的要求，对铅酸蓄电池和镍氢蓄电池的基本结构、工作原理及特点进行了简单介绍，对锂离子蓄电池和燃料电池进行了重点介绍；第 3 章阐述了电动机的分类、主要性能指标和电动汽车对电动机的要求，对直流电动机、无刷直流电动机、开关磁阻电动机、轮毂电动机、电驱动系统进行了简单介绍，对异步电动机和永磁同步电动机进行了重点介绍；第 4 章阐述了纯电动汽车的组成、工作原理、驱动形式和特点，对纯电动汽车的传动系统的参数匹配、动力性和经济性，电池管理系统和制动能量回收系统进行了重点介绍；第 5 章阐述了增程式电动汽车的结构、工作模式和特点，对增程式电动汽车传动系统的参数匹配、控制策略、动力系统建模与仿真进行了介绍；第 6 章阐述了混合动力电动汽车的分类、组成与原理、动力耦合类型和特点，对混合动力电动汽车的传动系统参数匹配、制动能量回收系统和能量管理进行了重点介绍；第 7 章阐述了燃料电池电动汽车的类型、特点、对燃料电池的基本要求和关键技术，对燃料电池电动汽车的组成与原理、燃料电池电动汽车传动系统的参数匹配和能量控制策略进行了重点介绍。

本书每章都有教学目标、教学要求和导入案例，并配有练习题，便于学生学习和复习，巩固学习内容，增强学习效果；同时配有课程思政，把思政教育融入专业课程教学。本课程至少需要 32 学时，各章参考教学课时参见教学要求，授课内容和授课学时可根据实际情况调整。建议仿真实例作为课后练习，以提高学生解决问题的能力。

由于编著者学识有限，书中不妥之处在所难免，恳请读者给予指正。

编著者

2022 年 11 月

资源索引

# 目 录

- 第1章 绪论 ········· 1
  - 1.1 发展新能源汽车的必要性 ······· 2
  - 1.2 新能源汽车的定义 ······· 3
  - 1.3 新能源汽车的分类 ······· 4
  - 1.4 新能源汽车的技术体系 ······· 6
  - 1.5 新能源汽车的标准体系 ······· 7
  - 1.6 新能源汽车的技术路线 ······· 7
  - 思考题 ········· 11
- 第2章 电动汽车用动力蓄电池 ······· 13
  - 2.1 概述 ········· 14
    - 2.1.1 电池的分类 ······· 14
    - 2.1.2 电池的性能指标 ······· 15
    - 2.1.3 动力蓄电池的结构类型 ······· 20
    - 2.1.4 动力蓄电池的组合方式 ······· 23
    - 2.1.5 电动汽车对动力蓄电池的要求 ······· 25
  - 2.2 铅酸蓄电池 ········· 26
    - 2.2.1 铅酸蓄电池的基本结构 ······· 26
    - 2.2.2 铅酸蓄电池的工作原理 ······· 27
    - 2.2.3 铅酸蓄电池的特点 ······· 28
  - 2.3 镍氢蓄电池 ········· 28
    - 2.3.1 镍氢蓄电池的基本结构 ······· 29
    - 2.3.2 镍氢蓄电池的工作原理 ······· 29
    - 2.3.3 镍氢蓄电池的特点 ······· 30
  - 2.4 锂离子蓄电池 ········· 31
    - 2.4.1 锂离子蓄电池的类型 ······· 31
    - 2.4.2 锂离子蓄电池的基本结构 ······· 33
    - 2.4.3 锂离子蓄电池的工作原理 ······· 34
    - 2.4.4 锂离子蓄电池的特点 ······· 35
    - 2.4.5 锂离子蓄电池的主要材料 ······· 36
    - 2.4.6 锂离子蓄电池的尺寸要求 ······· 42
    - 2.4.7 锂离子蓄电池的技术要求 ······· 45
  - 2.5 燃料电池 ········· 47
    - 2.5.1 质子交换膜燃料电池的基本结构 ······· 48
    - 2.5.2 质子交换膜燃料电池的工作原理 ······· 49
    - 2.5.3 质子交换膜燃料电池的特点 ······· 50
    - 2.5.4 质子交换膜燃料电池的主要部件 ······· 50
    - 2.5.5 燃料电池堆 ······· 60
    - 2.5.6 燃料电池发电系统 ······· 63
  - 2.6 新体系电池 ········· 68
    - 2.6.1 全固态锂离子蓄电池 ······· 68
    - 2.6.2 锂硫电池 ······· 71
    - 2.6.3 金属空气电池 ······· 72
    - 2.6.4 石墨烯电池 ······· 72
  - 思考题 ········· 73
- 第3章 电动汽车用电动机 ······· 75
  - 3.1 概述 ········· 76
    - 3.1.1 电动机的分类 ······· 76
    - 3.1.2 电动机的主要性能指标 ······· 78
    - 3.1.3 电动汽车对驱动电动机的要求 ······· 78
  - 3.2 直流电动机 ········· 79
    - 3.2.1 直流电动机的分类 ······· 79
    - 3.2.2 直流电动机的结构与特点 ······· 81
    - 3.2.3 直流电动机的工作原理 ······· 82
    - 3.2.4 直流电动机的控制 ······· 83
  - 3.3 无刷直流电动机 ········· 84
    - 3.3.1 无刷直流电动机的分类 ······· 84
    - 3.3.2 无刷直流电动机的结构与特点 ······· 85

3.3.3　无刷直流电动机的工作
　　　　　原理 …………………… 86
　　3.3.4　无刷直流电动机的控制 … 87
3.4　异步电动机 ………………………… 88
　　3.4.1　异步电动机的结构与
　　　　　特点 …………………… 88
　　3.4.2　异步电动机的工作原理 … 90
　　3.4.3　异步电动机的运行特性 … 90
　　3.4.4　异步电动机的数学模型 … 92
　　3.4.5　异步电动机的控制 ……… 94
3.5　永磁同步电动机 …………………… 98
　　3.5.1　永磁同步电动机的结构与
　　　　　特点 …………………… 98
　　3.5.2　永磁同步电动机的运行原理
　　　　　与运行特性 …………… 100
　　3.5.3　永磁同步电动机的数学
　　　　　模型 …………………… 102
　　3.5.4　永磁同步电动机的
　　　　　控制 …………………… 103
3.6　开关磁阻电动机 ………………… 106
　　3.6.1　开关磁阻电动机的结构
　　　　　与特点 ………………… 106
　　3.6.2　开关磁阻电动机的工作
　　　　　原理与运行特性 ……… 107
　　3.6.3　开关磁阻电动机的
　　　　　控制 …………………… 109
3.7　轮毂电动机 ……………………… 111
3.8　电驱动系统 ……………………… 114
思考题 …………………………………… 120

## 第4章　纯电动汽车 …………………… 122

4.1　概述 ……………………………… 123
　　4.1.1　纯电动汽车的组成 …… 123
　　4.1.2　纯电动汽车的工作
　　　　　原理 …………………… 124
　　4.1.3　纯电动汽车的驱动
　　　　　形式 …………………… 125
　　4.1.4　纯电动汽车的特点 …… 128
4.2　纯电动汽车动力传动系统的参数
　　匹配 ……………………………… 128
　　4.2.1　电动机的参数匹配 …… 129
　　4.2.2　动力传动系统传动
　　　　　比匹配 ………………… 130
　　4.2.3　电池的参数匹配 ……… 131
　　4.2.4　仿真实例 ……………… 132
4.3　纯电动汽车的动力性 …………… 136
　　4.3.1　驱动电动机的外特性 … 136
　　4.3.2　纯电动汽车的驱动力
　　　　　和行驶阻力 …………… 137
　　4.3.3　纯电动汽车的动力性
　　　　　评价指标 ……………… 137
　　4.3.4　仿真实例 ……………… 139
4.4　纯电动汽车的经济性 …………… 143
　　4.4.1　纯电动汽车的经济性评价
　　　　　指标 …………………… 143
　　4.4.2　纯电动汽车的经济性计算
　　　　　方法 …………………… 146
　　4.4.3　纯电动汽车的续驶
　　　　　里程 …………………… 148
　　4.4.4　仿真实例 ……………… 150
4.5　纯电动汽车电池管理系统 ……… 160
　　4.5.1　电池管理系统的定义 … 160
　　4.5.2　电池管理系统的组成 … 160
　　4.5.3　电池管理系统的功能 … 161
　　4.5.4　电池管理系统的工作
　　　　　模式 …………………… 163
　　4.5.5　电池管理系统的参数
　　　　　检测 …………………… 164
　　4.5.6　动力蓄电池荷电状态（SOC）
　　　　　估算方法 ……………… 167
4.6　纯电动汽车制动能量回收系统 … 169
　　4.6.1　纯电动汽车制动能量回收
　　　　　系统的结构 …………… 169
　　4.6.2　纯电动汽车制动能量回收
　　　　　系统的原理 …………… 169
　　4.6.3　纯电动汽车制动能量回收
　　　　　控制策略 ……………… 170
4.7　纯电动汽车的仿真 ……………… 173
思考题 …………………………………… 176

## 第 5 章 增程式电动汽车 …………… 179

### 5.1 概述 ……………………… 180
- 5.1.1 增程式电动汽车的结构 ……………… 180
- 5.1.2 增程式电动汽车的工作模式 ……………… 182
- 5.1.3 增程式电动汽车的特点 ……………… 185

### 5.2 增程式电动汽车动力传动系统的参数匹配 ………… 187
- 5.2.1 驱动电动机的参数匹配 ……………… 187
- 5.2.2 动力蓄电池的参数匹配 ……………… 189
- 5.2.3 增程器的参数匹配 …… 189
- 5.2.4 设计实例 ……………… 190
- 5.2.5 动力传动系统的参数优化方法 ……………… 191

### 5.3 增程式电动汽车的控制策略 ………… 192
- 5.3.1 增程式电动汽车的控制策略概述 ……………… 193
- 5.3.2 增程式电动汽车的控制策略设计 ……………… 194

### 5.4 增程式电动汽车的动力系统建模与仿真 ……………… 199
- 5.4.1 Cruise 软件整车建模 …… 199
- 5.4.2 联合仿真模块 ………… 201
- 5.4.3 仿真结果 ……………… 203

思考题 ……………………………… 207

## 第 6 章 混合动力电动汽车 ………… 209

### 6.1 概述 ……………………… 210
- 6.1.1 混合动力电动汽车的分类 ……………… 210
- 6.1.2 混合动力电动汽车的组成与原理 ……………… 211
- 6.1.3 混合动力电动汽车的动力耦合类型 ……………… 215
- 6.1.4 混合动力电动汽车的特点 ……………… 219

### 6.2 混合动力电动汽车传动系统的参数匹配 ………… 221
- 6.2.1 发动机和电动机的参数匹配 ……………… 221
- 6.2.2 机械变速结构传动比匹配 ……………… 222
- 6.2.3 蓄电池的参数匹配 …… 223
- 6.2.4 仿真实例 ……………… 224

### 6.3 混合动力电动汽车制动能量回收系统 ……………… 232
- 6.3.1 混合动力电动汽车制动力分配控制策略 ………… 233
- 6.3.2 混合动力电动汽车制动力分配控制策略的实现 … 236

### 6.4 混合动力电动汽车的能量管理 … 238
- 6.4.1 混合动力电动汽车的能量管理策略 ……………… 238
- 6.4.2 混合动力电动汽车的工作模式 ……………… 240
- 6.4.3 混合动力电动汽车的模糊逻辑能量管理策略 …… 242

思考题 ……………………………… 249

## 第 7 章 燃料电池电动汽车 ………… 252

### 7.1 概述 ……………………… 253
- 7.1.1 燃料电池电动汽车的类型 ……………… 253
- 7.1.2 燃料电池电动汽车的特点 ……………… 256
- 7.1.3 燃料电池电动汽车对燃料电池的基本要求 ……… 257
- 7.1.4 燃料电池电动汽车的关键技术 ……………… 257

### 7.2 燃料电池电动汽车的组成与工作原理 ……………… 260
- 7.2.1 燃料电池电动汽车的组成 ……………… 260
- 7.2.2 燃料电池电动汽车的工作原理 ……………… 264

7.3 燃料电池电动汽车传动系统的参数匹配 …………… 264
 7.3.1 驱动电动机的参数匹配 …………………… 264
 7.3.2 燃料电池的参数匹配 …… 266
 7.3.3 辅助动力源的参数匹配 …………………… 266
 7.3.4 传动系传动比匹配 …… 267
 7.3.5 仿真实例 ………………… 267

7.4 燃料电池电动汽车的能量控制策略 …………………… 271
 7.4.1 On/Off 控制策略 ……… 271
 7.4.2 功率跟随控制策略 …… 271
 7.4.3 瞬时优化最佳能耗控制策略 …………………… 273

思考题 ………………………… 274

**参考文献** ……………………… 276

**附录　AI 伴学内容及提示词** ………… 278

# 第1章 绪 论

 教学目标

通过本章的学习,要求读者了解发展新能源汽车的必要性,掌握新能源汽车的定义、分类、技术体系,了解新能源汽车的标准体系和技术路线。

 教学要求

| 知识要点 | 能力要求 | 参考学时 |
| --- | --- | --- |
| 发展新能源汽车的必要性 | 了解燃油汽车产生的负面问题;了解发展新能源汽车的原因 | 2 |
| 新能源汽车的定义 | 掌握新能源汽车的定义;了解未来新能源汽车应具有的特征 | |
| 新能源汽车的分类 | 掌握纯电动汽车、混合动力电动汽车和燃料电池电动汽车的定义,能够分析现有新能源车型 | |
| 新能源汽车的技术体系 | 掌握新能源汽车"三纵三横"技术体系的内容 | |
| 新能源汽车的标准体系 | 了解新能源汽车的标准体系及已经颁布的新能源汽车的主要国家标准 | |
| 新能源汽车的技术路线 | 了解新能源汽车的发展愿景、总体目标、主要里程碑、技术路线图 | |

**导入案例**

《新能源汽车产业发展规划（2021—2035年）》明确指出，发展新能源汽车是我国从汽车大国迈向汽车强国的必由之路，是应对气候变化、推动绿色发展的战略举措。2035年，新能源汽车销量要占汽车总销量的50%。图1.1所示为雪佛兰新能源汽车。

图1.1 雪佛兰新能源汽车

为什么要发展新能源汽车？如何定义和分类新能源汽车？新能源汽车技术体系、标准体系和技术路线图是怎样的？通过本章的学习，读者可以得到答案。

## 1.1 发展新能源汽车的必要性

汽车已经成为当今社会的重要交通工具，极大地缩短了人与人之间的空间距离，方便了人们的生活。但燃油汽车保有量的快速增长，将引发石油短缺、环境污染和气候变暖等负面问题，如图1.2所示。

(a) 石油短缺　　　　　　　(b) 环境污染　　　　　　　(c) 气候变暖

图1.2 燃油汽车保有量快速增长引发的负面问题

新能源汽车是解决这些负面问题的有效途径，代表着汽车的发展方向。新能源汽车融合新能源、新材料和互联网、大数据、人工智能等变革性技术，推动汽车从单纯交通工具向移动智能终端、储能单元和数字空间转变，带动能源、交通、信息通信基础设施的改造跃升，对促进能源消费结构优化、交通体系和城市运行智能化水平提高有重大战略意义。另外，经济与社会的可持续发展迫切要求汽车产业转型升级，新一轮科技革命正催促着生产业的变革与重塑，汽车产业正面临前所未有的发展机遇与挑战，因此，我国大力发展新能源汽车，促进汽车产业转型升级。新能源汽车正在成为全球汽车产业转型升级的主要方向和促进未来世界经济持续增长的重要引擎。

全球新能源汽车发展总体上已经迈过培育期进入成长期，但距离完全市场化还有一定距离，在一段时间内，政策扶持仍将发挥不可或缺的作用，应进一步创新政策工具，保持政策的科学性、连续性和稳定性，加大对新型基础设施建设和汽车使用环节的政策支持，尤其需要进一步发挥地方政府的作用，加快完善新能源汽车的使用环境。

## 1.2　新能源汽车的定义

新能源汽车是指以非常规车用燃料为动力来源，或使用常规车用燃料，采用新型车载动力装置，综合汽车的动力控制和驱动方面的先进技术，形成的具有新技术、新结构的汽车，如图1.3所示。

图1.3　新能源汽车

非常规车用燃料是指除汽油、柴油、天然气、液化石油气、乙醇汽油、甲醇、二甲醚外的燃料。因此，人们熟知的天然气汽车、液化石油气汽车、乙醇汽车、甲醇汽车、二甲醚汽车都不属于新能源汽车，而属于节能汽车。

新型车载动力装置主要是指电动机驱动的动力装置。

未来新能源汽车应具有以下特征。

（1）采用清洁电能。多数电能通过火力发电获得，煤是电力的主要来源，首先通过燃烧煤产生电，然后给电动汽车充电，最后将电能转换为汽车的动能，煤的二次转换效率低，而且采煤、烧煤对环境有负面影响。因此，新能源汽车必须采用清洁电能，如风能、水能、太阳能、氢能等。

（2）电池技术能够满足用户使用方便的要求。要突破电池的储能和充电技术，新能源汽车的使用方便性接近燃油汽车。

（3）新能源汽车是自动驾驶的最佳载体。智能化、网联化、共享化都能体现在新能源汽车上。

（4）新能源汽车是移动的智能终端。乘车人可以在车里看书、上网、办公等。

（5）新能源汽车发展的终极目标是无人驾驶。

## 1.3 新能源汽车的分类

新能源汽车主要包括纯电动汽车、混合动力电动汽车和燃料电池电动汽车，其中混合动力电动汽车包括插电式混合动力电动汽车和增程式电动汽车，如图1.4所示。

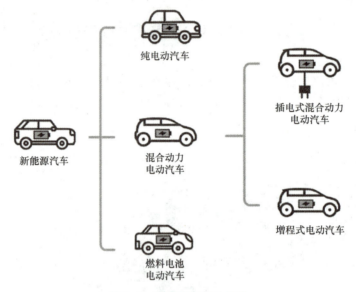

图1.4 新能源汽车的分类

**1. 纯电动汽车**

纯电动汽车（battery electric vehicle，BEV）是指驱动能量完全由电能提供、由电动机驱动的汽车。电动机的驱动电能来源于车载可充电储能系统或其他能量储存装置。纯电动汽车是一种绿色环保的交通运输工具，以可再生电能替代燃油。

图1.5所示为沃尔沃XC40 RECHARGE纯电动汽车，其外观、内饰与燃油版XC40基本相同，仅对部分细节进行了一定调整，动力方面采用双电动机，最大功率为300kW，0～100km/h的加速时间为4.9s，电池容量为78kW·h，在世界轻型车辆测试规程（world light vehicle test procedure，WLTP）工况下的综合续驶里程为400km。

比亚迪宋纯电动汽车

图1.5 沃尔沃XC40 RECHARGE纯电动汽车

### 2. 混合动力电动汽车

混合动力电动汽车（hybrid electric vehicle，HEV）是指至少能够从两类车载储存的能量（可消耗的燃料、可再充电能/能量储存装置）中获得动力的汽车。插电式混合动力电动汽车是指在正常使用情况下，可从非车载装置中获取电能的混合动力电动汽车；增程式电动汽车是一种特殊的混合动力电动汽车，在纯电动模式下，可以达到所有动力性能，而当车载可充电储能系统无法满足续驶里程要求时，打开车载辅助供电装置，为动力系统提供电能，可延长续驶里程。不可外接充电式混合动力电动汽车属于节能汽车。

商用增程式电动汽车

图1.6所示为途观插电式混合动力电动汽车，其混合动力系统由高压电池（高能量三元锂电池）系统、集成驱动电动机的混动变速器、EA211 1.4TSI涡轮增压发动机组成，实现了燃料经济性和强劲动力的完美平衡；综合续驶里程为862km，其中纯电续驶里程为52km，最大功率和最大转矩分别为155kW和400N·m；混合动力模式下的最高车速为200km/h，0～100km/h的加速时间为8.2s，综合燃料消耗量为1.9L/100km；同时提供多种驾驶模式，驾驶人可根据路况、油量及电量情况，在纯电模式、混合动力模式、蓄电池保持模式、蓄电池充电模式、运动模式之间切换，尽享驾驶乐趣。

图1.6 途观插电式混合动力电动汽车

途观插电式混合动力电动汽车

### 3. 燃料电池电动汽车

燃料电池电动汽车（fuel cell electric vehicle，FCEV）是以燃料电池为动力源或主动力源的汽车，通过氢气和氧气的化学作用产生电能来驱动汽车行驶。与燃油汽车相比，燃料电池电动汽车增加了燃料电池和氢气罐，其电能来自氢气的燃烧，工作时只需加氢气即可，不需要补充外部电能。

图1.7所示为现代NEXO氢燃料电池电动汽车，在动力方面，其搭载的燃料电池系统的最

图1.7 现代NEXO氢燃料电池电动汽车

上汽燃料电池MPV

大功率为 135kW，峰值转矩为 395N·m，0～100km/h 的加速时间为 9.2s，最高车速为 179km/h；在续驶里程方面，其在 NEDC（new european driving cycle，新欧洲驾驶周期）工况下的续驶里程超过 800km；在加氢方面，其只需 5min 即可加注完成约 156L（6.3kg）的压力为 70MPa 的氢气。

纯电动汽车、混合动力电动汽车和燃料电池电动汽车的比较见表 1-1。

表 1-1　纯电动汽车、混合动力电动汽车和燃料电池电动汽车的比较

| 指　标 | 纯电动汽车 | 混合动力电动汽车 | 燃料电池电动汽车 |
| --- | --- | --- | --- |
| 驱动方式 | 电动机驱动 | 内燃机驱动、电动机驱动 | 电动机驱动 |
| 能量系统 | 动力蓄电池、超级电容器 | 动力蓄电池、超级电容器、内燃机 | 燃料电池 |
| 能源和基础设施 | 电网充电设备 | 加油站、电网充电设备 | 加氢站 |
| 主要特点 | 零排放、续驶里程短、不依赖原油 | 排放量少、续驶里程长、依赖原油 | 零排放、续驶里程长、不依赖原油、成本高 |

国内新能源汽车市场主要以纯电动汽车和插电式混合动力电动汽车为主。

## 1.4　新能源汽车的技术体系

新能源汽车的技术体系是"三纵三横"技术体系，如图 1.8 所示。"三纵"是指纯电动汽车、插电式混合动力（含增程式）电动汽车和燃料电池电动汽车，用来布局整车技术创新链；"三横"是指动力蓄电池与管理系统、驱动电动机与电力电子、网联化与智能化技术，用来构建关键零部件技术供给体系，其中网联化与智能化技术表示新能源汽车要向智能网联汽车方向发展。

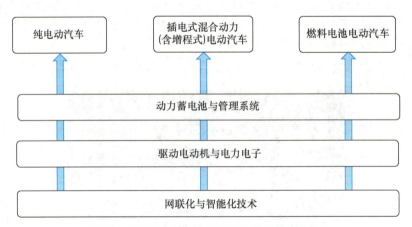

图 1.8　新能源汽车的"三纵三横"技术体系

新能源汽车核心技术攻关大幅度提高了新能源汽车整车综合性能，到 2025 年，纯电

动乘用车新车平均电耗将降至 12.0kW·h，插电式混合动力（含增程式）电动乘用车新车平均油耗将降至 2.0L/100km。

## 1.5　新能源汽车的标准体系

新能源汽车的标准体系具有以下作用。
（1）规范和统一新能源汽车产品。
（2）引导新能源汽车技术发展，促进新能源汽车技术交流。
（3）促进新能源汽车产业发展，提升新能源汽车产品质量。
（4）支撑政府管理。

我国已经形成较完善的新能源汽车标准体系框架，分为基础标准、整车标准、关键系统及部件标准、接口及设施标准、充电基础设施标准五个部分，如图1.9所示。其中，充电基础设施标准属于新能源汽车标准体系的外部要素。

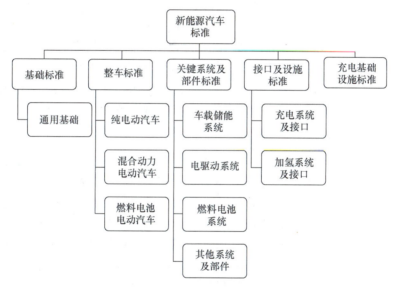

图 1.9　新能源汽车标准体系框架

## 1.6　新能源汽车的技术路线

2020年，我国颁布了《节能与新能源汽车技术路线图 2.0》。

**1. 发展愿景**

（1）重点突出以人工智能、云计算为代表的新技术和以数字经济、智能经济为代表的新业态，推动汽车产业全面变革；综合考虑逆全球化倾向对全球产业布局、我国产业安全带来的深刻影响。

（2）"汽车+"深度融合发展、构建新型产业生态、保障产业安全和可持续竞争力将成为未来 10～15 年产业发展的新趋势、新要求。

汽车的发展愿景如图 1.10 所示。

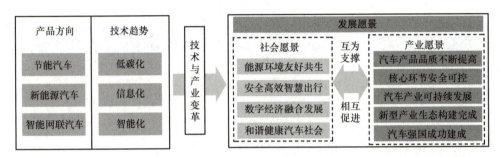

图 1.10　汽车的发展愿景

### 2. 总体目标

我国汽车技术面向 2035 年有以下六大总体目标。

（1）汽车产业碳排放总量先于国家碳减排承诺于 2028 年前后提前达到峰值，到 2035 年排放总量较峰值下降 20% 以上。

（2）新能源汽车逐渐成为主流产品，汽车产业实现电动化转型。

（3）中国方案智能网联汽车技术体系基本成熟，产品大规模应用。

（4）关键核心技术自主化水平显著提升，形成协同效应、安全可控的产业链。

（5）建立汽车智慧出行体系，形成汽车、交通、能源、城市深度融合生态。

（6）技术创新体系基本成熟，具备引领全球的原始创新能力。

### 3. 主要里程碑

（1）至 2025 年。乘用车（含新能源汽车）新车油耗达到 4.6L/100km（WLTC 工况），货车油耗较 2019 年降低 8% 以上，客车油耗较 2019 年降低 10% 以上；传统能源乘用车新车平均油耗达到 5.6L/100km（WLTC 工况），混合动力电动新车占传统能源乘用车的 50% 以上；新能源汽车占总销量的 20% 左右；氢燃料电池电动汽车保有量达到 10 万辆左右；PA/CA（部分自动驾驶/有条件自动驾驶）级智能网联汽车占汽车年销量的 50% 以上，HA（高度自动驾驶）级汽车开始进入市场，C-V2X 终端新车装备率达 50%。

（2）至 2030 年。乘用车（含新能源汽车）新车油耗达到 3.2L/100km（WLTC 工况），货车油耗较 2019 年降低 10% 以上，客车油耗较 2019 年降低 15% 以上；传统能源乘用车新车平均油耗达到 4.8L/100km（WLTC 工况），混合动力电动新车占传统能源乘用车的 75% 以上；新能源汽车销量占汽车总销量的 40% 左右；氢燃料电池电动汽车保有量达到 100 万辆左右；PA/CA 级智能网联汽车销量占汽车总销量的 70% 以上，HA 级汽车销量占汽车总销量的 20% 以上，C-V2X 终端新车装备基本普及。

（3）至 2035 年。乘用车（含新能源汽车）新车油耗达到 2.0L/100km（WLTC 工况），货车油耗较 2019 年降低 15% 以上，客车油耗较 2019 年降低 20% 以上；传统能源乘用车新车平均油耗达到 4.0L/100km（WLTC 工况），混合动力电动新车占传统能源乘用车的 100%；新能源汽车成为主流，占总销量的 50% 以上；氢燃料电池电动汽车保有量达到 100 万辆左右；各类网联式高度自动驾驶汽车广泛行驶于我国广大地区，中国方案智能网联汽车与智慧能源、智慧交通、智慧城市深度融合。

## 绪　论 第1章

**4. 技术路线图**

围绕产业总体与轻量化、智能制造与关键设备、节能汽车、纯电动汽车与插电式混合动力电动汽车、燃料电池电动汽车、智能网联汽车、动力蓄电池、电驱动总成、充电基础设施九大技术领域开展研究，制定"1+9"技术路线图，如图1.11所示。

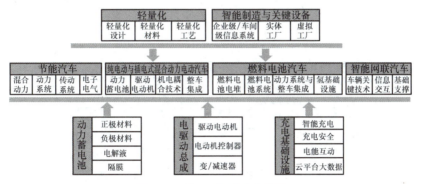

图1.11　"1+9"技术路线图

节能汽车技术路线图如图1.12所示。

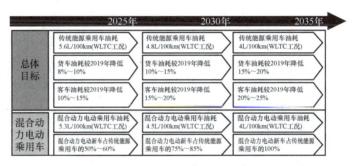

图1.12　节能汽车技术路线图

2035年，形成自主、完整的产业链，自主品牌纯电动汽车和插电式混合动力电动汽车产品技术水平与国际同步，新能源汽车销量占汽车总销量的50%以上，其中纯电动汽车销量占新能源汽车销量的95%以上。在纯电动汽车领域，实现纯电动技术在家庭用车、公务用车、出租车、租赁服务用车及短途商用车等领域的推广和应用。纯电动汽车与插电式混合动力电动汽车技术路线图如图1.13所示。

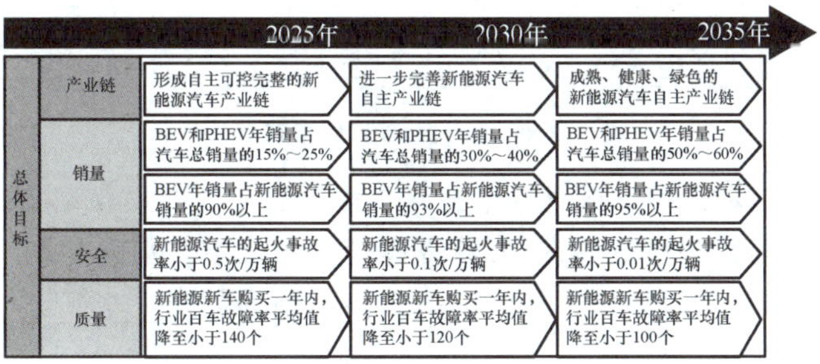

图1.13　纯电动汽车与插电式混合动力电动汽车技术路线图

燃料电池电动汽车将发展氢燃料电池商用车作为整个氢能燃料电池行业的突破口,以客车和城市物流车为切入领域,能量型电池重点在可再生能源制氢和工业副产氢丰富的区域推广中大型客车、物流车,逐步推广至载重量大、长距离的中重卡牵引车、港口拖车及乘用车等。2030—2035 年,实现氢能及燃料电池电动汽车的大规模推广和应用,燃料电池电动汽车保有量达到 100 万辆左右;完全掌握燃料电池核心关键技术,建立完备的燃料电池材料、部件、系统的装备与生产产业链。燃料电池电动汽车技术路线图如图 1.14 所示。

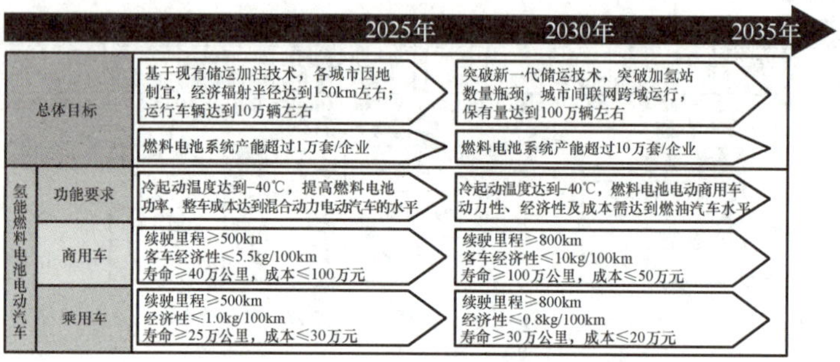

图 1.14 燃料电池电动汽车技术路线图

动力蓄电池包括能量型、能量功率兼顾型和功率型三大技术类别,涵盖了乘用车和商用车两大应用领域,能量型电池面向普及型、商用型和高端型三类应用场景,实现动力蓄电池单体、系统集成、新体系动力蓄电池、关键材料、制造技术及关键装备、测试评价、梯次利用及回收利用等产业链条全覆盖。动力蓄电池技术路线图如图 1.15 所示。

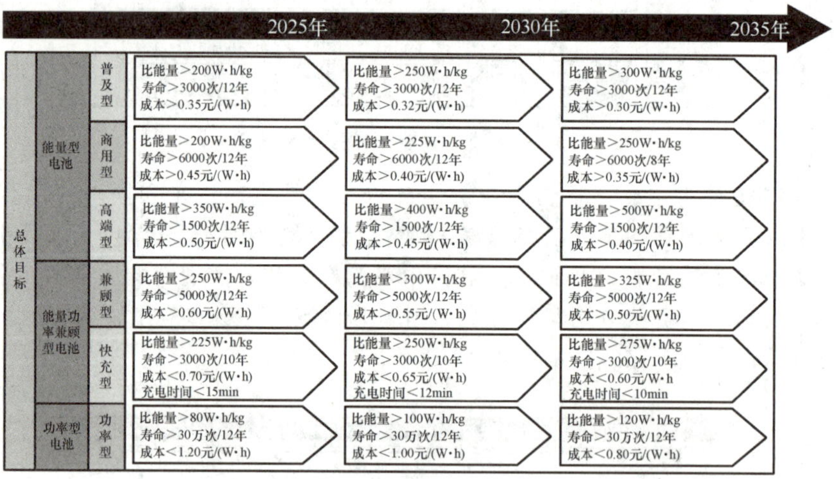

图 1.15 动力蓄电池技术路线图

电驱动系统是以纯电驱动总成、插电式机电耦合总成、商用车动力总成、轮毂、轮边电机总成为重点,以基础核心零部件/元器件国产化为支撑,提升我国电驱动总成集成度与性能水平的,至 2035 年,电驱动系统产品总体达到国际先进水平。电驱动系统技术路线图如图 1.16 所示。

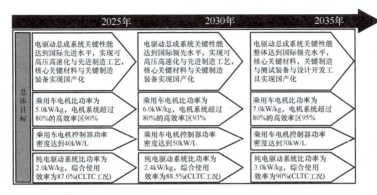

图 1.16 电驱动系统技术路线图

一、名词解释

1. 新能源汽车
2. 纯电动汽车
3. 混合动力电动汽车
4. 燃料电池电动汽车
5. 非常规车用燃料

二、填空题

1. 燃油汽车保有量的快速增长，将引发_____、_____和_____等负面问题。新能源汽车是解决这些负面问题的有效途径，代表着汽车的发展方向。发展新能源汽车是我国_____的必由之路，是应对_____、推动_____的战略举措。

2. 新能源汽车是_____的最佳载体。_____、_____、_____都能体现在新能源汽车上。

3. 新能源汽车主要包括_____、_____和_____，其中混合动力电动汽车包括_____和_____。

4. 新能源汽车的技术体系是"三纵三横"技术体系，"三纵"是指_____、_____和_____，布局整车技术创新链；"三横"是指_____、_____、_____，构建关键零部件技术供给体系。

5. 我国已经形成较完善的新能源汽车标准体系框架，分为_____、_____、_____、_____、_____五个部分。

三、选择题

1. 下列不属于新能源汽车的是（　　）。
   A. 纯电动汽车　　　　　　B. 插电式混合动力电动汽车
   C. 液化石油气汽车　　　　D. 燃料电池电动汽车

2. 下列不属于纯电动汽车的部件是（　　）。
   A. 动力蓄电池　　　　　　B. 增程器
   C. 电动机控制器　　　　　D. 电动机

3. 新能源汽车的关键零部件包括（　　）。
A. 驱动电动机　　　　　　　　　B. 动力蓄电池系统
C. 高压总成　　　　　　　　　　D. 制动器
4. 至2025年，新能源汽车新车销量占比将达到（　　）。
A. 20%　　　B. 25%　　　C. 15%　　　D. 30%
5. 至2035年，新能源汽车新车销量占比将达到（　　）。
A. 40%　　　B. 50%　　　C. 60%　　　D. 70%

### 四、判断题

1. 天然气汽车、液化石油气汽车、甲醇汽车都不属于新能源汽车，而属于节能汽车。
（　　）
2. 低速电动汽车（老年代步车）属于新能源汽车。（　　）
3. 混合动力电动汽车属于新能源汽车。（　　）
4. 新能源汽车动力蓄电池包括能量型和功率型两大技术类别，涵盖乘用车和商用车两大应用领域，面向普及型、商用型、高端型三类应用场景。（　　）
5. 未来新能源汽车是一个移动的智能终端，乘车人可以在车里看书、上网、办公等。
（　　）

### 五、问答题

1. 我国汽车技术面向2035年的总体目标是什么？
2. 未来新能源汽车将具有哪些特征？
3. 纯电动汽车、混合动力电动汽车、燃料电池电动汽车分别代表什么？
4. 新能源汽车的技术体系是怎样的？
5. 新能源汽车的发展愿景是怎样的？

### 六、拓展题

1. 总结分析上一年度国内新能源汽车的产销情况。
2. 总结分析当前新能源汽车的发展趋势。

# 第2章 电动汽车用动力蓄电池

## 教学目标

通过本章的学习，要求读者掌握动力蓄电池的基础知识，掌握铅酸蓄电池、镍氢蓄电池、锂离子蓄电池和燃料电池的基本结构、工作原理、特点等，了解新体系电池。

## 教学要求

| 知识要点 | 能力要求 | 参考学时 |
| --- | --- | --- |
| 概述 | 掌握动力蓄电池的类型和性能指标；掌握动力蓄电池的结构类型与组合方式；掌握电动汽车对动力蓄电池的要求 | 2 |
| 铅酸蓄电池 | 掌握铅酸蓄电池的基本结构、工作原理、特点 | |
| 镍氢蓄电池 | 掌握镍氢蓄电池的基本结构、工作原理、特点 | |
| 锂离子蓄电池 | 掌握锂离子蓄电池的类型、基本结构、工作原理、特点；掌握锂离子蓄电池对正极、负极、隔膜、电解质材料的要求 | 2 |
| 燃料电池 | 掌握燃料电池的基本结构、工作原理、特点；掌握燃料电池的主要部件；掌握燃料电池堆和燃料电池发电系统的基本组成；了解常用的燃料电池堆和燃料电池发电系统 | 2 |
| 新体系电池 | 了解全固态锂离子蓄电池、锂硫电池、金属空气电池、石墨烯电池的特点 | |

**导入案例**

新能源汽车主要包括纯电动汽车、混合动力电动汽车和燃料电池电动汽车，它们的核心部件是动力蓄电池。图 2.1 所示为燃料电池电动汽车。

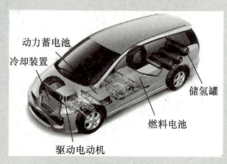

图 2.1 燃料电池电动汽车

电动汽车使用什么样的动力蓄电池？动力蓄电池技术是怎样的？通过本章的学习，读者可以得到答案。

## 2.1 概 述

### 2.1.1 电池的分类

电池是能量的存储装置，分为化学电池、物理电池和生物电池。电池的类型与定义见表 2-1。

表 2-1 电池的类型与定义

| 类 型 | 定 义 | 举 例 |
|---|---|---|
| 化学电池 | 利用物质的化学反应发电的电池 | 铅酸蓄电池、镍镉蓄电池、镍氢蓄电池、锂离子蓄电池、燃料电池等 |
| 物理电池 | 利用光、热、物理吸附等物理反应发电的电池 | 飞轮电池、超级电容器、太阳能电池等 |
| 生物电池 | 利用生物化学反应发电的电池 | 微生物电池、酶燃料电池、生物太阳能电池等 |

应用较广泛的电池是化学电池。化学电池有多种分类方法，按工作性质不同分为原电池、蓄电池、燃料电池和储备电池。化学电池的类型与定义见表 2-2。

表 2-2 化学电池的类型与定义

| 类 型 | 定 义 | 举 例 |
|---|---|---|
| 原电池 | 放电后不能用简单的充电方法使活性物质复原而继续使用的电池 | 锌-二氧化锰干电池、锂锰电池、一次锌银电池等 |
| 蓄电池 | 放电后可以通过充电方法使活性物质复原而继续使用的电池 | 铅酸蓄电池、镍镉蓄电池、镍氢蓄电池、锂离子蓄电池等 |
| 燃料电池 | 参加反应的活性物质从电池外部连续输入电池内部,能够连续工作提供电能的电池 | 质子交换膜燃料电池、碱性燃料电池、磷酸燃料电池、熔融碳酸盐燃料电池、固体氧化物燃料电池等 |
| 储备电池 | 正负极与电解质在储存期间不直接接触,使用前注入电解液或者使用其他方法使电解液与正负极接触,此后进入待放电状态的电池 | 镁电池、热电池等 |

化学电池按电解质不同分为酸性电池、碱性电池、中性电池、有机电解质电池、非水无机电解质电池、固体电解质电池等;按特性不同分为高容量电池、密封电池、高功率电池、免维护电池、防爆电池等;按正负极材料不同分为锌锰电池、镍镉电池和镍氢电池、铅酸蓄电池、锂离子蓄电池等。

纯电动汽车的动力蓄电池以锂离子蓄电池为主;混合动力电动汽车的动力蓄电池以锂离子蓄电池和镍氢蓄电池为主;燃料电池电动汽车的动力蓄电池以燃料电池为主;其他电动汽车的动力蓄电池有的以铅酸蓄电池为主,有的以锂离子蓄电池为主。

Halo无线充电系统

### 2.1.2 电池的性能指标

动力蓄电池是新能源汽车的储能装置,其性能指标用于评定动力蓄电池的实际效应。动力蓄电池的性能指标主要有电压、容量、能量、功率、内阻、放电电流、荷电状态(state of charge,SOC)、自放电率、输出效率、使用寿命等。动力蓄电池的种类不同,性能指标也有不同。

**1. 电压**

电池电压主要有电动势、开路电压、工作电压、标称电压、放电终止电压和充电终止电压。

(1)电动势。

电池的电动势是指电池正极和负极平衡电势(平衡电位)的差值,它是电池理论上输出能量的表征之一。电动势与极板上活性物质的电化学性质和电解液的浓度有关,与极板面积无关。若极板活性物质已经固定,则电动势主要由电解液的浓度决定。此外,电动势还受温度影响,一般温度升高,电动势也升高;反之,电动势降低。如果其他条件相同,那么电动势越高,电池理论上输出的能量越大。由于电池两个电极一般不处于热力学的可逆状态,因此电池在开路状态下的开路电压不等于电池的电动势。

电池的电动势不能用伏特计测量,因为电池与伏特计连接后形成通路,有电流流过,电池发生电化学反应，电极被极化，溶液浓度改变，电动势不能保持稳定，且电池本身有内阻，伏特计测得的两极的电位差只是电池电动势的一部分。当电池无电流（或有极小电流）流过时，利用对消法（又称补偿法）测得的两极间的电位差为该电池的电动势。

（2）开路电压。

开路电压是指外电路中无电流流过时，电池正极与负极之间的电位差。开路电压主要由活性物质、电解质、电池中发生反应的性质和条件（如浓度、温度等）决定，与电池的形状结构和尺寸无关。开路电压是一个实测值。一般情况下，电池的开路电压小于电动势，因为电池的两极在电解液溶液中建立的电极电位通常不是平衡电极电位，而是稳定电极电位。通过电池的开路电压，可以判断电池的荷电状态。

（3）工作电压。

工作电压也称放电电压，是指电池接通负载后，在工作电流下放电时两个端子间的电位差。电池的工作电压总是低于开路电压，当然也必然低于电池的电动势，因为电流流过电池内部时，必须克服极化内阻和欧姆内阻造成的阻力。

（4）标称电压。

标称电压也称额定电压，是指电池在标准规定条件下工作时应达到的电压，也是由制造厂商指定的用以标识电池的适宜的电压近似值，可以用来区分不同的电化学体系电池。标称电压由单体正负极材料的类型和内部电解液的浓度决定。铅酸蓄电池的标称电压为2V，镍氢蓄电池的标称电压为1.2V，磷酸铁锂电池的标称电压为3.3V，锰酸锂电池和钴酸锂电池的标称电压为3.7V，三元聚合物锂电池的标称电压为3.7V。随着电池材料的改进，标称电压会发生小的变化，最终以制造厂商给出的标称电压为准。

电动汽车动力蓄电池系统由成百上千个单体电池组合而成，其额定电压达到几百伏。电动汽车动力蓄电池系统的额定电压一般标注在电动汽车铭牌上。例如，比亚迪E6电动汽车采用磷酸铁锂电池，由11个电池模组构成，共96节单体电池，其单体电池电压为3.3V，可得额定电压为316.8V。

（5）放电终止电压。

放电终止电压是指电池正常放电时允许达到的最低电压。电池的类型不同，放电条件不同，对电池的容量和使用寿命的要求不同，规定的电池放电终止电压也不同。一般在低温或大电流放电的条件下，终止电压可定得低些；在小电流放电的条件下，终止电压可定得高些。因为低温、大电流放电时，电极的极化大，活性物质不能得到充分利用，电池的电压下降较快；小电流放电时，电极的极化小，活性物质能够得到较充分的利用，电池的电压下降较慢。若电池电压低于终止电压后继续放电，则为过放电，可能会破坏电池的正常功能并/或引发危险事故。放电终止电压随放电电流的不同而不同，其值并不是固定值。放电终止电压与放电率有关，放电电流直接影响放电终止电压。在规定的放电终止电压下，放电电流越大，电池的容量越小。铅酸蓄电池的放电终止电压一般为1.6V，镍氢蓄电池的放电终止电压一般为1.0V，锂离子蓄电池的放电终止电压一般为3.0V。

（6）充电终止电压。

充电终止电压是指按规定的充电制度，电流由恒流充电转为恒压充电时的最大电压。不同电化学体系的电池，充电终止电压也不同。如铅酸蓄电池的充电终止电压一般为2.7～2.8V，镍氢蓄电池的充电终止电压一般为1.5V，锂离子蓄电池的充电终止电压一般为4.25V。

放电终止电压和充电终止电压以制造厂商给出的值为准。

2. 容量

电池容量是指电池储存电量，是指在一定放电条件下电池可以释放的电量，单位为 A·h 或 kA·h，其值等于放电电流与放电时间的乘积，1A·h 就是指电池能在 1A 的电流下放电 1h。电池容量与电动汽车的续驶里程有关，在额定电压一定的条件下，电池容量越大，电动汽车续驶里程越长。在电压相同的情况下，同一种电池可以使用容量进行比较。若是两种电池，工作电压不同，则不能用容量进行比较，需用能量进行比较。

单体电池内活性物质的含量决定电荷量，活性物质的含量由电池使用的材料和体积决定，通常电池体积越大，活性物质含量越高，电池容量越大。电池容量可以分为理论容量、额定容量、实际容量、比容量、剩余容量等。

（1）理论容量。

理论容量是指假设活性物质全部参加电池的成流反应所释放的电量，可根据活性物质的质量按照法拉第定律计算求得。成流反应是指电池放电时，正、负极上发生的形成放电电流的主导的电化学反应。实际上，电池体系往往很复杂，成流反应除了其主导的电极反应，还可能存在一些副反应（如自放电），使活性物质的利用率和电池的可逆性降低。

（2）额定容量。

额定容量是指设计和制造电池时，规定或保证电池在一定的放电条件（如温度、放电终止电压、放电倍率等）下应该释放的最小容量，也是制造厂商标明的电池容量，一般标注在电动汽车铭牌上。例如，某电动汽车铭牌上标注的动力蓄电池系统额定容量为 150A·h。

（3）实际容量。

实际容量是指在一定的放电条件下电池实际放出的电量，其值等于放电电流与放电时间的乘积。

电池的实际容量取决于活性物质的含量及利用率。由于存在内阻及其他各种原因，活性物质不可能被完全利用，即活性物质的利用率总是小于 1，因此电池的实际容量、额定容量总是低于理论容量。活性物质的利用率取决于电池的放电制度和电池的结构。高倍率大电流放电时，电极的极化增强，内阻增大，放电电压下降较快，电池实际释放的容量较低；低倍率小电流放电时，电极的极化较小，放电电压下降较慢，电池实际释放的容量较高，有时会高于额定容量。采用薄型电极和多孔电极可以减小电池内阻，提高活性物质的利用率，从而提高电池实际释放的容量。

（4）比容量。

比容量是指单位体积或单位质量电池所能释放的容量，分别称为体积比容量和质量比容量，单位分别为 A·h/L 和 A·h/kg。常用比容量衡量不同系列电池的容量。

电池的容量是指正极（或负极）的容量，而不是正极容量与负极容量之和，因为电池工作时，通过正极和负极的电量总是相等的。电池容量取决于容量较小的电极。一般正极容量控制整个电池的容量，负极容量过剩。

（5）剩余容量。

剩余容量是指在规定条件下使用（放电或储存）后电池的剩余容量。剩余容量的估算和计算受电池前期放电倍率、放电时间、储存时间、自放电率、环境等因素的影响。

3. 能量

电池的能量是指电池储存的能量,是指电池在一定放电条件下对外做功所能释放的电能,单位为 W·h 或 kW·h。它影响电动汽车的续驶里程,电池的能量越大,电动汽车续驶里程越长。电池的能量与容量的关系如下:电池的能量=电池的容量×额定电压。

电池的能量主要分为理论能量、实际能量和比能量。

(1) 理论能量。

假设电池在放电过程中始终处于平衡状态,其放电电压保持电动势的数值,并且活性物质的利用率为 100%,放电容量为理论容量,则电池释放的能量为理论能量。理论能量的值等于电池的理论容量与电动势的乘积。

(2) 实际能量。

实际能量是指电池放电时实际释放的能量,其值等于电池实际放电电压、放电电流对放电时间的积分。在实际应用中,经常用电池实际容量与电池放电平均工作电压的乘积估算实际能量。因为活性物质不可能被完全利用,所以电池的工作电压永远小于电动势,电池的实际能量总是小于理论能量。

(3) 比能量。

比能量是指单位体积或单位质量的电池释放的能量,分为体积比能量和质量比能量,也称体积能量密度或质量能量密度,单位分别为 W·h/L 和 W·h/kg。

能量密度是衡量电池体积和质量的标准,是设计电池时需考虑的重要指标。在电动汽车应用领域,单体电池和电池组的能量密度是评价动力蓄电池满足应用需要的重要指标,因为质量能量密度影响电动汽车的整车质量和续驶里程,体积能量密度影响动力蓄电池在电动汽车上的布置空间。

受各种因素的影响,电池的实际能量密度远小于理论值。

4. 功率

电池的功率是指在一定放电条件下,单位时间电池释放的能量,单位为 W 或 kW。电池的功率决定了电动汽车的加速性能和爬坡能力,电池的功率越大,电动汽车的加速性能和爬坡能力越强。

功率密度是指单位体积或单位质量的电池释放的功率,分为体积功率密度和质量功率密度,单位分别为 W/L 和 W/kg。功率密度表示电池所能承受的工作电流。功率密度大,表示电池可以承受大电流放电。功率密度是评价单体电池或电池组满足电动汽车加速性能、爬坡能力和制动能量回收能力的重要指标。

5. 内阻

电池的内阻是指电流通过电池内部时受到的阻力,包括欧姆内阻和极化内阻。

(1) 欧姆内阻。

欧姆内阻主要由电极材料、电解液、隔膜电阻及各组件的接触电阻组成。欧姆内阻与电池的尺寸、结构、装配等因素有关,结构越合理、装配越紧凑,电极间距越小,欧姆内阻也就越小。

(2) 极化内阻。

极化内阻是指电池的正极和负极在进行电化学反应时由极化引起的内阻,包括电化学极化和浓差极化引起的电阻。极化内阻与活性物质的本性、电极的结构、电池的制造工艺等有关，特别是与电池的工作条件密切相关，放电电流和温度对其影响很大。放电电流不同，产生的电化学极化和浓差极化的值不同。大电流放电时，电化学极化和浓差极化均增强，极化内阻增大。由于低温下极化内阻也会增大，因此，极化内阻不是一个常数，而是随着放电制度、放电温度等的变化而变化。

内阻是决定电池性能的重要指标，直接影响电池的工作电压、工作电流、输出的能量和功率等，对于电池内阻的要求也是越低越好。

6. 放电电流

放电电流是指电池放电时的电流。放电电流直接影响电池的性能指标，如直接影响电池的容量或能量。放电电流一般用放电率表示，放电率常用"时率"和"倍率"两种形式表示。

（1）时率。

时率也称小时率，是以放电时间（h）表示的放电速率，或者说以一定的放电电流释放额定容量所需的小时数。例如，电池的额定容量为80A·h，以10A电流放电，则时率为80A·h/10A=8h，称电池以8h率放电；以20A电流放电，则时率为80A·h/20A=4h，称电池以4h率放电。由此可见，放电时率所表示的时间越短，所用的放电电流越大；放电时率所表示的时间越长，所用的放电电流越小。

（2）倍率。

倍率是指在电池规定时间内释放额定容量（$C$）时输出的电流值，其值等于电池放电电流与额定容量的比值。放电倍率可分为低倍率（<0.5$C$）、中倍率（0.5~3.5$C$）、高倍率（3.5~7.0$C$）、超高倍率（>7.0$C$）。

例如：额定容量为10A·h的电池用5h放电时，放电倍率为0.2$C$；用0.5h放电时，放电倍率为2$C$。额定容量为100A·h的电池用20A放电时，放电倍率为0.2$C$。电池放电速率是表示放电速度的一种量度。容量1h放电完毕，称为1$C$放电；5h放电完毕，称为0.2$C$放电。一般可以通过不同的放电电流检测电池的容量。对于容量为24A·h的电池来说，2$C$放电电流为48A，0.5$C$放电电流为12A。

7. 荷电状态

荷电状态是指电池在一定放电倍率下，剩余电量与相同条件下额定容量的比值，其反映的是电池容量变化的特性，是电池使用过程中的重要参数。荷电状态值是一个相对值，一般用百分比的方式表示（0≤SOC≤100%），其中SOC=100%表示电池为充满状态；SOC=0表示电池为全放电状态。因为电池释放的容量受充放电倍率、温度、自放电、老化、充放电循环次数等因素的影响，所以表示电池剩余电量的SOC也与这些因素有关。在实际应用中，需要经常估算电池的SOC值。

8. 自放电率

自放电率是指电池在存放期间容量的下降率，即电池无负荷时自身放电使容量损失的速度，它表示电池搁置后容量变化的特性。自放电率用单位时间容量降低的百分数表示。自放电率除了与电池体系自身特性有关，还与环境温度、湿度等有关。

#### 9. 输出效率

动力蓄电池作为能量存储器,充电时把电能转换为化学能储存起来,放电时又把化学能转换为电能释放出来。在这个可逆的电化学转换过程中有一定的能量损耗,通常用电池的容量效率和能量效率表示。

(1) 容量效率。

容量效率是指电池放电时输出的容量与充电时输入的容量之比。影响电池容量效率的主要因素是副反应。当电池充电时,在水的分解中消耗部分电量。此外,自放电及电极活性物质的脱落、结块、孔率收缩等也会降低容量的输出。

(2) 能量效率。

能量效率也称电能效率,是指电池放电时输出的能量与充电时输入的能量之比。影响能量效率的因素是电池内阻,它使电池充电电压增大,放电电压减小。电池内阻损耗的能量以电池发热的形式排出。

#### 10. 使用寿命

使用寿命是指电池在规定条件下的有效寿命期限。当电池发生内部短路或损坏而不能使用,以及容量达不到规范要求使电池失效时,电池的使用寿命终止。电池的使用寿命包括循环寿命和储存寿命。

(1) 循环寿命。

循环寿命是在指定的充放电终止条件下,以特定的充放电制度进行充放电,动力蓄电池在不能满足寿命终止标准前的循环数量。循环寿命受放电深度、放电温度、充放电电流的影响比较明显,因此一般在表示电池的循环寿命的同时指出循环条件,如循环寿命1000次(在100%放电深度、常温、1C条件下)。不同电池的循环寿命都是不同的,即使是同一系列、同一规格的产品,循环寿命也可能有较大差异。

(2) 储存寿命。

储存寿命也称搁置寿命,是指电池自放电通过容量下降到某规定容量所经过的时间。

### 2.1.3 动力蓄电池的结构类型

动力蓄电池的结构类型主要包括单体蓄电池、蓄电池模块、蓄电池包和蓄电池系统。

#### 1. 单体蓄电池

单体蓄电池也称电芯,是指将化学能与电能进行相互转换的基本单元装置,通常包括电极、隔膜、电解质、外壳和端子。

单体蓄电池是组成蓄电池系统的基本单元,常用的是方形单体蓄电池。图2.2所示为磷酸铁锂方形单体蓄电池,其电压为3.2V,容量为152A·h。除此之外,还有圆柱形单体蓄电池。

图2.2 磷酸铁锂方形单体蓄电池

#### 2. 蓄电池模块

蓄电池模块也称蓄电池模组,是指将多个单体蓄电池按照串联、并联或混联方式组合,作为电源使用的组合体。图 2.3 所示为方形蓄电池模块爆炸图。

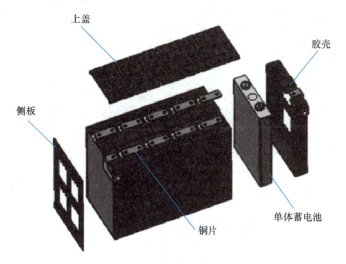

图 2.3　方形蓄电池模块爆炸图

图 2.4 所示为圆柱形蓄电池模块爆炸图。

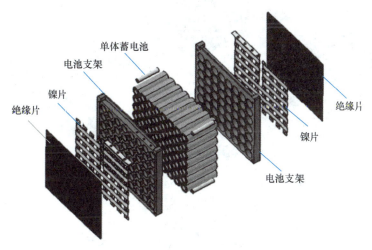

图 2.4　圆柱形蓄电池模块爆炸图

3. 蓄电池包

蓄电池包是能量的存储装置,包括若干蓄电池模块,通常还包括蓄电池电子部件,高压电路,过流保护装置及与其他外部系统的接口,一般还有维修开关,具有从外部获得电能且可对外输出电能的单元。蓄电池包的所有部件应该安装在常用防撞蓄电池箱内。蓄电池包的典型结构示意如图 2.5 所示。某电动汽车的动力蓄电池包如图 2.6 所示。

4. 蓄电池系统

蓄电池系统是能量存储装置,包括一个或多个蓄电池包,电路和电子控制单元(如电池控制单元,电流接触器)。蓄电池系统有两种典型结构,分别是含集成电池控制单元的蓄电池系统(图 2.7)和带外置电池控制单元的蓄电池系统(图 2.8)。电池控制单元是指

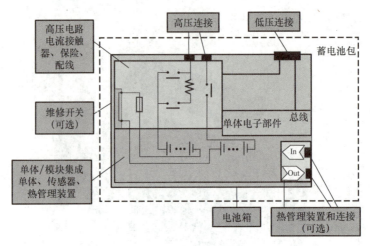

图 2.5　蓄电池包的典型结构示意

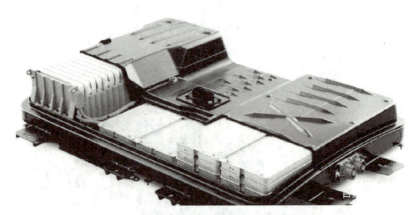

图 2.6　某电动汽车的动力蓄电池包

控制、管理、检测或计算蓄电池系统的与电和热相关的参数，并提供给蓄电池系统和其他车辆控制器通信的电子装置，是电池管理系统的核心部件。

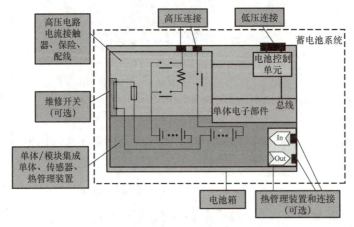

图 2.7　含集成电池控制单元的蓄电池系统

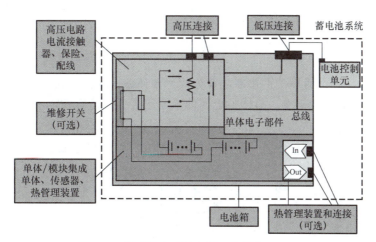

图 2.8　带外置电池控制单元的蓄电池系统

图 2.9 所示为某纯电动汽车的蓄电池系统爆炸图。

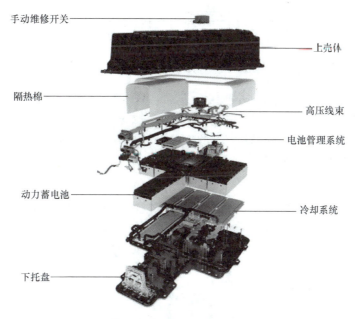

图 2.9　某纯电动汽车的蓄电池系统爆炸图

## 2.1.4　动力蓄电池的组合方式

动力蓄电池作为电动汽车的能量来源，因单体蓄电池无法满足要求，需要根据实际输出的电压和容量要求，将几百个或几千个单体蓄电池通过串联、并联和混联的形式组成蓄电池组。另外，电动汽车空间有限，动力蓄电池系统的布局必须与电动汽车的空间设计一致。

动力蓄电池的组合方式有串联、并联和混联。单体蓄电池串联的主要目的是增大动力蓄电池系统的电压；单体蓄电池并联的主要目的是增大动力蓄电池系统的容量；单体蓄电池混联的主要目的是既增大动力蓄电池系统的电压,又增大动力蓄电池系统的容量,是常用的组合方式。

### 1. 串联组合蓄电池组

图 2.10 所示为单体蓄电池的串联组合方式。单体蓄电池的正极和负极依次首尾相连,串联后电压相加,总容量不变。单体蓄电池的串联组合方式适合在电流不变、电压需要增大的场合使用。

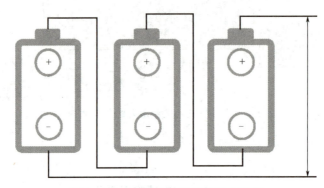

图 2.10 单体蓄电池的串联组合方式

### 2. 并联组合蓄电池组

图 2.11 所示为单体蓄电池的并联组合方式。单体蓄电池的正极和正极连接,负极和负极连接,并联后容量相加,电压不变。单体蓄电池的并联组合方式适合在电压不变、电流需要增大的场合使用。要获得较大容量的动力蓄电池系统,在单体蓄电池电压和外电阻不变的情况下,需要增加单体蓄电池。无论是串联还是并联,动力蓄电池组的输出功率都增大。

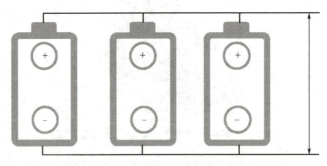

图 2.11 单体蓄电池的并联组合方式

### 3. 混联组合蓄电池组

当动力蓄电池系统需要同时输出较大的电压和较大的容量时,单一串联和并联组合方式都难以满足使用要求,可以根据实际的电压和容量要求,先将 $n$ 个单体蓄电池串联组合,再将 $m$ 个串联电池组并联组合成混联蓄电池组。

图 2.12 所示为单体蓄电池的混联组合方式,分别为 3S 2P [图 2.12(a)] 和 3S $n$P [图 2.12(b)]。3S 2P 表示先将 3 个单体蓄电池串联,再将 2 组并联。如果每个单体蓄电池

的电压为 3.7V，容量为 2.4A·h，那么 3S 2P 蓄电池组的电压为 11.1V，容量为 4.8A·h。3S nP 表示先将 3 个单体蓄电池串联，再将 n 组并联。

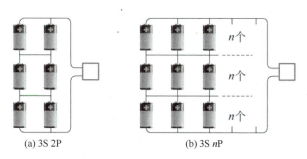

图 2.12　单体蓄电池的混联组合方式

## 2.1.5　电动汽车对动力蓄电池的要求

电动汽车对动力蓄电池有以下要求。

### 1. 比能量高

为了提高电动汽车的续驶里程，要求电动汽车上的动力蓄电池储存尽可能多的能量，但电动汽车不能太重，且安装动力蓄电池的空间有限，从而要求动力蓄电池具有高的比能量。

### 2. 比功率大

为了使电动汽车在加速行驶、爬坡和负载行驶等方面赶超燃油汽车，要求动力蓄电池具有大的比功率。

### 3. 循环寿命大

动力蓄电池的循环寿命越大，动力蓄电池支撑电动汽车的续驶里程越长，越有助于降低车辆使用期内的运行成本。

### 4. 均匀一致性好

因为电动汽车动力蓄电池组的工作电压大多要求达到几百伏，所以要求有几百个到几千个单体蓄电池串联；为达到设计容量的要求，有时甚至需要更多单体蓄电池并联。由于电池组的使用性能会受到性能最差的某些单体蓄电池的制约，因此设计上要求各单体蓄电池在容量、内阻、功率特性和循环特性等方面具有高度一致性。

### 5. 环境适应性强

电动汽车作为一种交通工具，其动力蓄电池既要在北方冬天极冷的环境下长期稳定地工作，又要在南方夏天炎热的环境下长期稳定地工作。在恶劣的气候条件下，动力蓄电池的工作温度可能从 −40℃ 变到 60℃ 甚至 80℃。因此，动力蓄电池应当具有良好的环境适应特性。

### 6. 安全性好

动力蓄电池应能够有效避免由泄漏、短路、撞击、颠簸等引起的火灾或爆炸等危险事故，确保电动汽车在各种行驶工况下的安全性。动力蓄电池应满足 GB 38031—2020《电动汽车用动力蓄电池安全要求》。

### 7. 性能价格比高

动力蓄电池要求材料来源丰富，制造成本低，性能满足要求，以降低整车价格，提高电动汽车的市场竞争力。

### 8. 绿色环保

动力蓄电池的制作材料要对环境友好，无二次污染，且可再生利用。

满足上述要求的动力蓄电池主要有锂离子蓄电池和质子交换膜燃料电池。

## 2.2 铅酸蓄电池

铅酸蓄电池是指正极活性物质为二氧化铅、负极活性物质为海绵状铅，以硫酸溶液为电解液的蓄电池。铅酸蓄电池可作为汽车的起动蓄电池、一些低速电动汽车和特种电动汽车的动力蓄电池，也可以作为储能电池。

### 2.2.1 铅酸蓄电池的基本结构

铅酸蓄电池主要由正极板、负极板、隔板、电解液、汇流导体、溢气阀、壳体、单格、盖等组成。铅酸蓄电池的基本结构如图 2.13 所示。

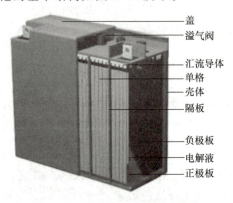

图 2.13 铅酸蓄电池的基本结构

正极板上的活性物质是二氧化铅；负极板上的活性物质是海绵状铅；隔板用来隔离正极板和负极板，防止短路，并作为电解液的载体，能够吸收大量电解液，起到促进离子扩散的作用；电解液由蒸馏水和纯硫酸按一定比例配制而成，主要作用是参与电化学反应，是铅酸蓄电池的活性物质之一；汇流导体也称汇流排，主要用来连接正极板和负极板；溢气阀位于铅酸蓄电池顶部，起到安全、密封、防爆等作用；壳体用于盛放电解液和极板组，应具有耐酸、耐热、耐振的特性，多采用硬橡胶或聚丙烯塑料制成，其为整体式结构，底部有凸起的肋条以搁置极板组；单格用来存放单体蓄电池，壳体内间隔成 3 个或 6 个互不相通的单格，各单格之间用铅质链条串联；盖和壳体配合，用于密封铅酸蓄电池。

## 2.2.2 铅酸蓄电池的工作原理

铅酸蓄电池工作时，将化学能转换为电能的过程称为放电；借助直流电在电池内进行化学反应，将电能转换为化学能并储存起来，这种蓄电过程称为充电。铅酸蓄电池的工作原理示意如图 2.14 所示。

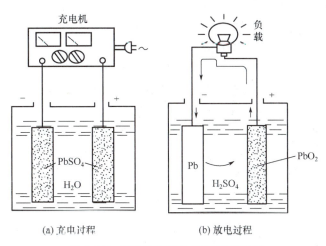

图 2.14 铅酸蓄电池的工作原理示意

为了正确理解铅酸蓄电池的工作原理，下面讲解电池的阴极、阳极与正极、负极之间的关系。电池的阴极、阳极是以电极发生的反应是氧化反应还是还原反应来区分的，阳极发生的是氧化反应，阴极发生的是还原反应。电池的正极、负极是以电极电位来区分的，电位高的是正极，电位低的是负极，蓄电池的正极、负极不会变化，但是在充放电时，同一个电极会变成阴极或阳极。

铅酸蓄电池充电时，正、负极分别与直流电源的正、负极相连，进行充电电解。正极上的硫酸铅（$PbSO_4$）得到电子，电解成铅（$Pb$）和硫酸根离子（$SO_4^{2-}$）；负极上的硫酸铅（$PbSO_4$）失去电子，与水（$H_2O$）反应生成二氧化铅（$PbO_2$）、硫酸根离子（$SO_4^{2-}$）和氢离子（$H^+$）。

铅酸蓄电池正极（阴极）的电化学反应为
$$PbSO_4 + 2e^- \longrightarrow Pb + SO_4^{2-}$$

铅酸蓄电池负极（阳极）的电化学反应为
$$PbSO_4 + 2H_2O - 2e^- \longrightarrow PbO_2 + SO_4^{-2} + 4H^+$$

充电时铅酸蓄电池的总电化学反应为
$$2PbSO_4 + 2H_2O \longrightarrow Pb + PbO_2 + 2H_2SO_4$$

铅酸蓄电池放电时，铅（$Pb$）做负极，二氧化铅（$PbO_2$）做正极，负极上的铅（$Pb$）失去电子，与硫酸根离子（$SO_4^{2-}$）反应生成硫酸铅（$PbSO_4$），正极上的二氧化铅（$PbO_2$）得到电子，与硫酸根离子（$SO_4^{2-}$）、氢离子（$H^+$）反应生成硫酸铅（$PbSO_4$）和水（$H_2O$）。

铅蓄电池负极（阴极）的电化学反应为
$$Pb + SO_4^{2-} - 2e^- \longrightarrow PbSO_4$$

铅酸蓄电池正极（阳极）的电化学反应为
$$PbO_2 + SO_4^{-2} + 2e^- + 4H^+ \longrightarrow PbSO_4 + 2H_2O$$
放电时铅酸蓄电池的总电化学反应为
$$Pb + PbO_2 + 2H_2SO_4 \longrightarrow 2PbSO_4 + 2H_2O$$

### 2.2.3　铅酸蓄电池的特点

铅酸蓄电池具有以下优点。
(1) 除锂离子蓄电池外的常用蓄电池中，铅酸蓄电池的电压最高（为2.0V）。
(2) 价格低。
(3) 可制成小至1A·h、大至几千安·时的各种尺寸、结构的蓄电池。
(4) 高倍率放电性能良好，可用于起动发动机。
(5) 高、低温性能良好，可在-40～60℃下工作。
(6) 电能转化效率高达60%。
(7) 易浮充使用，没有记忆效应。
(8) 易识别荷电状态。

铅酸蓄电池具有以下缺点。
(1) 比能量低，在电动汽车中所占的质量和体积较大，一次充电续驶里程短。
(2) 使用寿命短，使用成本高。
(3) 充电时间长。
(4) 铅是重金属，环境污染严重。

图2.15所示为电动汽车用铅酸蓄电池。

图2.15　电动汽车用铅酸蓄电池

## 2.3　镍氢蓄电池

镍氢蓄电池是指正极以镍氧化物为活性物质、负极以可吸收释放氢的贮氢合金为活性物质、以氢氧化钾为电解质的蓄电池。镍氢蓄电池曾应用于混合动力电动汽车（如丰田普锐斯混合动力电动汽车）。

## 2.3.1 镍氢蓄电池的基本结构

镍氢蓄电池主要由电池正极、电池负极、分离层、电解液、金属外壳和密封橡胶等组成。镍氢蓄电池的基本结构如图 2.16 所示。

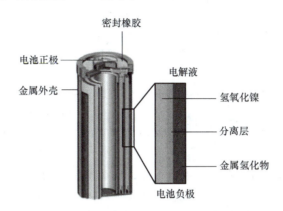

图 2.16 镍氢蓄电池的基本结构

电池正极的活性物质是氢氧化镍[Ni(OH)$_2$]；电池负极的活性物质是金属氢化物(MH)；分离层是隔膜纸，用于隔离正、负极；电解液为氢氧化钾(KOH)；金属外壳用于盛放正、负极和电解液等；密封橡胶用于密封电池。镍氢蓄电池有圆柱形和方形两种形式。

## 2.3.2 镍氢蓄电池的工作原理

镍氢蓄电池是将物质的化学反应产生的能量直接转换成电能的装置。镍氢蓄电池的性能特点主要取决于其本身体系的电极反应。镍氢蓄电池的正极活性物质一般为氢氧化镍，负极活性物质一般为金属氢化物，电解液为氢氧化钾。镍氢蓄电池的工作原理示意如图 2.17 所示。

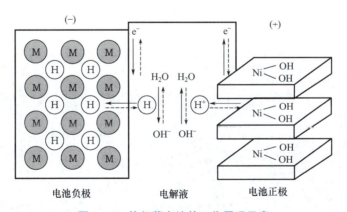

图 2.17 镍氢蓄电池的工作原理示意

充电时，镍氢蓄电池正极的电化学反应为
$$Ni(OH)_2 + OH^- \longrightarrow NiOOH + H_2O + e^-$$
镍氢蓄电池负极的电化学反应为

$$M + H_2O + e^- \longrightarrow MH + OH^-$$

镍氢蓄电池的总电化学反应为

$$Ni(OH)_2 + M \longrightarrow NiOOH + MH$$

放电时，镍氢蓄电池正极的电化学反应为

$$NiOOH + H_2O + e^- \longrightarrow Ni(OH)_2 + OH^-$$

镍氢蓄电池负极的电化学反应为

$$MH + OH^- \longrightarrow M + H_2O + e^-$$

镍氢蓄电池的总电化学反应为

$$NiOOH + MH \longrightarrow Ni(OH)_2 + M$$

### 2.3.3　镍氢蓄电池的特点

镍氢蓄电池具有以下特点。

（1）镍氢蓄电池以氢氧化镍作为电池正极，以金属氢化物作为电池负极，不含剧毒物质，回收价值高，回收难度小，基本可全部回收再利用，利于可持续发展。但是镍氢蓄电池成分中含有稀土元素，在电池全寿命周期中对环境的破坏比锂离子蓄电池大。

（2）镍氢蓄电池比热容较大，能量密度较小，当发生短路、穿刺等极端情况时，电池温度升高小，不会燃烧；同时，镍氢蓄电池对过充电、过放电的耐受性好，与锂离子蓄电池相比更安全。

（3）镍氢蓄电池的能量密度为 70～95W·h/kg，比锂离子蓄电池低；镍氢蓄电池的质量大于锂离子蓄电池。

（4）单体镍氢蓄电池的电压一般为 1.2V，单体锂离子蓄电池的电压一般为 3.6V，为达到相同的电压，需要串联更多单体镍氢蓄电池，对蓄电池系统的设计、管理要求更高。

（5）镍氢蓄电池存在记忆效应，当其发生浅充电/浅放电时，可用容量降低，影响使用寿命。

（6）镍氢蓄电池自放电效应较严重，每月可达 20%，汽车长期停放后容易出现电量不足的情况。

图 2.18 所示为混合动力电动汽车用镍氢蓄电池组。

图 2.18　混合动力电动汽车用镍氢蓄电池组

## 2.4 锂离子蓄电池

锂离子蓄电池是用锰酸锂、磷酸铁锂、钴酸锂或三元材料等锂的化合物做正极，用可嵌入锂离子的碳材料做负极，使用有机电解质的蓄电池。新能源汽车上应用的动力蓄电池主要是锂离子蓄电池。

### 2.4.1 锂离子蓄电池的类型

锂离子蓄电池可以根据形状和正极材料进行分类。根据形状，锂离子蓄电池可以分为圆柱形锂离子蓄电池、方形锂离子蓄电池和软包锂离子蓄电池。

锂离子蓄电池

#### 1. 圆柱形锂离子蓄电池

圆柱形锂离子蓄电池是指具有圆柱形电池外壳和连接元件（电极）的蓄电池，如图2.19所示。特斯拉电动汽车使用的是圆柱形锂离子蓄电池。

软包锂离子蓄电池

图2.19 圆柱形锂离子蓄电池

比较典型的圆柱形锂离子蓄电池有18650锂离子蓄电池和21700锂离子蓄电池。18650锂离子蓄电池是一种标准型的锂离子蓄电池，其中18表示蓄电池直径为18mm，65表示蓄电池长度为65mm，0表示圆柱形锂离子蓄电池；单体18650锂离子蓄电池的容量为2.2～3.6A·h，质量为45～48g；蓄电池系统的能量密度为250W·h/kg。21700锂离子蓄电池是日本松下公司为特斯拉公司研发的锂离子蓄电池，21表示蓄电池直径为21mm，70表示蓄电池长度为70mm，0表示圆柱形锂离子蓄电池；单体21700锂离子蓄电池的容量为3.0～4.8A·h，质量为60～65g；蓄电池系统的能量密度为300W·h/kg。

锂离子蓄电池管理系统

圆柱形锂离子蓄电池采用非常成熟的卷绕工艺，生产自动化水平高，批量生产成本较低，同时能保持较好的良品率和成组一致性。在应用层面，圆柱形锂离子蓄电池的结构特性使其成组后单体蓄电池之间仍保留一定的空隙，利于散热。为实现长续驶里程目标，需要更多单体蓄电池，增大了系统连接及管控难度。同时，由于锂离子蓄电池的外壳（钢壳）自重较大，因此其质量能量密度提升空间受限。

## 2. 方形锂离子蓄电池

方形锂离子蓄电池是指具有长方形蓄电池外壳和连接元件（电极）的蓄电池，如图 2.20 所示。由于方形锂离子蓄电池电芯连接比圆形锂离子蓄电池容易，因此国内纯电动汽车用动力蓄电池以方形锂离子蓄电池为主。

别克VELITE 5
高性能锂离
子蓄电池组

图 2.20　方形锂离子蓄电池

方形锂离子蓄电池以铝壳为主，其规格尺寸大多根据搭载车型需求定制开发，设计相对灵活，具有很强的适配性，但批量生产工艺难以统一，降低了自动化水平。在应用层面，由于方形锂离子蓄电池外壳更趋向于轻量化铝合金材质，结构设计更简单，因此与圆柱形锂离子蓄电池相比，质量能量密度有所提升。单体蓄电池成组后，排列更紧凑，空间利用率较高，并且外壳材质具有一定的强度，因此成组难度较小，但相应的对热安全管控技术提出了更高要求。

## 3. 软包锂离子蓄电池

软包锂离子蓄电池是指由复合薄膜制成的蓄电池外壳和连接元件（电极）的蓄电池，如图 2.21 所示。软包锂离子蓄电池采用质量更小、韧度更大的铝塑膜材料，同时单体蓄电池内部装配为叠片式结构，其规格尺寸以定制开发为主。

图 2.21　软包锂离子蓄电池

我国方形锂离子蓄电池装机量占比约为 80%；圆柱形锂离子蓄电池装机量占比约为 15%；软包锂离子蓄电池装机量占比约为 5%。由此可见，我国电动汽车用动力蓄电池以方形锂离子蓄电池为主。方形锂离子蓄电池的典型结构如图 2.22 所示，主要有组合极芯、正极、负极、壳体和盖板等。

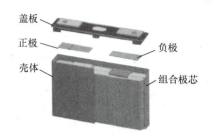

图 2.22　方形锂离子蓄电池的典型结构

根据正极材料的不同，锂离子蓄电池可以分为磷酸铁锂电池、锰酸锂电池、钴酸锂电池和三元锂电池等。

(1) 磷酸铁锂电池。磷酸铁锂电池是指以磷酸铁锂作为正极材料的锂离子蓄电池。磷酸铁锂具有橄榄石晶体结构，其理论比容量为 170mA·h/g，当没有掺杂改性时，其实际比容量高达 110mA·h/g。磷酸铁锂经过表面修饰后的比容量可达 165mA·h/g，已经非常接近理论比容量，工作电压约为 3.4V。磷酸铁锂电池的优点是稳定性强、安全可靠、环保、价格低；缺点是电阻率较大，电极材料利用率低。

(2) 锰酸锂电池。锰酸锂电池是指以锰酸锂作为正极材料的锂离子蓄电池。锰酸锂具有尖晶石结构，其理论比容量为 148mA·h/g，实际比容量为 90~120mA·h/g，工作电压为 3~4V。锰酸锂电池的优点是锰资源丰富，价格低，安全性强，比较容易制备；缺点是理论比容量低，与电解质相容性不好，在深度充放电的过程中电池容量衰减快。

(3) 钴酸锂电池。钴酸锂电池是指以钴酸锂作为正极材料的锂离子蓄电池。钴酸锂电池的优点是电化学性能优越，易加工，性能稳定，一致性好，比容量高，综合性能突出；缺点是安全性较差，成本高。钴酸锂主要用于制备小电池，如手机电池、计算机电池等。

(4) 三元锂电池。三元锂电池是指以镍钴锰酸或镍钴铝作为正极材料，以石墨作为负极材料的锂电池。与磷酸铁锂电池不同，三元锂电池电压平台很高，工作电压约为 3.7V，意味着在相同的体积或质量下，三元锂电池的比能量、比功率更大。除此之外，在大倍率充电和耐低温性能等方面，三元锂电池也有很大优势。特斯拉 Model S 采用的由 18650 锂离子蓄电池组成的蓄电池组就是三元锂电池。

三元锂电池以镍钴锰路线为主，而且不断提高镍的比重，从镍∶钴∶锰=3∶3∶3 转变到 6∶2∶2，再转变到 8∶1∶1，因此又称 811 电池。

国内纯电动汽车使用的主流电池以三元锂电池和磷酸铁锂电池为主，但它们的正极材料不同。三元锂电池能量密度高，但安全性较差，循环寿命少，成本高；磷酸铁锂电池能量密度低，但安全性好，循环寿命长，成本低。

### 2.4.2　锂离子蓄电池的基本结构

锂离子蓄电池主要由正极、负极、隔膜、电解液（未标出）和外壳等组成，如图 2.23 所示。

正极材料作为锂离子蓄电池中锂离子的唯一供给者，对锂离子蓄电池能量密度的提高及成本的降低起着决定作用；负极材料影响锂离子蓄电池的安全性，应用较多的碳基负极材料将锂在负极表面的沉积/溶解转变为在碳材中的嵌入/脱出，大幅度减少锂枝晶的形成，提高锂离子蓄电池的安全性；隔膜起着分离正、负极片的作用，既能避免电池正、负

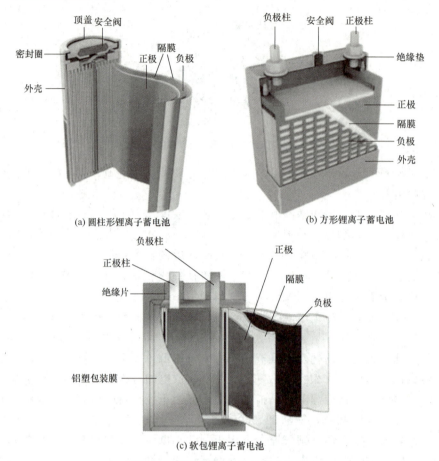

(a) 圆柱形锂离子蓄电池　　(b) 方形锂离子蓄电池

(c) 软包锂离子蓄电池

图 2.23　锂离子蓄电池的基本结构

极片直接接触短路,又能起离子传导、绝缘的作用;电解液是锂离子蓄电池中传输离子的载体,一般由锂盐和有机溶剂组成,电解液正、负极之间起传导离子的作用;外壳主要用于封装电池,主要有铝壳、盖板、极耳、绝缘片等。

### 2.4.3　锂离子蓄电池的工作原理

锂电子蓄电池的工作原理

　　锂离子蓄电池的工作原理是指其充放电原理。当对锂离子蓄电池充电时,蓄电池的正极生成锂离子,生成的锂离子通过电解液传输到负极。作为负极的碳呈层状结构,有很多微孔,到达负极的锂离子嵌入碳层的微孔,嵌入的锂离子越多,充电容量越大。

　　单体锂离子蓄电池的最高充电终止电压为 4.2V,不能过充电,否则会因正极的锂离子丢失太多而使蓄电池报废。当对锂离子蓄电池充电时,应采用专用的恒流充电器、恒压充电器,先恒流充电至锂离子蓄电池两端电压为 4.2V,再转入恒压充电模式,当恒压充电电流降至 100mA 时,停止充电。受锂离子蓄电池内部结构的影响,放电时锂离子不能全部移向正极,必须在负极保留一部分锂离子,以保证下次充电时锂离子能够畅通地嵌入通道;否则,蓄电池使用寿命会缩短。为了保证石墨层中放电后留有部分锂离子,要严格限制放电终止最低电压,也就是说,锂离子蓄电池不能过放电。单体锂离子蓄电池的放电终止电压通常为3.0V，不能低于2.5V。蓄电池放电时间与蓄电池容量、放电电流有关。

图2.24所示为锂离子蓄电池的工作原理。当蓄电池充电时，正极上的锂原子电离成锂离子和电子（脱嵌），锂离子经过电解液运动到负极，得到电子，被还原成锂原子嵌入碳层的微孔（插入）；当蓄电池放电时，嵌在负极碳层中的锂原子失去电子（脱插）成为锂离子，通过电解液运动回正极（嵌入）；锂离子蓄电池的充放电过程就是锂离子在正、负极间不断嵌入和脱嵌的过程，同时伴随着等当量电子的嵌入和脱嵌。锂离子越多，充放电容量就越大。

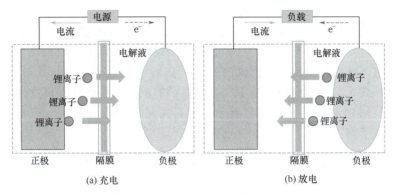

图2.24　锂离子蓄电池的工作原理

以钴酸锂（$LiCoO_2$）为正极材料、石墨为负极材料的锂离子蓄电池，正极的电化学反应为

$$LiCoO_2 \rightleftharpoons Li_{1-x}CoO_2 + xLi^+ + xe^-$$

负极的电化学反应为

$$6C + xLi^+ + xe^- \rightleftharpoons Li_xC_6$$

蓄电池的总反应为

$$LiCoO_2 + 6C \rightleftharpoons Li_{1-x}CoO_2 + Li_xC_6$$

如果以磷酸铁锂（$LiFePO_4$）为正极材料，则将反应式中的$LiCoO_2$改为$LiFePO_4$，$CoO_2$改为$FePO_4$。

因为蓄电池反应过程中既不会消耗电解液，又不会产生气体，只是锂离子在正、负极间移动，所以锂离子蓄电池的结构可以做成完全封闭的。此外，在正常条件下，因为蓄电池充放电过程中没有其他副反应，所以锂离子蓄电池充电效率很高，甚至能达到100%。

## 2.4.4　锂离子蓄电池的特点

锂离子蓄电池具有以下优点。

（1）工作电压高。锂离子蓄电池工作电压为镍氢蓄电池和镍镉蓄电池工作电压的3倍。

（2）比能量高。锂离子蓄电池比能量是镍镉蓄电池的3倍、镍氢蓄电池的1.5倍。

（3）循环寿命长。锂离子蓄电池循环寿命超过1000次，在低放电深度下可达几万次，超过其他二次电池。

（4）自放电率低。锂离子蓄电池每月自放电率低于5%，远低于镍镉蓄电池（25%~30%）

和镍氢蓄电池（15%～20%）。

（5）无记忆性。锂离子蓄电池可以根据要求随时充电，不会降低电池性能。

（6）对环境无污染。锂离子蓄电池中不存在有害物质，是名副其实的"绿色电池"。

（7）能够制造成任意形状。

锂离子蓄电池具有以下缺点。

（1）成本高。主要是正极材料钴酸锂的价格高，锂离子蓄电池的成本低于镍氢蓄电池，与镍镉蓄电池持平，高于铅酸蓄电池。随着锂离子蓄电池技术的发展和大规模应用，锂离子蓄电池的成本逐渐下降。

（2）不耐受过放电。过放电时（电压低于3.0V时放电），正极过量嵌入的锂离子会被固定于晶格中，无法释放，导致使用寿命缩短，深度放电还可能使电池损坏。

（3）不耐受过充电。过充电时，正极脱嵌过多锂离子，且没有及时得到补充，时间长可导致晶格坍塌，从而不可逆地降低储电量。

（4）衰老怕热。与其他充电电池不同，锂离子蓄电池会在使用循环中不可避免地自然缓慢衰退，即使储存不用，容量也会减小，这其实与使用次数无关，而与温度有关。因此，当使用锂离子蓄电池时，对电池管理系统要求较高。

## 2.4.5 锂离子蓄电池的主要材料

锂离子蓄电池的主要材料有正极材料、负极材料、隔膜和电解质，统称为锂离子蓄电池四大关键材料。其中，广泛应用的正极材料选用铁（Fe）、镍（Ni）、钴（Co）、锰（Mn）等金属氧化合物；负极材料选用石墨；隔膜选用聚丙烯/聚乙烯（PP/PE）高分子膜等；电解质选用六氟磷酸锂的有机溶剂。

### 1. 正极材料

正极材料对锂离子蓄电池能量密度及成本起着决定性作用，主要选用铁（Fe）、镍（Ni）、钴（Co）、锰（Mn）等金属氧化合物。

（1）锂离子蓄电池对正极材料的要求。

锂离子蓄电池对正极材料有以下要求。

① 正极材料有较大吉布斯自由能，从而保证蓄电池有较高的输出电压。

② 锂离子在正极材料脱嵌过程中的吉布斯自由能变化量要小，即电极电位对锂离子嵌入量的依赖要小，保证蓄电池的输出电压稳定。

③ 正极材料能够容纳相当数量的锂离子嵌入和脱出，保证蓄电池有较高比容量。

④ 正极材料的摩尔体积和分子量较小，保证蓄电池拥有较高的体积能量密度和质量能量密度。

⑤ 正极材料中存在通畅的锂离子迁移通道，保证材料有较大的锂离子扩散系数。此外，正极材料还要具有良好的电子导电性，保证蓄电池具有良好的大倍率充放电性能。

⑥ 在充放电过程中，正极材料的结构变化小，从而保证电化学反应的可逆进行和蓄电池的良好循环性能。

⑦ 在充放电电压范围内，正极材料不与电解液发生化学反应或物理反应。

⑧ 原料丰富，制备工艺简单，成本低，对环境友好。

（2）正极材料的类型。

锂离子蓄电池正极材料主要有磷酸铁锂、碳复合磷酸铁锂、镍钴锰酸锂、镍钴铝酸锂、钴酸锂、镍酸锂和锰酸锂等。

① 磷酸铁锂。磷酸铁锂（$LiFePO_4$，LFP）具有橄榄石晶体结构，其理论比容量为 170mA·h/g，当没有掺杂改性时，其实际比容量高达 110mA·h/g。通过对磷酸铁锂进行掺杂改性，其实际比容量可高达 165mA·h/g，已经非常接近理论比容量，工作电压约为 3.4V。磷酸铁锂的优点是安全性能好、循环寿命长、制造成本较低；缺点是能量密度低、低温性能较差、高倍率放电性能差（放电电压低）等。磷酸铁锂主要用于制造动力蓄电池和储能电池。

磷酸铁锂电池的充放电曲线如图 2.25 所示。可以看出，磷酸铁锂电池的充放电曲线在初期和末期都有一段迅速上升期和迅速下降期，即出现拐点。拐点是指锂离子蓄电池在充放电前期和充放电 85%～95% 阶段的电量特性曲线的现象，它是由电池本身的电化学特性决定的，电池自身温度、环境温度和充放电电流等因素都会影响拐点的形态。拐点外是电池的薄弱点，充放电超过拐点会对电池造成伤害，全充电、全放电是影响电池安全并造成循环寿命少的根本原因。

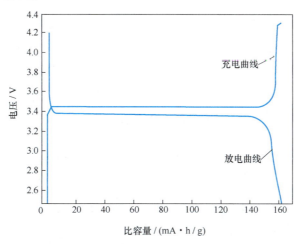

比亚迪电动汽车充电系统

图 2.25 磷酸铁锂电池的充放电曲线

② 碳复合磷酸铁锂。碳复合磷酸铁锂正极材料是指具有橄榄石晶体结构的磷酸铁锂和碳复合而成的锂离子蓄电池的正极材料。磷酸铁锂属于正交晶系，具有一维嵌锂通道，锂离子可在晶格内进行可逆脱嵌。材料的理论比容量为 170mA·h/g。碳复合磷酸铁锂的正极材料按照充放电特性和使用要求分为能量型和功率型，分别用 LFP@C-E 和 LFP@C-P 表示，其中 LFP 表示磷酸铁锂；@ 表示两种材料的复合；C 表示碳；E 表示能量型；P 表示功率型。能量型碳复合磷酸铁锂的正极材料分为三个类别，分别用 LFP@C-E-Ⅰ、LFP@C-E-Ⅱ、LFP@C-E-Ⅲ 表示；功率型碳复合磷酸铁锂的正极材料分为三个类别，分别用 LFP@C-P-Ⅰ、LFP@C-P-Ⅱ、LFP@C-P-Ⅲ 表示，它们的主要区别在于性能要求不同。能量型碳复合磷酸铁锂的正极材料一般用在高能量密度的蓄电池中；功率型碳复合磷酸铁锂的正极材料一般用在高功率的蓄电池中。

③ 镍钴锰酸锂。随着镍（Ni）、钴（Co）、锰（Mn）组成比例的变化，镍钴锰酸锂三元材料（NCM）的比容量、安全性等能够在一定程度上实现调控。调节 Ni、Co、Mn 三种元素的比例可以衍生出不同的氧化镍钴锰锂材料，例如 Ni∶Co∶Mn＝1∶1∶1 的

NCM333 材料，Ni∶Co∶Mn＝4∶2∶4 的 NCM424 材料，Ni∶Co∶Mn＝5∶2∶3 的 NCM523 材料，Ni∶Co∶Mn＝6∶2∶2 的 NCM622 材料，Ni∶Co∶Mn＝8∶1∶1 的 NCM811 材料等。通常把镍含量＜60％的材料称为常规镍三元材料；镍含量≥60％的材料称为高镍三元材料。

常规镍三元材料体现了 $LiCoO_2$、$LiNiO_2$、$LiMnO_2$ 三种材料的优势，具有成本低、容量高、循环寿命长、结构稳定、热稳定性好等优点，是电动汽车用动力蓄电池的主流正极材料。其中 NCM333 材料比容量≥155mA·h/g，是现有三元材料中循环寿命最长、安全性能最好的产品，适用于能量密度为 120～180W·h/kg 的长寿命型电池体系；NCM523 材料比容量≥165mA·h/g，适用于能量密度为 150～240W·h/kg 的电池体系。常规镍三元材料锂电池的充放电曲线如图 2.26 所示。

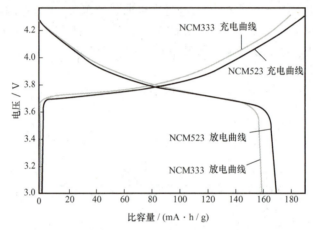

图 2.26　常规镍三元材料锂电池的充放电曲线

随着镍含量的提高，高镍三元材料的比容量大幅度提升。NCM622 材料可逆比容量≥175mA·h/g，NCM811 材料可逆比容量≥190mA·h/g，适用于能量密度为 260～350W·h/kg 的高比能量电池体系。但镍含量高的材料，阳离子混排程度增大，结构稳定性变差，表面碱含量高，易吸水，直接导致极片加工工艺难度增大，电池循环性能和倍率性能变差，以及高温产气等。因此，高镍三元材料的生产和蓄电池制造均有较高的技术门槛。高镍三元材料锂电池的充放电曲线如图 2.27 所示。

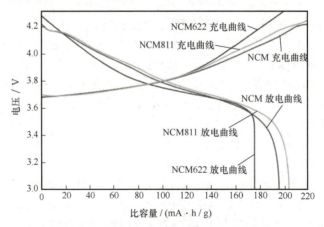

图 2.27　高镍三元材料锂电池的充放电曲线

④ 镍钴铝酸锂。镍钴铝酸锂三元材料（NCA）不仅可逆比容量高，材料成本较低，而且掺入铝（Al）后增强了材料的结构稳定性和安全性，进而提高了材料的循环稳定性。

⑤ 钴酸锂。钴酸锂（LCO）是较早商业化的锂电正极材料，其优点是电化学性能优越，易加工，性能稳定，一致性好，比容量高，综合性能突出；缺点是安全性较差，成本高。钴酸锂按性能和用途分为常规型钴酸锂、高倍率型钴酸锂、高压实型钴酸锂和高电压型钴酸锂。

⑥ 镍酸锂。镍酸锂的理论比容量为247mA·h/g，实际比容量为190～210mA·h/g，工作电压为2.5～4.2V。镍酸锂正极材料的主要优点是自放电率低，无污染，与多种电解质有良好的相容性；缺点是制备条件要求高，热稳定性差，安全性差。

⑦ 锰酸锂。锰酸锂（LMO）具有尖晶石结构，其理论比容量为148mA·h/g，实际比容量为90～120mA·h/g，工作电压为3～4V。锰酸锂的优点是锰资源丰富，成本较低，对环境友好，安全性较好；缺点是能量密度较低，高温性能差，容量衰减明显，多与NCA或NCM混合使用。锰酸锂主要用于制造小型锂电池和动力蓄电池产品。

以磷酸铁锂、三元材料、钴酸锂、镍酸锂和锰酸锂作为正极材料制成的电池分别为磷酸铁锂电池、三元锂电池、钴酸锂电池、镍酸锂电池和锰酸锂电池。特斯拉Model 3电动汽车的动力蓄电池使用的正极材料是镍钴铝酸锂三元材料；比亚迪e6电动汽车的动力蓄电池使用的正极材料是磷酸铁锂或镍钴锰酸锂三元材料。

**2. 负极材料**

负极材料是电池充电过程中锂离子和电子的载体，起着储存与释放能量的作用。负极材料成本占电池总成本的5%～15%，是锂离子蓄电池的重要原材料之一。负极材料影响锂离子蓄电池的安全性。

（1）锂离子蓄电池对负极材料的要求。

锂离子蓄电池对负极材料有以下要求。

① 锂离子嵌入/脱出时的电位尽可能低，使蓄电池有较高的输出电压，以提高蓄电池的能量密度。

② 锂离子能够尽可能多地在材料中可逆脱嵌，保证蓄电池的比容量。

③ 在蓄电池的循环过程中，材料的结构没有或很少发生改变，以确保蓄电池的循环性能。

④ 具有较高的电子电导率和离子电导率，保证电子和锂离子在材料中快速传输，以提高蓄电池的功率密度。

⑤ 氧化还原电位变化小，可保持蓄电池较平稳地进行充电和放电。

⑥ 材料在电解液中稳定，不溶解，且具有良好的表面结构，能够与电解质形成稳定的固体电解质界面膜。

⑦ 价格低，资源丰富，对环境友好。

（2）负极材料的类型。

锂离子蓄电池的负极材料主要有石墨类、钛酸锂、碳复合碳酸锂。

① 石墨类负极材料。锂离子蓄电池石墨类负极材料采用的是结晶型层状结构的石墨类碳材料，与正极材料在一定体系下协同作用实现锂离子蓄电池多次充电和放电，在充电过程中，石墨类负极接受锂离子的嵌入；在放电过程中，实现锂离子的脱出。石墨类负极材

料的理论比容量为372mA·h/g,外观上为颜色灰黑或铜灰、有金属光泽的粉末。石墨类负极材料可分为天然石墨(natural graphite,NG)、人造石墨(artifical graphite,AG)和复合石墨(composite graphite,CG)。其中人造石墨又分为中间相碳微球人造石墨(carbon micro bead artifical graphite,CMBAG)、针状焦人造石墨(needle coke artifical graphite,NCAG)和石油普焦人造石墨(common petroleum coke artifical graphite,CPCAG)。

锂离子蓄电池石墨类负极材料等级见表2-3。

表 2-3 锂离子蓄电池石墨类负极材料等级

| 类型 | | 级别 | 首次放电比容量/(mA·h/g) | 首次库仑效率/(%) | 粉末压实密度/(g/cm³) | 石墨化度/(%) | 固定碳含量/(%) | 磁性物质含量/×10⁻⁶ | 铁含量/×10⁻⁶ |
|---|---|---|---|---|---|---|---|---|---|
| 天然石墨(NG) | | Ⅰ | ≥360.0 | ≥95.0 | ≥1.65 | ≥96 | ≥99.97 | ≤0.1 | ≤10 |
| | | Ⅱ | ≥360.0 | ≥93.0 | ≥1.55 | ≥94 | ≥99.95 | ≤0.1 | ≤30 |
| | | Ⅲ | ≥345.0 | ≥91.0 | ≥1.45 | ≥92 | ≥99.90 | ≤0.5 | ≤50 |
| 人造石墨(AG) | 中间相碳微球人造石墨(CMBAG) | Ⅰ | ≥350.0 | ≥95.0 | ≥1.50 | ≥94 | ≥99.97 | ≤0.1 | ≤20 |
| | | Ⅱ | ≥340.0 | ≥94.0 | ≥1.40 | ≥90 | ≥99.95 | ≤0.5 | ≤50 |
| | | Ⅲ | ≥330.0 | ≥90.0 | ≥1.20 | ≥90 | ≥99.70 | ≤1.5 | ≤100 |
| | 针状焦人造石墨(NCAG) | Ⅰ | ≥355.0 | ≥94.0 | ≥1.25 | ≥94 | ≥99.97 | ≤0.1 | ≤20 |
| | | Ⅱ | ≥340.0 | ≥93.0 | ≥1.20 | ≥90 | ≥99.95 | ≤0.5 | ≤50 |
| | | Ⅲ | ≥320.0 | ≥90.0 | ≥1.10 | ≥85 | ≥99.70 | ≤1.5 | ≤100 |
| | 石油普焦人造石墨(CPCAG) | Ⅰ | ≥350.0 | ≥95.0 | ≥1.40 | ≥94 | ≥99.97 | ≤0.1 | ≤20 |
| | | Ⅱ | ≥330.0 | ≥93.0 | ≥1.20 | ≥90 | ≥99.95 | ≤0.5 | ≤50 |
| | | Ⅲ | ≥300.0 | ≥90.0 | ≥1.00 | ≥85 | ≥99.70 | ≤1.5 | ≤100 |
| 复合石墨(CG) | | Ⅰ | ≥355.0 | ≥94.0 | ≥1.60 | ≥94 | ≥99.97 | ≤0.1 | ≤20 |
| | | Ⅱ | ≥345.0 | ≥92.0 | ≥1.50 | ≥92 | ≥99.95 | ≤0.1 | ≤30 |
| | | Ⅲ | ≥330.0 | ≥91.0 | ≥1.40 | ≥90 | ≥99.70 | ≤0.5 | ≤50 |

② 钛酸锂。钛酸锂($Li_4Ti_5O_{12}$)的负极材料具有体积小、质量轻、密封性能好、无泄漏、无记忆效应、自放电率低、充放电迅速、循环寿命超长、工作环境温度范围宽、安全稳定、绿色环保等优点;但碳酸锂的缺点是能量密度低,成本高。

③ 碳复合碳酸锂(如 $Li_4Ti_5O_{12}@C$)。

3. 隔膜

隔膜是锂离子蓄电池的重要材料,具有两种重要功能:一是保证电池安全;二是使电池与充放电相关的功能得以实现。电池能量密度的提升主要基于电极材料体系的发展和优化;电池的容量发挥、倍率性能、循环寿命、充电电位、首次库仑效率、自放电、高低温特性、内短路和析锂等重要特性,都与隔膜材料的特性和品质相关。隔膜的根本作用是隔离正极片和负极片,避免短路。同时,基于锂离子蓄电池的工作机制,充电时锂离子从正极材料中脱出、穿过隔膜迁移插入负极材料的层状结构间；放电时锂离子从负极材料脱出、反向穿过隔膜重新迁移嵌入正极材料。因此，隔膜上需要有贯通的微孔供锂离子迁移；对于隔膜而言，最重要的特性就是微孔结构。

(1) 锂离子蓄电池对隔膜材料的要求。

锂离子蓄电池对隔膜材料有以下要求。

① 具有电子绝缘性，保证正、负极的机械隔离。

② 有一定的孔径和孔隙率，保证低的电阻和高的离子电导率，对锂离子有很好的透过性。

③ 耐电解液腐蚀，具有足够的化学稳定性和电化学稳定性，这是由于电解质的溶剂为强极性的有机化合物。

④ 具有良好的电解液的浸润性，并且吸液保湿能力强。

⑤ 力学稳定性（包括穿刺强度、拉伸强度等）高，但厚度要尽可能小。

⑥ 空间稳定性和平整性好。

⑦ 热稳定性和自动关断保护性能好。

⑧ 受热收缩率小，以防引起短路，引发电池热失控。

(2) 隔膜的类型。

应用比较广泛的隔膜有聚乙烯（poly ethylene，PE）隔膜、聚丙烯（polypro pylene，PP）隔膜、PP-PE-PP三层隔膜、无纺布复合隔膜、凝胶隔膜、表面涂覆的复合隔膜等。

### 4. 电解质

电解质（液）作为锂离子在电池正、负极之间传输的主要媒介，可保证内部电路的有效性，对电池的能量密度、倍率特性、循环效率、安全性能、存储性能等起着至关重要的作用。

(1) 锂离子蓄电池对电解质的要求。

锂离子蓄电池对电解质有以下要求。

① 液态温度范围宽，在$-20 \sim 80$℃下为液体。

② 有较高的离子电导率，室温下应大于6mS/cm。

③ 对电极、隔膜的润湿性好。

④ 电化学稳定性好，有较宽的电化学窗口。

⑤ 与正负极材料兼容性好，能形成稳定的固体电解质界面膜。

⑥ 化学稳定性好，与正负极材料、集流体、隔膜等基本不发生反应。

⑦ 热稳定性较好。

⑧ 安全性好，不易燃。

⑨ 对环境友好。

(2) 电解质类型。

高纯有机溶剂、电解质锂盐和必要的电解液添加剂构成常见的锂离子蓄电池电解液。有机溶剂主要有碳酸乙烯酯（ethylene carbonate，EC）、碳酸二乙酯（diethyl carbonate，DEC）、碳酸丙烯酯（propylene carbonate，PC）、碳酸二甲酯（dimethyl carbonate，DMC）等，实际应用中一般将高介电常数溶剂与低黏度溶剂混合使用，达到相互协作的目的，如EC+DMC、EC+DEC、EC+DMC+EMC等都是常用的有机溶剂组合。电解质锂盐有六氟磷酸锂

（LiPF$_6$）、高氯酸锂（LiClO$_4$）、四氟硼酸锂（LiBF$_4$）等。锂盐是电解液的重要组成部分，其很大程度上决定了电解质的物理性质和化学性质。在电解质锂盐中，由于六氟磷酸锂（LiPF$_6$）具有良好的导电性和电化学稳定性，因此成为广泛商用的锂盐。电解质与蓄电池之间的对应性强，使用时根据不同制造厂商蓄电池设计的电化学性能要求，配套使用不同配方的电解质。

### 2.4.6 锂离子蓄电池的尺寸要求

锂离子蓄电池的外形尺寸应该符合 GB/T 34013—2017《电动汽车用动力蓄电池产品规格尺寸》的要求。

**1. 单体蓄电池尺寸**

单体蓄电池尺寸分为圆柱形单体蓄电池尺寸、方形单体蓄电池尺寸和软包单体蓄电池尺寸。

（1）圆柱形单体蓄电池尺寸。圆柱形单体蓄电池的主要结构形式如图 2.28 所示，其尺寸系列见表 2-4。其中，$N_1$ 为圆柱形单体蓄电池的直径；$N_3$ 为不包含极柱的单体蓄电池高度。

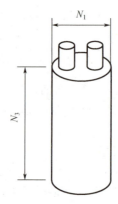

图 2.28 圆柱形单体蓄电池的主要结构形式

表 2-4 圆柱形单体蓄电池的尺寸系列

| 序号 | 外形尺寸/mm | |
|---|---|---|
| | $N_1$ | $N_3$ |
| 1 | 18 | 65 |
| 2 | 21 | 70 |
| 3 | 26 | 65/70 |
| 4 | 32 | 70/134 |

（2）方形单体蓄电池尺寸。方形单体蓄电池的主要结构形式如图 2.29 所示，其尺寸系列见表 2-5。其中，$N_1$ 为方形单体蓄电池的厚度；$N_2$ 为方形单体蓄电池的宽度；$N_3$ 为不包含极柱的单体蓄电池高度。

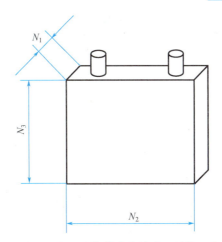

图 2.29 方形单体蓄电池的主要结构形式

表 2-5 方形单体蓄电池的尺寸系列

| 序号 | 外形尺寸/mm | | |
|---|---|---|---|
| | $N_1$ | $N_2$ | $N_3$ |
| 1 | 20 | 65 | 138 |
| 2 | 20/27 | 70 | 107/120/131 |
| 3 | 12/20 | 100 | 141/310 |
| 4 | 12/20 | 120 | 80/85 |
| 5 | 27 | 135 | 192/214 |
| 6 | 20/27/40/53/57/79/86 | 148 | 91/95/98/129/200/396 |
| 7 | 12/20/32/40/45/48/53/71 | 173 | 85/110/125/137/149/166/184/200 |
| 8 | 32/53 | 217 | 98 |

（3）软包单体蓄电池尺寸。软包单体蓄电池的主要结构形式如图 2.30 所示，其尺寸系列见表 2-6。其中，$N_1$ 为软包单体蓄电池的厚度；$N_2$ 为软包单体蓄电池的宽度；$N_3$ 为不包含极柱的单体蓄电池高度。

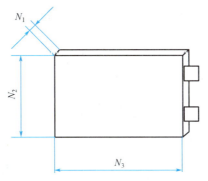

图 2.30 软包单体蓄电池的主要结构形式

表 2-6 软包单体蓄电池的尺寸系列

| 序号 | 外形尺寸/mm | | |
|---|---|---|---|
| | $N_1$ | $N_2$ | $N_3$ |
| 1 | — | 100 | 302/310 |
| 2 | — | 118 | 85/243/342 |
| 3 | — | 148 | 91 |
| 4 | — | 161 | 227/240/291 |
| 5 | — | 190 | 236/245 |
| 6 | — | 217 | 127/262 |
| 7 | — | 228 | 268 |

**2. 蓄电池模块尺寸**

蓄电池模块的主要结构形式如图 2.31 所示，其尺寸系列见表 2-7。其中，$N_1$ 为蓄电池模块的厚度；$N_2$ 为蓄电池模块的宽度；$N_3$ 为蓄电池模块的高度。

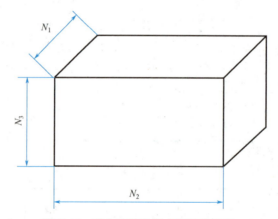

图 2.31 蓄电池模块的主要结构形式

表 2-7 蓄电池模块的尺寸系列

| 序号 | 外形尺寸/mm | | |
|---|---|---|---|
| | $N_1$ | $N_2$ | $N_3$ |
| 1 | 211～515 | 141 | 211/235 |
| 2 | 252～590 | 151 | 108/119/130/141 |
| 3 | 157 | 159 | 269 |
| 4 | 285～793 | 178 | 130/163/177/200/216/240/255/265 |
| 5 | 270～793 | 190 | 47/90/110/140/197/225/250 |
| 6 | 191/590 | 220 | 108/294 |

续表

| 序号 | 外形尺寸/mm | | |
|---|---|---|---|
| | $N_1$ | $N_2$ | $N_3$ |
| 7 | 547 | 226 | 144 |
| 8 | 269~319 | 234 | 85/297 |
| 9 | 280 | 325 | 207 |
| 10 | 18~27，330~672 | 367 | 114/275/429 |
| 11 | 242~246 | 402 | 167 |
| 12 | 162~861 | 439 | 363 |

对于动力蓄电池产业，贯彻实施蓄电池规格尺寸要求体系有助于促进动力蓄电池产业实现更大规模的制造、应用、梯次利用和回收，同时有利于大幅度降低成本，助推动力蓄电池产业更加健康、稳定和快速地发展。

## 2.4.7 锂离子蓄电池的技术要求

锂离子蓄电池的一般要求分为单体蓄电池的要求、蓄电池模块的要求及蓄电池总成的要求。

### 1. 单体蓄电池的要求

对单体蓄电池有以下要求。

（1）外观。在良好的光线条件下，用目测法检查单体蓄电池的外观，外壳不得有变形及裂纹，表面平整、干燥、无碱痕、无污物，且标志清晰。

（2）极性。用电压表检查蓄电池的极性时，蓄电池极性应与标志的极性符号一致。

（3）外形尺寸及质量。单体蓄电池的外形尺寸及质量应符合生产企业提供的技术条件。

（4）室温放电容量。单体蓄电池按规定方法进行试验时，其放电容量应不低于额定容量，并且不超过额定容量的110%，同时所有测试对象初始容量极差不大于初始容量平均值的5%。

### 2. 蓄电池模块的要求

对蓄电池模块有以下要求。

（1）外观。在良好的光线条件下，用目测法检查蓄电池模块的外观，外观不得有变形及裂纹，表面平整干燥、无外伤，且排列整齐、连接可靠、标志清晰等。

（2）极性。用电压表检查蓄电池模块的极性时，蓄电池极性应与标志的极性符号一致。

（3）外形尺寸及质量。蓄电池模块的外形尺寸及质量应符合生产企业提供的技术条件。

（4）室温放电容量。蓄电池模块按规定方法进行试验时，其放电容量应不低于额定值，并且不超过额定容量的110%，同时所有测试对象初始容量极差不大于初始容量平均值的7%。

(5) 室温倍率放电容量。按照制造厂商提供的电池类型分别进行试验，高能量蓄电池模块按规定方法进行试验时，其放电容量应不低于初始容量的 90%；高功率蓄电池模块按规定方法进行试验时，其放电容量应不低于初始容量的 80%。

(6) 室温倍率充电容量。蓄电池模块按规定方法试验时，其放电容量应不低于初始容量的 80%。

(7) 低温放电容量。蓄电池模块按规定方法试验时，其放电容量应不低于初始容量的 70%。

(8) 高温放电容量。蓄电池模块按规定方法试验时，其放电容量应不低于初始容量的 90%。

(9) 荷电保持与容量恢复能力。蓄电池模块按规定方法试验时，其室温荷电保持率应不低于初始容量的 85%，容量恢复后应不低于初始容量的 90%。

(10) 耐振动性。蓄电池模块按规定方法进行耐振动性试验时，不允许出现放电电流突变、电压异常、蓄电池壳变形、电解液溢出等现象，并保持连接可靠、结构完好。

(11) 储存。蓄电池模块按规定方法试验时，容量恢复后应不低于初始容量的 90%。

(12) 安全性。蓄电池模块按规定方法进行短路、过放电、过充电、加热、针刺、挤压等试验时，应不爆震、不起火、不漏液。

具体试验方法参照 GB/T 31486—2015《电动汽车用动力蓄电池电性能要求及试验方法》和 GB 38031—2020《电动汽车用动力蓄电池安全要求》。

### 3. 蓄电池总成的要求

对蓄电池总成有以下要求。

(1) 锂离子蓄电池的一致性。锂离子蓄电池的一致性是指组成锂离子蓄电池模块和蓄电池总成的单体蓄电池性能的一致性，主要包括实际电能、阻抗、电极的电气特性、电气连接、温度特性差异、衰变速度等，其差异直接影响运行过程中输出电参数的差异。组成锂离子蓄电池模块和蓄电池总成的蓄电池的一致性应在规定的负荷条件和荷电状态下进行试验。锂离子蓄电池的一致性分为充电状态一致性和放电状态一致性。若没有具体规定，应以放电状态测试的一致性为锂离子蓄电池模块或蓄电池总成的一致性。

锂离子蓄电池的一致性等级和一致性指数的划分见表 2-8。一致性等级超过 5 级的为不合格产品。

表 2-8 锂离子蓄电池的一致性等级和一致性指数的划分

| 一致性等级 | 1 级 | 2 级 | 3 级 | 4 级 | 5 级 |
| --- | --- | --- | --- | --- | --- |
| 一致性指数 | ≤5F | ≤8F | ≤11F | ≤14F | ≤18F |

(2) 正极和负极输出连接。组成锂离子蓄电池总成的锂离子蓄电池模块正极和负极连接，可采用螺栓连接方式或可插拔连接器连接方式。正极和负极连接处应有清晰的极性标志，正极采用红色标志和红色电缆，负极采用黑色标志和黑色电缆。

(3) 接口和协议。组成锂离子蓄电池总成的电池管理系统的接口和协议包括电路接口和接口协议、通信接口和通信协议。其中，电路接口和接口协议包括充电控制导引接口和接口协议、单体蓄电池电压检测电路接口和接口协议、充放电控制电路接口和接口协议、I/O 充放电接口电路和接口协议；通信接口和通信协议包括内部通信接口和通信协议、充放电通信接口和通信协议、用户通信接口和通信协议。蓄电池总成接口和通信协议应符合相关标准的规定。

（4）额定电能。当采用标称电压相同的锂离子蓄电池模块组成锂离子蓄电池总成时，蓄电池总成的额定电能等于组成动力锂电池总成中电能值最小的蓄电池模块的电能与模块数量的乘积。当采用不同标称电压的蓄电池模块组成蓄电池总成时，蓄电池总成的额定电能等于由蓄电池模块的额定电能除以蓄电池模块标称电压最小值与蓄电池总成标称电压的乘积。

（5）电源功率消耗。电源功率消耗是指组成锂离子蓄电池总成的电池管理系统电路消耗的峰值功率，应符合制造厂商提供的产品技术文件的规定。

（6）标称电压。由锂离子蓄电池模块组成的锂离子蓄电池总成的标称电压见表2-9。

表2-9　由锂离子蓄电池模块组成的锂离子蓄电池总成的标称电压

| 模块数量/个 | 12V系列 | 24V系列 | 36V系列 | 48V系列 | 72V系列 |
| --- | --- | --- | --- | --- | --- |
| 2 | 24V | 48V | 72V | 96V | 144V |
| 3 | 36V | 72V | — | 144V | 216V |
| 4 | 48V | 96V | 144V | — | 288V |
| 5 | 60V | 120V | — | 240V | 360V |
| 6 | 72V | 144V | — | 288V | 432V |
| 7 | — | — | — | 366V | — |
| 8 | 96V | — | 288V | 384V | — |
| 9 | — | — | — | 432V | — |
| 10 | 120V | 240V | — | 480V | — |
| 11 | — | — | 396V | — | — |
| 12 | 144V | 288V | — | — | — |
| 13 | — | 312V | — | — | — |
| 14 | — | 336V | — | — | — |
| 15 | — | — | — | — | — |
| 16 | — | 384V | — | — | — |

（7）使用寿命。锂离子蓄电池总成的使用寿命分为标准循环使用寿命和工况循环使用寿命。磷酸铁锂电池的标准循环使用寿命应大于或等于1200次；锰酸锂电池的标准循环使用寿命应大于或等于800次。电动汽车用锂离子蓄电池总成的工况循环使用寿命可采用行驶里程数表示。

## 2.5　燃料电池

燃料电池被誉为继火电、水电及核电之外的第四种发电方式，有助于氢能的移动化、轻量化和大规模普及，可广泛应用于交通、工业、建筑、军事等领域。随着数字化技术的不断深入，无人驾驶、互联网大数据中心、军事装备等领域将极大丰富燃料电池的应用领域。燃料电池的主要类型有质子交换膜燃料电池（proton exchange membrane fuel cell, PEMFC）、碱性燃料电池、磷酸燃料电池、熔融碳酸盐燃料电池、固体氧化物燃料电池和直接甲醇燃料电池，燃料电池电动汽车使用的是质子交换膜燃料电池。本书介绍的燃料电池，如果无特殊说明，都是指质子交换膜燃料电池。

### 2.5.1 质子交换膜燃料电池的基本结构

质子交换膜燃料电池采用可传导离子的聚合膜作为电解质，所以也叫聚合物电解质燃料电池、固体聚合物燃料电池或固体聚合物电解质燃料电池，是应用较广泛的燃料电池。

质子交换膜燃料电池由质子交换膜、催化层、气体扩散层和双极板组成，如图2.32所示，其中，催化层与气体扩散层分别在质子交换膜两侧构成阳极和阴极，阳极为氢电极，为燃料的氧化反应发生所在的电极；阴极为氧电极，为氧化剂的还原反应发生所在的电极；阳极和阴极都需要一定量的电催化剂，用来加速电极上发生的电化学反应；两电极之间是电解质，即质子交换膜；通过热压将阴极、阳极与质子交换膜复合在一起，形成膜电极。

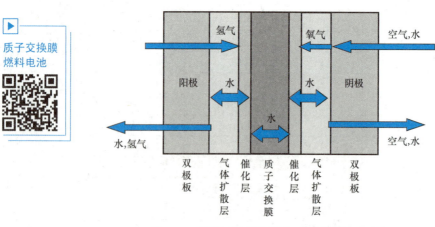

图2.32 质子交换膜燃料电池单体的基本结构

#### 1. 质子交换膜

质子交换膜（proton exchange membrane，PEM）作为电解质，起到传导质子、隔离反应气体的作用。在燃料电池内部，质子交换膜为质子的迁移和输送提供通道，使得质子经过交换膜从阳极到达阴极，与外电路的电子转移构成回路，向外界提供电流。质子交换膜的性能对燃料电池的性能起着非常重要的作用，质子交换膜的质量直接影响燃料电池的使用寿命。

#### 2. 催化层

催化层是由催化剂和催化剂载体形成的薄层组成的。催化剂主要采用铂碳（Pt/C）、铂合金碳，载体材料主要是纳米颗粒碳、碳纳米管等。对载体材料的要求是导电性好，耐蚀，催化活性大。

#### 3. 气体扩散层

气体扩散层是由导电材料制成的多孔合成物，起着支撑催化层，收集电流，为电化学反应提供电子通道、气体通道和排水通道的作用。

### 4. 双极板

双极板又称集流板,放置在膜电极的两侧,阻隔燃料和氧化剂,收集和传导电流、导热,将各个单体电池串联起来,并通过流场为反应气体进入电极及水的排出提供通道。

燃料电池的基本构成是单体电池,电压约为1V,不能直接应用。在实际应用中,首先由若干个单体电池组成电池堆,然后由电池堆组成燃料电池系统,最后安装在汽车上,为燃料电池电动汽车提供能量。

## 2.5.2 质子交换膜燃料电池的工作原理

质子交换膜燃料电池的工作过程相当于水电解的"逆"过程,其单体电池由阳极、阴极和质子交换膜组成,阳极为还原剂发生氧化反应的场所,阴极为氧化剂发生还原反应的场所,两极都含有加速电极电化学反应的催化剂,质子交换膜为电解质。质子交换膜燃料电池的工作原理如图2.33所示。

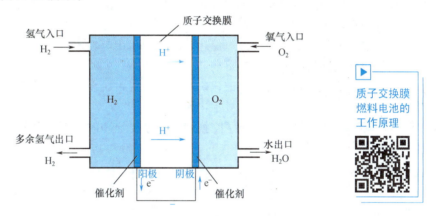

图 2.33 质子交换膜燃料电池的工作原理

在电池一端,导入的氢气通过双极板经阳极扩散层到达阳极催化层,在阳极催化剂的作用下,氢分子分解为带正电的氢离子(质子)并释放出带负电的电子,完成阳极反应;氢离子穿过质子交换膜到达阴极催化层,电子由双极板收集,通过外电路到达阴极,在外电路形成电流,通过适当连接可向负载输出电能。在电池另一端,氧气通过双极板经阴极扩散层到达阴极催化层,在阴极催化剂的作用下,氧气与透过质子交换膜的氢离子及来自外电路的电子发生反应生成水,完成阴极反应;电极反应生成的水大多由尾气排出,其余的在压力差的作用下通过质子交换膜向阳极扩散。

阳极的化学反应

$$2H_2 \longrightarrow 4H^+ + 4e^-$$

阴极的化学反应

$$4e^- + 4H^+ + O_2 \longrightarrow 2H_2O$$

总的化学反应为

$$2H_2 + O_2 \longrightarrow 2H_2O$$

上述过程是理想的工作过程,实际上,整个反应过程中会有很多中间步骤和中间产物。

### 2.5.3 质子交换膜燃料电池的特点

质子交换膜燃料电池具有以下优点。

(1) 能量转化效率高。通过氢氧化合作用，直接将化学能转换为电能，不通过热机过程，不受卡诺循环的限制。

(2) 可实现零排放。唯一的排放物是纯净水，不排放污染物。

(3) 运行噪声小，可靠性高。质子交换膜燃料电池无机械运动部件，工作时仅有气体和水的流动。

(4) 维护方便。质子交换膜燃料电池内部构造简单，电池模块呈现自然的"积木化"结构，使得电池组的组装和维护都非常方便，也很容易实现"免维护"设计。

(5) 发电效率平稳。发电效率受负荷变化影响很小，非常适合用作分散型发电装置（作为主机组）和电网的"调峰"发电机组（作为辅机组）。

(6) 氢来源广泛。氢是世界上最多的元素。氢气来源极其广泛，是一种可再生能源，可通过石油、天然气、甲醇、甲烷等重整制氢，也可通过电解水制氢、光解水制氢、生物制氢等方法获取氢气。

(7) 技术成熟。氢气的生产、储存、运输和使用等技术均已非常成熟、安全、可靠。

质子交换膜燃料电池具有以下缺点。

(1) 成本高。因为膜材料和催化剂均十分昂贵，所以一旦大规模生产，质子交换膜燃料电池比价的经济效益就会充分显示出来。

(2) 对氢的纯度要求高。质子交换膜电池需要纯净的氢，但是极易受到一氧化碳和其他杂质的污染。

因为质子交换膜燃料电池的工作温度低，启动速度较快，功率密度较高（体积较小），所以很适合用作新一代交通工具的动力。从发展情况看，质子交换膜燃料电池是技术较成熟的燃料电池电动汽车动力源，质子交换膜燃料电池电动汽车被业内公认为电动汽车未来的发展方向。

### 2.5.4 质子交换膜燃料电池的主要部件

质子交换膜燃料电池的主要部件有质子交换膜、电催化剂、气体扩散层、膜电极和双极板。

#### 1. 质子交换膜

质子交换膜又称聚合物电解质薄膜，是指以质子为导电电荷的聚合物电解质膜。它是质子交换膜燃料电池的核心材料，是一种厚度仅为微米级的薄膜片，其微观结构非常复杂。

(1) 质子交换膜的类型。

质子交换膜主要分为全氟质子交换膜、部分氟化质子交换膜和非氟化质子交换膜等。

① 全氟质子交换膜。全氟质子交换膜是指在高分子链上的氢原子全部被氟原子取代的质子交换膜，全氟磺酸质子交换膜便是其中之一。全氟磺酸质子交换膜由碳氟主链和带有磺酸基团的醚支链构成，具有极高的化学稳定性，应用广泛。

全氟磺酸质子交换膜的优点是机械强度高，化学稳定性好，在湿度大的条件下导电率高；低温时电流密度大，质子传导电阻小。但是全氟磺酸质子交换膜存在如下缺点：温度升高会使质子传导性变差，高温时易发生化学降解；单体合成困难，成本高；价格高；用于甲醇燃料电池时，易发生甲醇渗透等。

全氟磺酸质子交换膜主要有以下几种类型：美国杜邦公司的 Nafion 系列膜、美国陶氏化学公司的 XUS－B204 膜、日本旭化成公司的 Aciplex-F 膜、日本旭硝子公司的 Flemion 膜、日本氯工程公司的 C 膜和加拿大 Ballard 公司的 BAM 膜，其中较具代表性的是由美国杜邦公司研制的 Nafion 系列全氟磺酸质子交换膜。

② 部分氟化质子交换膜。针对全氟磺酸质子交换膜价格高、工作温度低等缺点，研究人员除了对其进行复合等改性，还开展了大量新型非全氟膜的研发工作，部分氟化磺酸质子交换膜便是其中之一，如聚三氟苯乙烯磺酸膜、聚四氟乙烯-六氟丙烯膜等。

部分氟化质子交换膜一般体现为主链全氟，有利于在燃料电池苛刻的氧化环境下保证质子交换膜有相应的使用寿命。质子交换基团一般是磺酸基团，按引入的方式不同，部分氟化磺酸质子交换膜分为全氟主链聚合，即带有磺酸基的单体接枝到主链上，全氟主链聚合后，单体侧链接枝，然后磺化，磺化单体直接聚合。采用部分氟化结构可明显降低质子交换膜的成本，但是此类质子交换膜的电化学性能不如美国杜邦公司的 Nafion 系列膜。

③ 非氟化质子交换膜。非氟化质子交换膜是指不含有任何氟原子的质子交换膜。与全氟磺酸膜相比，非氟磺酸膜具有很多优点：价格低，很多材料都容易买到；含极性基团的非氟聚合物的亲水能力在很大温度范围内都很高，吸收的水分聚集在主链上的极性基团周围，保水能力较强；通过适当的分子设计，稳定性有较大改善；废弃非氟聚合物易降解，不会造成环境污染。

车用质子交换膜逐渐趋于薄型化，由几十微米降低到几微米，能减小质子传递的欧姆极化，以达到较好的性能。

在车用燃料电池质子交换膜领域，美国戈尔公司创造性地发明了膨体聚四氟乙烯的专有增强膜技术，其核心产品具有超薄、耐用、高功率密度等特性，与全球领先的新能源汽车制造商和燃料电池公司有着广泛、深入的合作。丰田 Mirai、现代 NEXO 和本田 CLARITY 汽车等都采用了美国戈尔公司的产品。从产品来看，美国戈尔公司出货量较大的是 $18\mu m$、$15\mu m$ 的质子交换膜。在超薄膜应用提速的形势下，美国戈尔公司的 $8\mu m$ 超薄膜受到客户的广泛好评。图 2.34 所示为美国戈尔公司的质子交换膜。

山东东岳未来氢能材料有限公司是国内生产质子交换膜的主要企业，东岳 DF260 膜技术成熟且定型量产，其厚度已做到 $15\mu m$。在开路电压（open circuit voltage，OCV）情况下，东岳 DF260 膜的耐久性大于 600h，且运行时间超过 6000h。在干湿循环和机械稳定性方面，东岳 DF260 膜的循环次数超过 2 万次。图 2.35 所示为山东东岳未来氢能材料有限公司的质子交换膜。

图 2.34　美国戈尔公司的质子交换膜

图 2.35　山东东岳未来氢能材料有限公司的质子交换膜

（2）质子交换膜的作用。

质子交换膜在燃料电池中的位置如图 2.36 所示。

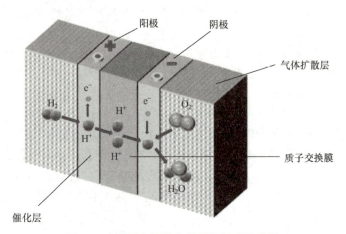

图 2.36　质子交换膜在燃料电池中的位置

质子交换膜的作用如下。

① 为质子（$H^+$）传递提供通道。质子传导率越高，质子交换膜的内阻越小，燃料电池的效率越高。

② 起到隔离阳极和阴极的作用。阻止阳极的燃料（$H_2$）和阴极的氧化剂（$O_2$ 或空气）直接混合发生化学反应。

③ 作为电子绝缘体。阻止电子（$e^-$）在膜内传导，从而使燃料氧化后释放的电子只能由阳极通过外线路向阴极流动，产生外部电流以供使用。

质子交换膜与一般化学电源中使用的隔膜有很大不同，它不仅是一种隔离阴阳极反应气体的隔膜，还是电解质和电极活性物质（电催化剂）的基底，即兼具隔膜和电解质的作用；另外，质子交换膜还是一种选择透过性膜，在一定的温度和湿度条件下具有可选择的透过性，质子交换膜的高分子结构中含有多种离子基团，只允许氢离子（氢质子）透过，而不允许氢分子及其他离子透过。

（3）质子交换膜的要求。

质子交换膜是质子交换膜燃料电池中的核心部件之一，与电极一起决定了整个燃料电池的性能、使用寿命和价格。用于燃料电池的质子交换膜必须满足以下要求。

① 质子传导率高。可以减小燃料电池内阻，提高电流密度。

② 较好的稳定性。物理稳定性和化学稳定性较好，阻止聚合物链降解，增强燃料电池耐久性。

③ 较低的气体渗透率。防止氢气和氧气在电极表面发生反应，造成电极局部过热，影响电池的电流效率。

④ 良好的力学性能。适合膜电极的制备组装，以及工作环境变化引起的尺寸形变。

⑤ 较低的尺寸变化率。防止由膜吸水和脱水过程中的膨胀及收缩引起的局部应力增大造成膜与电极分离。

⑥ 适当的性能价格比。

目前只有商业化的全氟磺酸质子交换膜同时满足以上所有条件。

## 2. 电催化剂

电催化剂，简称催化剂，是指加速电极反应过程但本身不被消耗的物质，它是质子交换膜燃料电池的关键材料之一，直接影响燃料电池的性能。

(1) 电催化剂的类型。

质子交换膜燃料电池的电催化剂分为非贵金属催化剂和合金催化剂。

① 非贵金属催化剂。非贵金属催化剂是指不含任何贵金属成分的催化剂，贵金属元素包括锇（Os）、铱（Ir）、钌（Ru）、铑（Rh）、铂（Pt）、钯（Pd）、金（Au）、银（Ag）。

非贵金属催化剂的主要研究包括过渡金属原子簇合物、过渡金属螯合物、过渡金属氮化物与碳化物等。在非贵金属催化剂的研究方面，各种杂原子掺杂的纳米碳材料成为研究热点，如 N 掺杂的非贵金属催化剂显示了较好的应用前景。非贵金属催化剂的价格比贵金属低，但催化活性较差。

② 合金催化剂。合金催化剂是指由两种或两种以上金属形成的合金构成的催化剂。质子交换膜燃料电池的电催化剂一般为合金催化剂，主要是铂（Pt）基电催化剂，也称贵金属催化剂。

Pt/C（铂碳）催化剂是质子交换膜燃料电池常用的电催化剂。图 2.37 所示为某企业生产的 Pt/C 催化剂，其组成为质量分数为 40% 的 Pt 和质量分数为 60% 的 C，电化学活性面积为 $85m^2/g$，粒径为 2.8nm。

Pt-Co/C、Pt-Fe/C、Pt-Ni/C 等二元合金催化剂在提高稳定性的同时，提高了质量比活性，降低了贵金属的用量。

贵金属催化剂的起燃温度低，活性高，但在较高温度下易烧结，由升华导致活性组分流失，使活性降低，而且贵金属资源有限，价格高，难以大规模使用。但其在低温时的催化活性是其他催化剂不能比的，所以现在用于质子交换膜燃料电池的催化剂还是贵金属催化剂。

燃料电池的催化剂与普通催化剂不同，催化的活性、稳定性和耐久性的指标高于普通催化剂。以现有技术来实现电池阴极的氧化还原反应，需要大量使用贵金属铂作为电极催化剂。

(2) 电催化剂的作用。

在燃料电池中，催化剂位于质子交换膜的两侧，如图 2.38 所示。

图 2.37 某企业生产的 Pt/C 催化剂

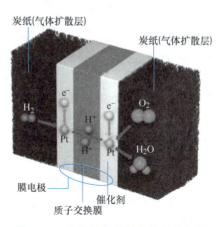

图 2.38 催化剂在燃料电池中的位置

电催化剂的主要作用是加快膜电极电化学反应速度。由于燃料电池运行温度低，以及电解质酸性的本质，因此需要用贵金属催化剂。

电催化剂按作用部位的不同可分为阴极催化剂和阳极催化剂。质子交换膜燃料电池的阳极反应为氢的氧化反应，阴极反应为氧的还原反应。因为氧的催化还原作用比氢的催化氧化作用困难，所以阴极是关键电极。

阳极催化剂层和阴极催化剂层是膜电极的重要部分，阳极使用催化剂促进氢的氧化反应，涉及氧化反应、气体扩散、电子运动、质子运动、水的迁移等；阴极使用催化剂促进氧的还原反应，涉及氧气的还原、氧气扩散、电子运动、质子运动、反应生成的水的排出等。

（3）电催化剂的要求。

燃料电池对催化剂的要求是具有足够的催化活性和稳定性，阳极催化剂还应具有抗一氧化碳中毒的性能，对于使用烃类燃料重整的质子交换膜燃料电池系统，阳极催化剂系统尤其应注意这个问题。由于质子交换膜燃料电池的工作温度低于100℃，因此只有贵金属催化剂对氢气氧化反应和氧气还原反应表现出足够的催化活性。较有效的催化剂是铂或铂合金催化剂，它们对氢气氧化反应和氧气还原反应都有非常好的催化能力，且可以长期稳定工作。由于燃料电池在低温条件下工作，因此提高催化剂的活性、防止电极催化剂中毒非常重要。

催化剂中毒是指反应过程中的一些中间产物覆盖在催化剂上面，致使催化剂的活性、选择性明显下降或丧失的现象。中毒现象的本质是微量杂质和催化剂活性中心的某种化学作用，形成没有活性的物质。

铂作为燃料电池的催化剂，具有以下缺点。

① 铂资源匮乏。公开资料显示，全球铂储量约为1.4万吨。

② 价格高。铂是一种贵金属，价格高，使得燃料电池成本居高不下，进而影响商业化与推广普及。铂的价格约为300元/克。

③ 抗毒能力差。铂基催化剂与燃料氢气中的一氧化碳、硫等物质发生反应会导致其失去活性，无法再进行催化作用，进而导致电池堆使用寿命缩短。

铂属于贵金属，随着燃料电池电动汽车的增加，铂的需求量会显著增大。例如，如果我国有5万辆燃料电池电动汽车上路行驶，平均每辆车的铂含量为20g，那么累积铂消耗量为1t；如果有100万辆燃料电池电动汽车上路，每辆车铂含量为10g，那么累积铂消耗量为10t。

由于铂的价格高，资源匮乏，因此燃料电池成本很高，大大限制了其广泛应用。降低贵金属催化剂用量，寻求廉价催化剂，提高电极催化剂性能成为电极催化剂研究的主要目标。

降低铂用量主要有以下研究途径。

① 提高催化剂的催化活性来降低铂用量，主要研究方向包括：铂合金催化剂（利用过度金属催化剂提高稳定性、质量比活性，包括Pt-Co/C、Pt-Fe/C、Pt-Ni/C等二元合金催化剂）；铂单原子层催化剂（铂单原子层的核壳结构）；铂核壳催化剂（以非铂材料为支撑核、表面壳为贵金属，由金属合金通过化学或电化学反应，去除活性较高的金属元素，保留活性较低的铂元素）；纳米结构铂催化剂（以碳纳米管为催化剂载体的催化剂，是高度有序的催化层，质子、电子、气体可以更快传输）。

② 寻找能替代铂的催化剂，主要研究方向包括过渡金属原子簇合物、过渡金属氮化物等。

良好的催化剂应该具有良好的催化活性、高质子传导率、高电子传导率和良好的水管理性能、气体扩散性能。超低铂催化剂、无铂催化剂是未来的发展方向。

### 3. 气体扩散层

气体扩散层是燃料电池膜电极与双极板之间的桥梁，其作用是支撑催化层、稳定电极结构，并具有质、热、电的传递功能，同时为电极反应提供质子、气体、电子等通道。

（1）气体扩散层的材料。

常用于质子交换膜燃料电池电极中的气体扩散层材料有炭纸、炭布、炭黑纸及无纺布等，也有利用泡沫金属、金属网等制备的。

炭纸、炭布和炭黑纸的比较见表2-10。

表 2-10 炭纸、炭布和炭黑纸的比较

| 参 数 | 炭 纸 | 炭 布 | 炭黑纸 |
|---|---|---|---|
| 厚度/mm | 0.2～0.3 | 0.1～1.0 | <0.5 |
| 密度/(g/cm$^3$) | 0.4～0.5 | 不适用 | 0.35 |
| 强度/MPa | 16～18 | 3000 | 不适用 |
| 电阻率/(Ω·cm) | 0.02～0.10 | 不适用 | 0.5 |
| 透气性/(%) | 70～80 | 60～90 | 70 |

炭纸凭借制造工艺成熟、性能稳定、成本较低和适合再加工等优点，成为商业化气体扩散层的首选材料。炭纸是把均匀分散的碳纤维黏结在一起后形成的多孔纸状型材，如图2.39所示。

图 2.39 炭纸

（2）气体扩散层的作用。

燃料电池的气体扩散层位于双极板与催化层之间，不仅起着支撑催化层、稳定膜电极结构的作用，而且承担着为膜电极反应提供气体通道、电子通道和排水通道等任务。气体扩散层在燃料电池中的位置如图2.40所示。

燃料电池的气体扩散层具有以下作用。

① 引导气体从双极板的导流沟槽到催化层。

② 在催化层排除反生成的水，避免出现淹水问题。

③ 作为电流的传导器。

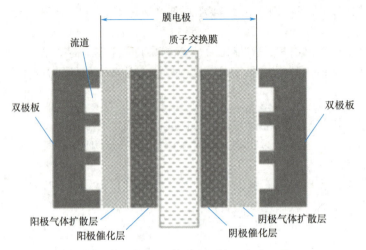

图 2.40 气体扩散层在燃料电池中的位置

④ 当燃料电池反应时,具有散热功能。

⑤ 有足够的强度支撑膜电极。

(3) 气体扩散层材料的要求。

气体扩散层材料的性能直接影响电化学反应的进行和燃料电池的工作效率,选用高性能的气体扩散层材料有利于改善电池的综合性能。理想的气体扩散层材料应满足以下要求。

① 适宜的孔隙率和孔径分布。扩散层的孔隙多集中分布在 $0.03\sim300\mu m$,其中直径小于 $20\mu m$ 孔的体积占总孔体积的 $80\%$ 左右。另外,可以将气体扩散层中的孔分为微孔 ($0.03\sim0.06\mu m$)、中孔 ($0.06\sim5\mu m$) 和大孔 ($5\sim20\mu m$),气体扩散层必须同时控制水的进入/流出电极和提高反应气体的透过率,微孔可以传递凝结水,大孔对缓解水淹时的传质受限有贡献。当小孔被水填满时,大孔可提供气体传递的通道,但接触电阻较大。气体扩散层较大的孔隙率会导致较高的电流密度,在一定程度上会使电池性能提高,但高孔隙率会导致气体扩散层被水淹,且会显著降低电池的电压。大孔有利于反应气体有效扩散到催化层,但不利于对微孔层的支撑,催化剂和炭粉易从大孔脱落,降低催化剂的利用率,不利于电流的传导,降低材料的导电性。

② 良好的导电性。低的电阻率,赋予它高的电子传导能力。炭纸的电阻包括平行于炭纸平面方向的面电阻、垂直于炭纸平面方向的体电阻、催化剂与扩散层间的接触电阻。良好的导电性要求炭纸结构紧密且表面平整,以减小接触电阻,提高导电性能。

③ 具有一定的机械强度。高的机械强度有利于制作电极和提供长期操作条件下电极结构的稳定性。

④ 具有化学稳定性和热稳定性。良好的化学稳定性和热稳定性可以保证电池温度均匀分布和散热,在一定载荷下不发生蠕变,维持一定的机械性能。

⑤ 合适的制造成本和高的性能价格比。

4. 膜电极

膜电极 (membrane electrode assembly,MEA) 是质子交换膜燃料电池的电化学反应场所,是燃料电池的核心部件,有燃料电池"心脏"之称,它的设计与制备对燃料电池性能和稳定性起着决定性作用。

(1) 膜电极的组成。

膜电极是由质子交换膜及其两侧的催化层和气体扩散层通过一定的工艺组合的组件,如图 2.41 所示。质子交换膜的作用是隔离燃料与氧化剂,传递质子;催化层的作用是降低反应的活化能,促进氢、氧在电极上的氧化还原过程,提高反应速率;气体扩散层的作用是支撑催化层,稳定电池结构,并具有质、热、电的传递功能。为了方便质子交换膜燃料电池堆的堆叠组装工艺批量化高效进行,膜电极通常还包括外侧的边框。边框具有一定的厚度和强度,以便与双极板之间通过密封垫圈等实现密封,将氢气、空气、冷却剂与燃料电池堆外部环境隔离。密封垫圈可布置在膜电极的边框上,也可布置在双极板上。

图 2.41　膜电极的组成

(2) 膜电极的作用。

膜电极是燃料电池发电的核心部件,与其两侧的双极板组成了燃料电池的基本单元——单体燃料电池。在实际应用中,可以根据设计的需要,将多个单体燃料电池组合成燃料电池堆以满足不同功率输出的需要。图 2.42 所示为单体燃料电池的结构示意。

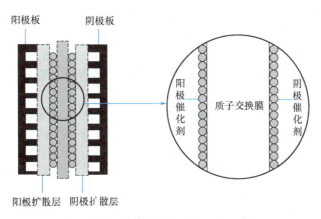

图 2.42　单体燃料电池的结构示意

在电池的一端,氢气通过阳极极板上的气体流场到达阳极,通过电极上的阳极扩散层到达阳极催化层,并吸附在阳极催化剂层上,氢气在催化剂铂的催化作用下分解为两个氢离子,即质子 $H^+$,并释放出两个电子,该过程称为氢的阳极氧化过程。

在电池的另一端,氧气或空气通过阴极极板上的气体流场到达阴极,通过电极上的阴极扩散层到达阴极催化层,并吸附在阴极催化层上;同时,氢离子穿过电解质到达阴极,电子通过外电路也到达阴极。在阴极催化剂的作用下，氧气与氢离子和电子发生反应生成水，该过程称为氧的阴极还原过程。

与此同时，电子在外电路的连接下形成电流，通过适当连接可以向负载输出电能，生成的水通过电极随反应尾气排出。

（3）膜电极的要求。

燃料电池对膜电极有以下要求。

① 能够最大限度减小气体的传输阻力，使得反应气体顺利由扩散层到达催化层发生电化学反应，即最大限度地发挥单位面积和单位质量的催化剂的反应活性。因此，气体扩散电极必须具有适当的疏水性，一方面保证反应气体能够顺利经过最短的通道到达催化剂层；另一方面确保生成的产物水能够润湿膜，同时排出多余的水，以防止阻塞气体通道。

② 形成良好的离子通道，减小离子传输的阻力。质子交换膜燃料电池采用的是固体电解质，磺酸根固定在离子交换膜树脂上，不会浸入电极，因此必须确保反应在电极催化层内建立质子通道。

③ 形成良好的电子通道。在膜电极中，碳载铂催化剂是电子的良导体，但是催化层和扩散层的存在将在一定程度上影响电导率，在满足离子和气体传导的基础上，还要考虑电子传导能力，综合考虑以提高膜电极的整体性能。

④ 气体扩散电极应该保证良好的机械强度及导热性。

⑤ 膜具有高的质子传导性。能够很好地隔绝氢气、氧气，防止互窜，具有很好的化学稳定性、热稳定性及抗水解性。

5. 双极板

双极板又称流场板，是燃料电池的核心部件，是在燃料电池堆中收集电流、分隔氢气和空气并引导氢气和空气在电池内气体扩散层表面流动的导电隔板，它主要起机械支撑、物料分配、热量传递及电子传导的作用。双极板是燃料电池堆的骨架，对燃料电池堆的性能和成本有很大影响。

（1）双极板的类型。

双极板按照材料的不同大致可分为三类：碳质材料双极板、金属材料双极板及复合材料双极板。

① 碳质材料双极板。碳质材料包括石墨、模压碳材料及膨胀（柔性）石墨。传统双极板采用致密石墨，经机械加工制成气体流道。石墨双极板的化学性质稳定，与膜电极之间接触电阻小，常用于商用车燃料电池。

图2.43所示为石墨双极板。

石墨双极板的优点是导电性、导热性、耐腐蚀性、耐久性好；缺点是易脆，组装困难，不易做薄，制作周期长，机械加工难，成本高。

② 金属材料双极板。铝、镍、钛及不锈钢等金属材料可用于制作双极板。图2.44所示为金属材料双极板。

金属材料双极板具有强度高，韧性好，导电性、导热性好，功率密度大等优点，可以方便地加工成很薄（厚度为0.1~0.3mm）的质子交换膜燃料电池的双极板；缺点是易腐蚀，表面需要改性。金属材料双极板主要应用于燃料电池乘用车上，如丰田Mirai采用的就是金属材料双极板燃料电池，其燃料电池模块功率密度达到3.1kW/L。金属材料双极板使质子交换膜燃料电池模块的功率密度大幅度提升，已成为乘用车燃料电池的主流双极板。

图 2.43 石墨双极板

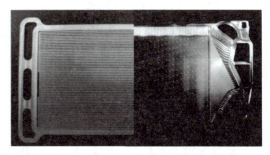

图 2.44 金属材料双极板

③ 复合材料双极板。若双极板与膜电极之间的接触电阻大，则会导致欧姆电阻产生的极化损失大，运行效率下降。在常用的各种双极板材料中，石墨材料的接触电阻最小，不锈钢和钛的表面均形成不导电的氧化物膜，从而使接触电阻增大。

复合材料双极板兼具碳质材料双极板和金属材料双极板的优点，其密度低，抗腐蚀，易成型，使电池堆装配后达到更好的效果；但加工周期长，长期工作时可靠性差，因此没有大范围推广，未来将向低成本化方向发展。

常用双极板的比较见表 2-11。

表 2-11 常用双极板的比较

| 双极板类型 | 优 势 | 劣 势 |
| --- | --- | --- |
| 碳质材料双极板 | 导电性、导热性、耐腐蚀性好，质量小，技术成熟 | 体积大，强度和加工性能较差 |
| 金属材料双极板 | 强度高，导电性、导热性好，成本低 | 密度较大，耐腐蚀性差 |
| 复合材料双极板 | 兼具碳质材料双极板的耐腐蚀性和金属材料双极板的高强度特点，阻气性好 | 质量大，加工烦琐，成本高 |

（2）双极板的作用。

双极板在燃料电池中的位置及组成如图 2.45 所示。双极板位于膜电极两侧。

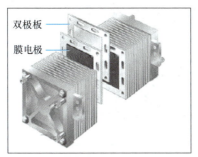

(a)双极板在燃料电池中的位置

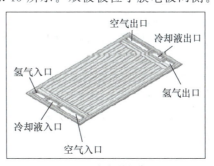

(b)双极板的组成

图 2.45 双极板在燃料电池中的位置及组成

双极板具有如下作用。
① 与膜电极连接组成单体电池。
② 提供气体流道，输送氢气和氧气，并防止电池气室中的氢气与氧气串通。
③ 收集和传导电流，在串联的阴极与阳极之间建立电流通路。
④ 支撑电池堆和膜电极。
⑤ 排出反应中产生的热量。
⑥ 排出反应中产生的水。

(3) 双极板的要求。

燃料电池对双极板有以下要求。

① 良好的导电性。双极板具有集流作用，必须具有尽可能小的电阻以确保电池性能。

② 良好的导热性。以确保电池工作时温度分布均匀，并使电池产生的废热顺利排出，提高电极效率。

③ 良好的化学稳定性和抗腐蚀能力。双极板被腐蚀后表面电阻增大，进而使电池性能下降，故双极板材料必须在工作温度与电位范围内，同时具有在氧化介质（如氧气）和还原介质（如氢气）两种条件下的耐腐蚀能力。

④ 均匀分布流体。流体均匀分布可确保燃料和氧化剂均匀到达催化剂层，有利于充分利用催化剂，从而大大提高燃料电池的性能。

⑤ 良好的气密性。由于双极板用于分隔氧化剂与还原剂，因此应具有阻气功能，不能采用多孔透气材料制备。如果采用多层复合材料，则至少一层无孔，防止在电池堆中阴、阳极气体透过流场板直接反应，降低电池堆的性能甚至发生危险。

⑥ 机械强度高，质量小，体积小，容易加工。双极板质量小和体积小可使燃料电池的质量比功率和体积比功率增大，容易加工可提高生产效率，大大降低电池的成本。

## 2.5.5 燃料电池堆

燃料电池堆是发生电化学反应的场所，也是燃料电池动力系统的核心部分，由多个单体电池以串联方式层叠组合构成。

### 1. 燃料电池堆的组成

燃料电池堆简称电堆，是由两个或两个以上单体电池和其他必要结构件组成的具有统一电输出的组合体，如图2.46所示，必要结构件包括端板、膜电极、双极板、密封件、紧固件等。将双极板与膜电极交替叠合，在各单体电池之间嵌入密封件，经前、后端板压紧后，用紧固件紧固拴牢，即构成燃料电池堆。

(1) 端板。

由于端板的主要作用是控制接触压力，因此足够的强度和刚度是端板的重要特性。足够的强度可以保证端板在封装力的作用下不被破坏；足够的刚度可以使得端板变形更加合理，从而均匀地将封装载荷传递到密封层和膜电极上。端板的材料选择与结构设计是影响燃料电池堆性能、使用寿命及成本的关键因素。

质子交换膜燃料电池堆端板的材料一般为金属、环氧树脂、玻璃纤维板和聚酯纤维板等，端板上设置了集流板（负责将电流导出电池），以及弹簧和弹簧盖板（将燃料电池堆的紧固力控制在一定范围内）。

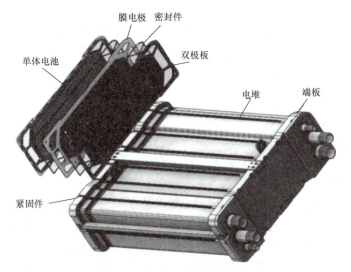

图 2.46　燃料电池堆的组成

为保证在整车使用寿命内燃料电池堆的安全性，车用质子交换膜燃料电池堆制造商必须对端板进行机械强度、冷热循环、振动冲击、疲劳寿命等的分析、校核。另外，还需要进行强度测试，保证振动冲击条件下的可靠性和安全性。燃料电池堆工作时温度较高，需要保证端板在较高温度下的稳定性，并控制其形变。

（2）膜电极。

膜电极一般由质子交换膜、催化层和气体扩散层组成。质子交换膜燃料电池的性能由膜电极决定，而膜电极的性能主要由质子交换膜性能、气体扩散层结构、催化层材料和性能、膜电极本身的制备工艺决定。

（3）双极板。

双极板又称流场板，是燃料电池堆的核心部件，起到均匀分配气体、排水、导热、导电的作用，占整个燃料电池 60% 左右的质量和约 20% 的成本，其性能直接影响电池的输出功率和使用寿命。双极板的材料主要有金属双极板、石墨双极板和复合双极板，丰田 Mirai、本田 Clarity 和现代 NEXO 等燃料电池乘用车均采用金属材料双极板，而商用车一般采用碳质材料双极板。

（4）密封件。

质子交换膜燃料电池堆对密封有很高的要求，不允许有任何泄漏。为达到较好的密封效果，应从材料选型、结构设计、制造工艺等方面保证密封设计能够承受电池堆预期使用寿命中的温度、压力、湿度、腐蚀、老化、蠕变、工况变化、振动、冲击等作用。

双极板与膜电极之间的活化区域密封一般采用硅橡胶、氟硅橡胶、三元乙丙橡胶、聚异戊二烯橡胶和氯丁橡胶等材料。常用密封方式是密封圈密封，通常在双极板上开设一定形状的密封槽并放置密封圈，在双极板两侧施加一定的封装力使密封圈变形，实现可靠的接触密封。还有预制成型（密封垫片）密封方式，在双极板上安装橡胶密封垫片并与膜电极边框进行挤压密封。

燃料电池堆整体封装设计应保证整堆应力分布、使用寿命阶段内的振动和冷/热冲击耐受性、工艺实现成本。在力争体积紧凑、质量降低的情况下，实现燃料电池堆的最优封装。

(5) 紧固件。

紧固件的作用是维持燃料电池堆各组件之间的接触压力。燃料电池堆紧固方式有螺栓紧固式和绑带捆扎式。螺栓紧固式是较早采用的方式，其装配简单，设计要点包括螺栓数量、分布、预紧力及螺栓预紧力的顺序。绑带捆扎式的优势在于结构紧凑，可实现相对高的功率密度，其设计要点包括绑带材料、绑带宽度和厚度、绑带分布数量和位置。

因为无论是螺栓紧固式还是绑带捆扎式，主承压部分都是端板，所以端板的设计要基于端板材料的刚度和强度，结合应力及形变，确定适宜的端板厚度和形状，有利于实现电池堆整体压力均匀分配，实现轻量化。

### 2. 国内燃料电池堆产品介绍

氢燃料电池堆是整个燃料电池产业链的核心部分，其性能和成本直接决定了燃料电池的产业化进程。评价氢燃料电池堆性能的主要指标有耐久性、启动温度及比功率，其中比功率是近年国内外研究机构和企业重点攻克方向。国内电池堆企业迅速崛起，无论是从膜电极、双极板等核心部件技术突破方面还是从整堆功率等级及功率密度方面都有长足的进步。国内氢燃料电池堆企业有新源动力股份有限公司、上海捷氢科技有限公司、上海神力科技有限公司、安徽明天氢能科技股份有限公司、上海氢晨新能源科技有限公司、浙江锋源氢能科技有限公司等。

图 2.47 所示为新源动力股份有限公司的功率为 70kW 的燃料电池堆，其采用的是金属材料双极板，峰值功率为 85kW，工作电压为 230～370V，空气侧最高工作压力为 250kPa，工作温度为 −30～87℃，防护等级为 IP67，抗振性能满足 SAE J2380—2009 标准要求，绝缘性能≥2MΩ，可以实现 −40℃ 储存和低温 −30℃ 启动。在阴极无外增湿的操作条件下，稳定输出功率达 70kW，电池堆功率密度达 3.4kW/L。

图 2.48 所示为上海捷氢科技有限公司的 P390 燃料电池堆，其功率为 115kW，功率密度为 3.1kW/L，低温启动温度为 −30℃，主要用于燃料客车。

图 2.47 新源动力股份有限公司的功率为 70kW 的燃料电池堆

图 2.48 上海捷氢科技有限公司的 P390 燃料电池堆

图 2.49 所示为上海神力科技有限公司的燃料电池堆，其体积功率密度为 2.2kW/L，主要用于商用车。其中 SFC-MD 系列燃料电池模块的额定功率可以达到 47kW，工作温度为 −30～75℃；SFC-HD 系列燃料电池模块的额定功率可以达到 76kW，工作温度为 −30～85℃，可实现 −20℃ 低温启动。

图 2.50 所示为安徽明天氢能科技股份有限公司的燃料电池堆，其体积功率密度达到 3.0kW/L，功率为 20~100kW，工作温度为 -30~80℃，空气侧最高工作压力为 250kPa。

图 2.49　上海神力科技有限公司的燃料电池堆

图 2.50　安徽明天氢能科技股份有限公司的燃料电池堆

图 2.51 所示为上海氢晨新能源科技有限公司的燃料电池堆，其功率为 100kW，体积功率密度达到 3.3kW/L。

图 2.52 所示浙江锋源氢能科技有限公司的燃料电池堆，其功率可为 60kW、80kW、100kW、120kW、150kW，对应的额定电压分别为 117V、156V、195V、234V、293V，额定电流为 515A，体积功率密度达到 4.5kW/L。

图 2.51　上海氢晨新能源科技有限公司的燃料电池堆

图 2.52　浙江锋源氢能科技有限公司的燃料电池堆

## 2.5.6　燃料电池发电系统

燃料电池发电系统是指一个或多个燃料电池堆和其他主要及适当的附加部件的集成体，组装到一个发电装置或一个交通工具中。燃料电池发电系统常简称燃料电池系统。

**1　燃料电池发电系统的组成**

燃料电池发电系统主要由以下部分组成：一个或多个燃料电池堆，输送燃料、氧化剂和废气的管路系统，电池堆输电的电路连接、检测和/或控制器。此外，燃料电池发电系统还包括输送额外流体（如冷却介质、惰性气体）的装置，检测正常或异常运行条件的装置，外壳或压力容器和模块的通风系统，以及模块操作和功率调节所需的电子元件。

典型燃料电池发电系统主要由燃料电池堆、DC/DC 变换器、空气压缩机、加湿器、水泵、散热器、氢气循环泵、储氢罐等组成，如图 2.53 所示。

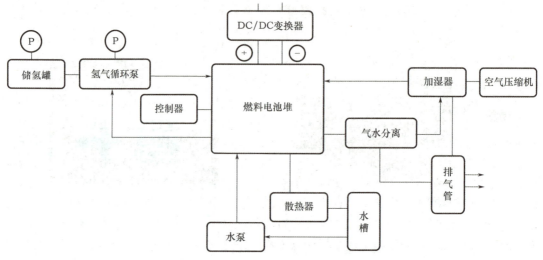

图 2.53 典型燃料电池发电系统的组成

(1) 燃料电池堆。

燃料电池堆是燃料电池发电系统的核心和主体,也是燃料电池的关键技术,如图 2.54 所示。

图 2.54 燃料电池堆

(2) DC/DC 变换器。

DC/DC 变换器如图 2.55 所示,用于将燃料电池输出的低压直流电升压为高压直流电输出,为燃料电池电动汽车提供电能,同时为动力蓄电池充电。DC/DC 变换器通过对燃料电池系统输出功率的精确控制,实现整车动力系统之间的功率分配及优化控制。

(3) 空气压缩机。

在燃料电池中,氢和氧发生电化学反应产生电流,其中氧可以使用纯氧或从空气中直接获得,从空气中直接获得更方便、经济。给氧气增大压力,可提高增大燃料电池反应的效率和速度,燃料电池两侧的压力越大越好,这样转化效率会更高,单位时间内产生的电流也更大。图 2.56 所示为某燃料电池的空气压缩机。

(4) 加湿器。

当质子交换膜工作温度较高时,水分减少会使膜的质子电导率降低,从而使质子交换膜的电阻增大,电池性能降低。加湿器不仅可以给气体加湿,而且可以控制电池的工作温度。图2.57所示为某燃料电池的加湿器。

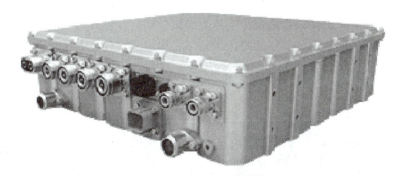

图 2.55 DC/DC 变换器

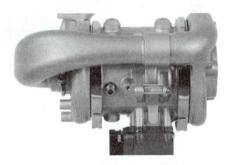

图 2.56 某燃料电池的空气压缩机

图 2.57 某燃料电池的加湿器

（5）水泵。

水泵能够对系统冷却液做功，使冷却液循环。一旦电池堆温度超过设限温度，水泵就会增大冷却液的流速来给电池堆降温。为了保证电池堆产生的热量快速、有效地散发，要求水泵具有大流量、高扬程、绝缘及更强的电磁兼容能力。此外，水泵还需要实时反馈当前运行状态或故障状态。图2.58所示为某燃料电池的水泵。

(a)

(b)

(c)

图 2.58 某燃料电池的水泵

（6）散热器。

散热器的作用是散热，它将冷却液的热量传递给环境，从而降低冷却液的温度。散热器本身需求的散热量大，清洁度要求高，离子释放率低，要求风扇风量大、噪声小、无级调速和反馈相应的运行状态。图2.59所示为某燃料电池的散热器。

(7) 氢气循环泵。

国内燃料电池发动机系统需要进行排氢，一种方法是在氢侧采用脉冲排氢，将阳极侧的水带出电池堆，防止氢侧被水淹；另一种方法是使用氢气循环泵，连续工作几个小时后排一次氢，提高燃料的利用率。在氢侧作为循环利用的零部件有如下优点：可以给氢侧带来水；流速快；可以防止被水淹；容易带走积水。图 2.60 所示为某燃料电池的氢气循环泵。

图 2.59 某燃料电池的散热器

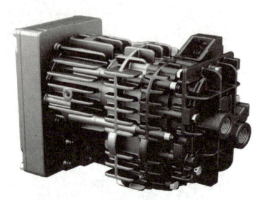

图 2.60 某燃料电池的氢气循环泵

(8) 储氢罐。

国内储氢罐使用的是在铝合金内胆的外面缠绕碳纤维，国外大部分采用塑料内胆。国内储氢罐内的压力主要为 35MPa，受限于金属内胆本身特性及碳纤维缠绕成本比较高；国外储氢罐内的压力主要为 70MPa。图 2.61 所示为储氢罐结构。

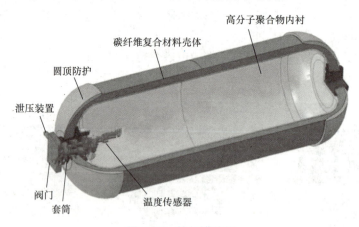

图 2.61 储氢罐结构

2. 燃料电池发电系统产品介绍

深圳市氢蓝时代动力科技有限公司的燃料电池发电系统如图 2.62 所示，其净输出功率达 132kW，动态响应速率达 60A/s，采用新型故障诊断与健康管理策略。

上海捷氢科技有限公司的燃料电池发电系统如图 2.63 所示，其额定功率为 117kW，电池堆体积功率密度为 3.7kW/L，具有集成度高、商用车布置和维护容易、快速响应等优势，可应用于重型卡车、城际客车等。

图 2.62　深圳市氢蓝时代动力科技
有限公司的燃料电池发电系统

图 2.63　上海捷氢科技有限公司
的燃料电池发电系统

广东国鸿氢能科技有限公司的燃料电池发电系统如图 2.64 所示,其集成了国鸿氢能自主研发的鸿芯 GI 高性能电池堆,与空气子系统、氢气子系统和冷却子系统等集成于一体,净输出功率可达 110kW,体积功率密度为 555W/L,最高效率可达 61%,主要应用于中大型客车、中重型载货车、自卸车、牵引车等。

国内燃料电池系统的开发主要集中在商用车上。

宝马公司的燃料电池发电系统如图 2.65 所示,它是通过氢气与空气中的氧气产生化学反应,产生高达 125kW 的电能。燃料电池下方装有直流变换器,可让燃料电池的电压水平与高功率型电池的电压水平匹配。与燃料电池系统配套的还有一对压力为 70MPa 的储氢罐,可储存 6kg 的氢,加氢时间为 3~4min。

图 2.64　广东国鸿氢能科技有限
公司的燃料电池发电系统

图 2.65　宝马公司的燃料电池发电系统

## 2.6 新体系电池

新体系电池泛指正在研发的、先进的、高能量密度的二次电池体系,其未来的开发与应用对电动汽车产业的发展至关重要。下面主要介绍全固态锂离子蓄电池、锂硫电池、金属空气电池和石墨烯电池等。

### 2.6.1 全固态锂离子蓄电池

全固态锂离子蓄电池是较具潜力的替代现有高能量密度锂离子蓄电池的电池,其能量密度有望是现有锂离子蓄电池的2~5倍,循环寿命更长,倍率性能更高,并可能从本质上解决现有液态电解质锂离子蓄电池的安全问题。

#### 1. 液态电解质锂离子蓄电池的不足

在已有可充放电池技术中,锂离子蓄电池的质量和体积能量密度最高,每瓦·时成本也在不断下降,获得了广泛应用。但是对于能量密度越来越高的液态电解质锂离子蓄电池,尽管从材料、电极、电芯、模组、电源管理、热管理、系统设计等层面采取了多种改进措施,但安全问题依然很突出,热失控难以彻底避免。除此之外,液态电解质锂离子蓄电池的电芯还存在以下短板。

(1) 固体电解质界面(solid electrolyte interface,SEI)膜持续生长。由于SEI膜生长不致密且正负极材料在循环过程中存在较大的体积膨胀或收缩,SEI膜部分成分可以溶解在电解液里,因此正、负极表面的SEI膜持续生长,活性锂减少,电解液持续耗尽,内阻、内压不断提高,电极体积增大。

(2) 过渡金属溶解。对于层状及尖晶石结构氧化物正极材料来说,正极在充电态下处于高氧化态,容易发生还原相变,骨架中的过渡金属离子与电解质中的溶剂相互作用后析出到电解液,并扩散到负极,催化SEI膜进一步生长,同时正极材料表面结构被破坏,内阻增大,可逆容量损失。受过渡金属催化SEI膜生长的作用,电池中对所有材料的游离磁性金属的要求达到几十个$10^{-9}$级以下,导致电池材料成本增加。

(3) 正极材料析氧。对于高容量的层状氧化物,在充电至较高电压时,正极晶格中的氧容易失去电子,以游离氧的形式从晶格中析出,并与电解液发生氧化反应,导致电池热失控,正极材料结构逐渐被破坏。

(4) 电解液氧化。为了提高正极材料容量,需要充电至高电压以便脱出更多锂,针对钴酸锂的电解质溶液可以充电到4.45V,三元材料可以充电到4.35V,继续充电到更高电压,电解质会氧化分解,正极材料表面也会发生不可逆相变。

(5) 析锂。由于嵌入负极材料内部动力学较慢,在低温过充电或大电流充电下,金属锂直接析出到负极表面,可能导致锂枝晶现象,造成微短路;活性大的金属锂与液体电解质直接发生还原反应,损失活性锂,增大内阻。

(6) 高温失效。在满充电态下,负极材料处于还原态,正极材料处于高氧化态,在高温下,SEI膜的部分成分溶解度增大,导致高活性的正、负极材料与电解液发生反应;同时,锂盐在高温下自发分解,并催化电解液反应,可能导致电池热失控。高温可以来自外部原因，也可以来自内部的短路、电化学与化学放热反应、大电流焦耳热。

（7）体积膨胀。采用高容量的硅负极或者高温胀气、长时间循环后，电解液持续分解、SEI 膜生长和反应产生气体及负极材料本身的体积膨胀收缩，软包电芯的体积膨胀会超过应用要求的 10%。

以上缺点与电解质的化学稳定性、电化学稳定性、热稳定性差有一定关系，如果可以克服上述液态电解质锂离子蓄电池的不足，则其电化学性能及安全性会有显著提升。为了提高安全性，在液态电解质方面，阻燃添加剂、离子液体等获得了广泛研究和开发，但考虑到电芯综合性能的优化，这些策略不能同时解决上述不足。渐渐地，发展理论上不易燃烧、基于固态电解质的电池成为主要研究方向，并期望固态锂离子蓄电池能解决上述不足。

2. 全固态锂离子蓄电池的组成

全固态锂离子蓄电池主要由电极材料和固态电解质组成，如图 2.66 所示。正、负极材料涂敷于相应的集流体上，固态电解质位于正、负极之间。电池放电时，电子通过外电路从负极传输至正极，锂离子通过固态电解质从负极传输至正极；电池充电时，电子和锂离子的传输方向与放电时相反。全固态锂离子蓄电池在电子、锂离子传输机制下完成充放电循环。

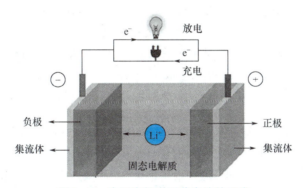

图 2.66 全固态锂离子蓄电池的组成

3. 全固态锂离子蓄电池的特点

基于固体电解质的全固态锂离子蓄电池，采用的固体电解质不含易燃、易挥发组分，彻底消除电池因漏液引发的电池冒烟、起火等安全隐患，被称为最安全电池体系。

全固态锂离子蓄电池与液态锂离子蓄电池相比，具有以下优点。

（1）安全性能高。由于液态电解质中含有易燃的有机溶剂，发生内部短路时温度骤升，容易引起燃烧甚至爆炸，因此要安装抗温升和防短路的安全装置，这样会增加成本，但仍无法彻底解决安全问题。很多无机固体电解质材料不可燃、无腐蚀、不挥发、不存在漏液问题，也有望克服锂枝晶现象，因而基于无机固体电解质的全固态锂二次电池有望具有很高的安全特性。聚合物固体电解质仍然存在一定的可燃烧风险，但与含有可燃溶剂的液态电解液电池相比，安全性会有较大提高。

（2）能量密度高。市场中应用的锂离子蓄电池电芯能量密度达到 300W·h/kg。对全固态锂离子蓄电池来说，假如负极采用金属锂，则电池能量密度有望达到 300～400W·h/kg，甚至更高。由于固体电解质密度高于液态电解质，关于正、负极材料相同的体系，液态电解质的锂离子蓄电池能量密度显著高于全固态锂离子蓄电池。之所以说全固态锂二次电池能量密度高，是因为其负极可能采用金属锂材料。

（3）循环寿命长。固体电解质有望防止液态电解质在充放电过程中持续形成和生长固体电解质界面膜的问题及锂枝晶刺穿隔膜问题，可能大大提升金属锂离子蓄电池的循环性和使用寿命。

（4）工作温度范围宽。假如全固态锂离子蓄电池全部采用无机固体电解质，则操作温度有望提高到300℃甚至更高。大容量全固态锂离子蓄电池的低温性能有待提高，具体工作温度范围主要与电解质及界面电阻的高、低温特性有关。

（5）电化学窗口宽。全固态锂离子蓄电池的电化学稳定窗口宽，可能达到5V，适用于高电压型电极材料，有利于进一步提高能量密度。

（6）具有柔性优势。全固态锂离子蓄电池可以制备成薄膜电池和柔性电池，未来可应用于智能穿戴和可植入式医疗设备等。与柔性液态电解质锂离子蓄电池相比，其封装更容易、更安全。

全固态锂离子蓄电池具有以下缺点。

（1）界面阻抗过大。因为固态电解质与电极材料之间的界面是固-固状态，所以电极与电解质之间的有效接触能力较弱，致使离子在固体物质中传输动力低。

（2）快充比较难。由于电池的阻抗及电导率都较大，因此较大内阻会阻碍充电速度的提升。

（3）成本高。由于固态电解质制造和固-固界面优化两项技术还不成熟，因此固态锂离子蓄电池的制造成本较高。

**4. 全固态锂离子蓄电池的核心材料**

全固态锂离子蓄电池的核心材料主要有固态电解质、正极材料和负极材料。

（1）固态电解质。固态电解质在全固态锂离子蓄电池中起到传输锂离子的作用。固态电解质可分为有机聚合物电解质和无机固态电解质，前者包括固态聚合物电解质和凝胶聚合物电解质，后者包括氧化物基固态电解质和硫化物基固态电解质，如图2.67所示。

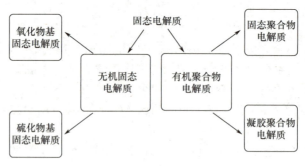

图2.67　固态电解质的分类

① 有机聚合物电解质。有机聚合物电解质主要有聚氧化乙烯（PEO）、聚偏氟乙烯（PVDF）和氯化聚乙烯（PEC）等。其中，PEO具有优异的盐溶性和电极界面相容性，成为常用固态聚合物电解质。凝胶聚合物电解质是向聚合物基体中添加有机液态增塑剂，

锂离子在其内部的传输机理类似于液态电解质,但是与液态电解质相比,凝胶聚合物电解质可以保证一定的柔韧性,从而实现更高的安全性。常见凝胶聚合物电解质有聚偏二氟乙烯(PVDF)-六氟丙烯(HFP)、聚甲基丙烯酸甲酯(PMMA)-聚丙烯腈(PAN)等。

② 氧化物基固态电解质。氧化物基固态电解质包括钠超离子导体(NASICON)型、钙钛矿型及石榴石型。NASICON 型化合物的化学通式可以写为 $A_xMM'(XO_4)_3$,其中 A 代表 Li、Na、K、Mg 等碱金属和碱土金属元素,M 和 M′代表 Fe、Ti、Zr 等过渡金属元素,$x$ 代表 S、P、Si 等非金属元素,研究较广泛的有 $Li_{1+x}Al_xTi_{2-x}(PO_4)_3$(LATP)等。钙钛矿型固态电解质材料的化学通式是 $ABO_3$,其中 A 代表稀土或碱土金属元素,B 代表过渡金属元素。研究较普遍的氧化物基固态电解质还有石榴石构型的材料,如 $Li_7La_3Zr_2O_{12}$(LLZO)。LLZO 晶体结构较复杂,存在两种相态,室温下为四方相,在 100~150℃ 下会发生相变,形成立方相。

③ 硫化物基固态电解质。硫化物基固态电解质可分为非晶态硫化物、晶态硫化物和微晶玻璃硫化物。具有代表性的非晶态硫化物系为 $xLi_2S-(1-x)P_2S_5$ 和 $xLi_2S-(1-x)SiS_2$ 系;晶态的硫化物固态电解质主要为 LISICON[$Li_{14}Zn(GeO_4)_4$];微晶玻璃硫化物是由玻璃晶化而成,具有三维框架结构和沿 c 轴的一维锂离子传导路径。硫化物基固态电解质可以实现 $10^{-6}\sim10^{-2}$S/cm 的室温离子电导率。

(2)正极材料。作为电池体系中的锂离子提供者,正极材料主要有 $LiCoO_2$、尖晶石结构的 $LiMn_2O_4$、橄榄石结构的 $LiFePO_4$、$LiNi_{1/3}Mn_{1/3}Co_{1/3}O_2$ 等,以及富锂层状结构的 $Li_2MnO_3\cdot LiMO_2$(M 为 Ni、Co、Mn 等过渡金属)。

(3)负极材料。负极是在电池充电过程中发生锂化的地方,负极材料主要有石墨、金属锂及其合金、硅基和锡基材料、金属氧化物等。

### 2.6.2 锂硫电池

锂硫电池是以硫为正极、金属锂为负极的一种锂电池,如图 2.68 所示。以硫为正极材料的锂硫电池,硫的理论比容量和电池理论比能量分别达到 1675mA·h/g 和 2600W·h/kg,是锂离子蓄电池的 3~5 倍。单质硫储量大,价格低,对环境友好,是一种非常有前景的锂电池,有望应用于动力蓄电池、便携式电子产品等领域。

图 2.68 锂硫电池

锂硫电池具有以下优点。
(1)质量轻。锂硫电池质量轻的特性有利于电池总体能量密度的提高。根据三类石墨烯的共同反应，全石墨烯硫正极可达到 90% 的活性物质利用率和出色的循环稳定性能。

（2）导电性能好。使用高孔容石墨烯作为硫载体，氧化石墨烯作为间隔层，高导电石墨烯作为集流体，正极采用全石墨烯基结构设计。

（3）成本低，材料来源范围广。硫是一种分布广泛且储量大的元素，化合态的硫主要存储于硫化物或硫酸盐的矿物中。

（4）结构特征特殊，续航能力强，稳定性高。使用独具特色的桥接结构，创新性地对硫阴极进行配备，使之具有更强的应力负荷，且续航能力及稳定性均大幅度提高。

锂硫电池具有以下缺点。

（1）单质硫及其放电产物——硫化锂的导电性很差，致使活性物质利用率较低及动力学性能较差，严重影响电池的高倍率性能。

（2）蓄电池充电操作过程中产生的多硫化锂在醚类电解液中溶解性较强，会转移至负极表面层并再次发生自放电反应，致使库仑效率较低。

（3）硫化锂可与金属锂负极反应生成硫化锂并沉积在表面层，致使活性物质损失及负极性能恶化，损耗电容量。

（4）在蓄电池充电操作过程中，硫的体积发生较大变化，会损坏正极的结构特征稳定性。

（5）锂硫电池使用金属锂作为负极，除金属锂自身的基酶外，金属锂负极在蓄电池充电过程中会再次发生体积变化，比较容易生成锂枝晶。

### 2.6.3 金属空气电池

金属空气电池以电极电位较低的金属（如锌、铝、镁、铁等）作为负极，以空气中的氧或纯氧作为正极的活性物质，主要有锌空气电池、铝空气电池、镁空气电池等，如图 2.69 所示。

(a) 锌空气电池

(b) 铝空气电池

(c) 镁空气电池

图 2.69　金属空气电池

金属空气电池具有比能量高、价格低、性能稳定等特点。

### 2.6.4 石墨烯电池

石墨烯电池是利用锂离子在石墨烯表面和电极之间做快速且大量穿梭运动的特性开发出的一种新能源电池，如图 2.70 所示。石墨烯电池具有比能量高、充电时间短、使用寿命长、质量轻、成本低等特点。石墨烯电池的比能量可以达到 600 W·h/kg 以上。

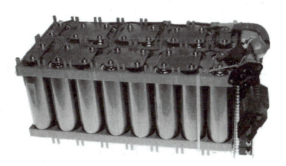

图 2.70　石墨烯电池

一、名词解释

1. 铅酸蓄电池
2. 镍氢蓄电池
3. 锂离子蓄电池
4. 燃料电池
5. 石墨烯电池

二、填空题

1. 动力蓄电池的组合方式有_____、_____和_____。单体蓄电池_____的主要目的是增大动力蓄电池系统的电压；单体蓄电池_____的主要目的是增大动力蓄电池系统的容量；单体蓄电池_____的主要目的是既增大动力蓄电池系统的电压，又增大动力蓄电池系统的容量，是常用的一种组合方式。

2. 根据形状的不同，锂离子蓄电池可以分为_____锂离子蓄电池、_____锂离子蓄电池和_____锂离子蓄电池。

3. 根据正极材料的不同，锂离子蓄电池可以分为_____、_____、_____和_____等。

4. 锂离子蓄电池主要由_____、_____、_____、_____和_____等组成。

5. 锂离子蓄电池的主要材料有_____、_____、_____和_____，它们统称为锂离子蓄电池四大关键材料。

三、选择题

1. 下列属于新体系电池的是（　　）。
   A. 全固态锂离子蓄电池　　　　B. 磷酸铁锂电池
   C. 锰酸锂电池　　　　　　　　D. 三元锂电池

2. 磷酸铁锂电池的理论比容量为（　　）mA·h/g。
   A. 150　　　B. 160　　　C. 170　　　D. 180

3. 下列不属于锂离子蓄电池正极材料的是（　　）。
   A. 磷酸铁锂　　　　　　　　　B. 碳复合磷酸铁锂

C. 镍钴锰酸锂　　　　　　　　　　D. 天然石墨

4. 下列满足质子交换膜要求且商业化的是（　　）。
A. 非氟磺酸膜　　　　　　　　　　B. 全氟磺酸膜
C. 聚三氟苯乙烯磺酸膜　　　　　　D. 聚四氟乙烯-六氟丙烯膜

5. 某电动汽车动力蓄电池由192个单体蓄电池组成，每个单体蓄电池的电压为3.7V，每个模组都有12个单体蓄电池，采用两两并联再串联的结构（6S2P），整个蓄电池包由16个蓄电池模组串联构成，总电压为（　　）V。
A. 710.4　　　B. 355.2　　　C. 414.4　　　D. 296

### 四、判断题

1. 18650锂离子蓄电池是一种标准的锂离子蓄电池，其中18表示蓄电池直径为18mm，65表示蓄电池长度为65mm，0表示圆柱形锂离子蓄电池。（　　）

2. 软包锂离子蓄电池的质量比同等容量的钢壳方形锂离子蓄电池约小50%，比铝壳方形锂离子蓄电池约小30%。（　　）

3. 三元锂电池能量密度高，但安全性较低，循环寿命短，成本高；磷酸铁锂电池能量密度低，但安全性好，循环寿命长，成本低。（　　）

4. 锂离子蓄电池的负极材料主要是石墨类，钛酸锂和碳复合碳酸锂不能作为锂离子蓄电池的负极材料。（　　）

5. 电池能量密度的提升主要基于电极材料体系的发展和优化；电池的容量发挥、倍率性能、循环寿命、充电电位、首次库仑效率、自放电、高低温特性、内短路和析锂等重要特性，都与隔膜材料的特性和品质相关。（　　）

### 五、问答题

1. 动力蓄电池的性能指标有哪些？
2. 电池的阴极、阳极与正极、负极之间是什么关系？
3. 锂离子蓄电池隔膜和电解质的主要作用是什么？
4. 燃料电池的质子交换膜、电催化剂和双极板的主要作用分别是什么？
5. 全固态锂离子蓄电池与液态锂离子蓄电池相比，有哪些优点？

### 六、拓展题

1. 总结分析上一年度国内提供动力蓄电池前五名的企业。
2. 总结分析上一年度国内电动汽车动力蓄电池的技术水平。

# 第3章 电动汽车用电动机

通过本章的学习,要求读者掌握电动机的基础知识,掌握直流电动机、无刷直流电动机、异步电动机、永磁同步电动机、开关磁阻电动机的结构、特点、工作原理等,了解轮毂电动机和电驱动系统。

| 知识要点 | 能力要求 | 参考学时 |
| --- | --- | --- |
| 概述 | 了解电动机的分类;掌握电动机的性能指标;掌握电动汽车对驱动电动机的要求 | 2 |
| 直流电动机 | 了解直流电动机的分类;掌握直流电动机的结构、特点、工作原理;了解直流电动机的控制 | |
| 无刷直流电动机 | 了解无刷直流电动机的分类;掌握无刷直流电动机的结构、特点、工作原理;了解无刷直流电动机的控制 | |
| 异步电动机 | 掌握异步电动机的结构、特点、工作原理和运行特性;熟悉异步电动机的数学模型;了解异步电动机的控制 | 2 |
| 永磁同步电动机 | 掌握永磁同步电动机的结构、特点、工作原理和运行特性;熟悉永磁同步电动机的数学模型;了解永磁同步电动机的控制 | |
| 开关磁阻电动机 | 掌握开关磁阻电动机的结构、特点、工作原理和运行特性;了解开关磁阻电动机的控制 | 2 |
| 轮毂电动机 | 了解轮毂电动机的结构形式、应用类型、驱动方式 | |
| 电驱动系统 | 了解电动汽车电驱动系统的定义和结构形式 | |

**导入案例**

图 3.1 所示为纯电动汽车的底盘，该车采用四驱方式，驱动电动机为永磁同步电动机，前、后电动机的峰值功率都为 147kW，峰值转矩都为 348N·m，最高转速都为 12000r/min。该纯电动汽车的最高车速为 200km/h，0～100km/h 的加速时间为 4.8s。

图 3.1　纯电动汽车的底盘

除了永磁同步电动机，还有哪些电动机可以作为电动汽车的驱动电动机？通过对本章的学习，读者可以得到答案。

电动机是电动汽车驱动系统的核心部件，其性能直接影响电动汽车驱动系统的性能，特别是电动汽车的最高车速、加速性能及爬坡性能等。因此，在开发电动汽车之前，确定电动机类型及参数至关重要。

# 3.1　概　　述

## 3.1.1　电动机的分类

电动汽车用电动机主要有直流电动机、异步电动机、永磁同步电动机和开关磁阻电动机。

### 1. 直流电动机

直流电动机是指将直流电能转换为机械能的电动机。

直流电动机具有以下优点：结构简单；具有优良的电磁转矩控制特性；可频繁快速启动、制动和反转；调速平滑、无级、精确、方便，范围广；抗过载能力强，能够承受频繁的冲击负载；控制方法简单，只需要用电压控制，不需要检测磁极位置。

直流电动机具有以下缺点：设有电刷和换向器，高速和大负荷运行时，换向器表面易产生电火花，从而产生电磁干扰，且维护困难，很难向大容量、高速度发展，电火花产生的电磁干扰对高度电子化的电动汽车来说是致命的；不宜在多尘、潮湿、易燃易爆的环境中使用；体积和质量大。随着电子技术和控制理论的发展，与其他驱动系统相比，直流电动机在电动汽车中的应用处于劣势，已逐渐淘汰，只在少数低速电动汽车、场地用电动汽车和专用电动汽车上应用。

用电子换向装置代替有刷直流电动机的机械换向装置，直流电动机便成为无刷直流电动机。

### 2. 异步电动机

异步电动机又称交流感应电动机，是由气隙旋转磁场与转子绕组感应电流相互作用产生电磁转矩，从而实现将电能量转换为机械能量的一种交流电动机。

异步电动机具有以下优点：结构紧凑，坚固耐用；运行可靠，维护方便；体积小，质量小；环境适应性好；转矩脉动小，噪声小；功率容量覆盖面广，最高转速大；可以采用空气冷却或液体冷却方式，冷却自由度高，并且能够实现再生制动。

异步电动机具有以下缺点：功率因数小，运行时，必须从电网吸收无功电流来建立磁场；控制复杂，易受电动机参数及负载变化的影响。转子不易散热，调速性能差，调速范围窄。

### 3. 永磁同步电动机

永磁同步电动机是指转子采用永磁材料励磁的同步电动机，是国内电动汽车应用的主流电动机。

永磁同步电动机具有以下优点：功率因数大，效率高，功率密度大；结构简单、便于维护，使用寿命较长，可靠性高；调速性能好，精度高；具有良好的瞬时特性，转动惯量小，响应快；频率高，输出转矩大，极限转速和制动性能优于其他类型的电动机；采用电子功率器件作为换向装置，驱动灵活，可控性强；形状和尺寸灵活多样，便于进行外形设计；采用稀土永磁材料后，电动机体积小、质量小。

永磁同步电动机具有以下缺点：电动机造价较高；在恒功率模式下，操纵较复杂，控制系统成本较高；弱磁能力差，调速范围有限；永磁材料磁场不可变，要想增大电动机的功率，其体积会增大。

### 4. 开关磁阻电动机

开关磁阻电动机是采用定转子凸极且极数接近的大步距磁阻式步进电动机的结构，利用转子位置传感器通过电子功率开关控制各相绕组导通运行的电动机。

开关磁阻电动机具有以下优点：结构简单，电动机的转子上没有滑环、绕组和永磁体等，定子上有简单的集中绕组，绕组的端部较短，没有相间跨接线，维护、修理容易；可靠性好；工艺性好，适用于高速场合，环境适应性强；电动机转矩的方向与绕组电流的方向无关；适用于频繁启停以及正反向转换运行；启动电流小，转矩大；可控参数多，调速性能好；具有较强的再生制动能力；定子和转子均采用硅钢片，易获取和回收利用。

开关磁阻电动机具有以下缺点：转矩波动大，需要位置检测器；磁场为跳跃性旋转磁场，控制系统复杂；会对直流电源产生很大的脉冲电流；噪声大。开关磁阻电动机在电动汽车上的应用还有许多问题需要解决。

### 3.1.2　电动机的主要性能指标

电动机的主要性能指标有额定功率、峰值功率、额定转速、最高工作转速、额定转矩、峰值转矩、堵转转矩、额定电压、额定电流、额定频率等。

（1）**额定功率**。额定功率是指电动机在额定运行条件下轴端输出的机械功率。电动机的额定功率等级有 1kW、2.2kW、3.7kW、5.5kW、7.5kW、11kW、15kW、18.5kW、22kW、30kW、37kW、45kW、55kW、75kW、90kW、110kW、132kW、150kW、160kW、185kW、200kW 及以上。

（2）**峰值功率**。峰值功率是指在规定时间内，电动机运行的最大输出功率。

（3）**额定转速**。额定转速是指电动机在额定运行（额定电压、额定功率）条件下的转速。

（4）**最高工作转速**。最高工作转速是指在额定电压下，电动机带载运行的最高转速。它影响电动汽车的最高设计速度。

（5）**额定转矩**。额定转矩是指电动机在额定功率和额定转速下的输出转矩。

（6）**峰值转矩**。峰值转矩是指电动机在规定的持续时间内允许输出的最大转矩。

（7）**堵转转矩**。堵转转矩是指转子在所有角位堵住时产生的最小转矩。

（8）**额定电压**。额定电压是指电动机正常工作的电压。电动机电源的额定电压等级有 36V、48V、120V、144V、168V、192V、216V、240V、264V、288V、312V、336V、360V、384V、408V、540V、600V。

（9）**额定电流**。额定电流是指电动机在额定运行（额定电压、额定功率）条件下电枢绕组（或定子绕组）的线电流。

（10）**额定频率**。额定频率是指电动机在额定运行条件下电枢（或定子侧）的频率。

当电动机在额定运行条件下输出额定功率时，称为满载运行，此时电动机的运行性能、经济性及可靠性等均处于优良状态。当电动机的输出功率超过额定功率时，称为过载运行，电动机的负载电流大于额定电流，会引起电动机过热，从而缩短电动机的使用寿命，严重时甚至烧毁电动机。当电动机的输出功率小于额定功率时，称为轻载运行，此时电动机的效率和功率因数等运行性能均较差。因此，应尽量避免电动机过载运行或轻载运行。

### 3.1.3　电动汽车对驱动电动机的要求

电动汽车对驱动电动机有以下要求。

（1）低速大转矩、高速宽调速。驱动电动机的运行特性要满足电动汽车的要求，在恒转矩区，要求低速运行时具有大转矩，以满足电动汽车加速和爬坡的要求；在恒功率区，要求低转矩时具有宽调速范围，以满足电动汽车在平坦路面高速行驶的要求。

（2）功率密度高、轻量化。受电动汽车安装空间和整车质量限制，要求驱动电动机具有高的体积比功率和质量比功率。

（3）效率高。驱动电动机应在整个运行范围内具有很高的效率，以提高一次充电续驶里程。

（4）能够实现能量回馈。驱动电动机应能在汽车减速或制动时将能量回收并反馈给动力蓄电池，提高电动汽车的能量利用率。

（5）控制精度高、动态响应快。电动汽车要求驱动电动机系统可控性强、稳态精度高、动态性能好，能够适应路面变化及频繁起动和制动等复杂运行工况。

（6）可靠性与安全性强。要求驱动电动机可靠性强，能够在较恶劣的环境下长期工作；车载动力蓄电池和驱动电动机的工作电压可以达到300～800V，要求电气系统和控制系统符合国家有关车辆电气控制的安全性能的标准和规定，并满足对高压电和转矩控制的功能安全要求。

（7）成本低。纯电动汽车驱动电动机系统成本约占整车制造成本的10%，降低驱动电动机成本，能够降低电动汽车的价格，提高性能价格比。

（8）噪声小。振动噪声性能是评价电动汽车品质的关键指标，要求电动汽车在全工况范围内具有良好的振动噪声性能。

满足上述要求并广泛应用于电动汽车的驱动电动机主要有永磁同步电动机和异步电动机。

## 3.2　直流电动机

直流电动机是电动机的主要类型，应用于早期的电动汽车或结构简单的电动汽车，如场地用电动车和专用电动车。

### 3.2.1　直流电动机的分类

直流电动机分为绕组励磁式直流电动机和永磁式直流电动机。在电动汽车用直流电动机中，小功率电动机采用的是永磁式直流电动机，大功率电动机采用的是绕组励磁式直流电动机。

绕组励磁式直流电动机根据励磁方式的不同，分为他励直流电动机、并励直流电动机、串励直流电动机和复励直流电动机四种类型。

#### 1. 他励直流电动机

由于他励直流电动机的励磁绕组与电枢绕组无连接关系，而由其他直流电源对励磁绕组供电，因此励磁电流不受电枢端电压或电枢电流的影响。永磁式直流电动机也可看作他励直流电动机。

在运行过程中，他励直流电动机的励磁磁场稳定且容易控制，易实现电动汽车的再生制动。但当采用永磁励磁时，虽然电动机效率高，质量和体积较小，但由于励磁磁场固定，电动机的机械特性不理想，因此驱动电动机无法产生足够大的输出转矩来满足电动汽车起动和加速时的大转矩要求。

#### 2. 并励直流电动机

并励直流电动机的励磁绕组与电枢绕组并联，共用一个电源，性能与他励直流电动机基本相同。并励绕组两端电压就是电枢两端电压，但是励磁绕组用细导线绕成，而且匝数很多，因此电阻较大，使得通过它的励磁电流较小。

### 3. 串励直流电动机

由于串励直流电动机的励磁绕组和电枢绕组串联后与直流电源相连，因此电动机的励磁电流就是电枢电流。这种电动机中的磁场随着电枢电流的变化而显著变化。为了使励磁绕组不致引起大的损耗和电压降，励磁绕组的电阻越小越好，所以串励直流电动机通常由较粗的导线绕成，而且匝数较少。

当串励直流电动机低速运行时，能给电动汽车提供足够大的转矩；当高速运行时，电动机电枢中的反电动势增大，与电枢绕组串联的励磁绕组中的励磁电流减小，弱磁调速功能易实现，因此串励直流电动机驱动系统能较好地符合电动汽车的特性要求。当串励直流电动机由低速到高速运行时，弱磁调速特性不理想，随着电动汽车行驶速度的提高，驱动电动机输出转矩快速减小，不能满足电动汽车高速行驶时由于风阻大而需要输出较大转矩的要求。串励直流电动机的运行效率低，当实现电动汽车的再生制动时，由于没有稳定的励磁磁场，因此再生制动的稳定性差；由于再生制动需要加接触器切换，因此驱动电动机控制系统的故障率较高，可靠性较差。另外，串励直流电动机的励磁绕组损耗大，体积和质量也较大。

### 4. 复励直流电动机

复励直流电动机有并励绕组和串励绕组，电动机的磁通由两个绕组内的励磁电流产生。若串励绕组产生的磁通量与并励绕组产生的磁通量方向相同，则称为积复励；若方向相反，则称为差复励。

复励直流电动机的永磁励磁部分采用高磁性钕铁硼材料，运行效率高。由于复励直流电动机永磁励磁部分有稳定的磁场，因此由其构成的驱动系统易实现再生制动功能。同时，由于电动机增加了增磁绕组，因此控制励磁绕组的励磁电流或励磁磁场可以克服他励直流电动机不能产生足够输出转矩的缺陷，以满足电动汽车低速或爬坡时的大转矩要求，且质量或体积比串励式直流电动机小。

各种励磁方式直流电动机的电路如图 3.2 所示，其中，$I_a$ 为电枢电流；$I_f$ 为励磁电流；$U$ 为电源电压；$U_f$ 为励磁电压；$I$ 为负载电流。

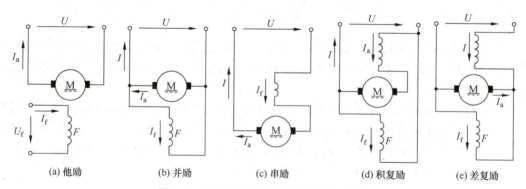

图 3.2 各种励磁方式直流电动机的电路

电动汽车用直流电动机类型见表 3-1。

表 3-1 电动汽车用直流电动机类型

| 功　率 | 电动机类型 | 应用范围 | 应用实例 |
| --- | --- | --- | --- |
| 小功率<br>(0.1～10kW) | 小型高效的永磁式直流电动机 | 小型、低速的搬运设备 | 电动自行车、休闲用电动汽车、高尔夫球车、电动叉车等 |
| 中等功率<br>(10～100kW) | 他励直流电动机、复励直流电动机或串励直流电动机 | 结构简单、要求转矩较大的电动车 | 电动货车等 |
| 大功率<br>(>100kW) | 串励直流电动机 | 低速、高转矩的专用电动车 | 矿石搬运电动车、玻璃搬运电动车等 |

## 3.2.2 直流电动机的结构与特点

### 1. 直流电动机的结构

直流电动机由定子与转子两大部分构成，定子和转子之间的间隙称为气隙。直流电动机的结构如图 3.3 所示。

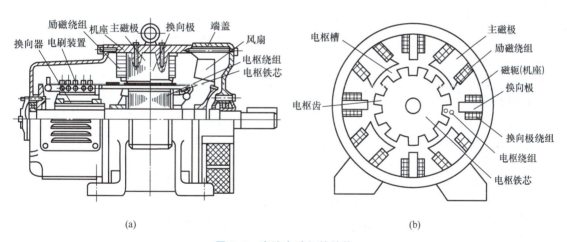

图 3.3 直流电动机的结构

（1）定子部分。定子部分主要由主磁极、机座、换向极和电刷装置等组成。

① 主磁极。主磁极的作用是建立主磁场。它由主磁极铁芯和套装在铁芯上的励磁绕组构成。主磁极铁芯一般由厚度为 1～1.5mm 的低碳钢板冲压成一定形状后叠装固定而成，是主磁路的一部分。励磁绕组由扁铜线或圆铜线绕制而成，产生励磁磁动势。

② 机座。机座用铸钢或厚钢板焊接而成。它既是主磁路的一部分，又是电动机的结构框架。

③ 换向极。换向极的作用是改善直流电动机的换向性能，使直流电动机运行时不产生有害的火花。它由换向极铁芯和套装在铁芯上的换向极绕组构成。

④ 电刷装置。电刷装置由电刷、刷握、刷杆、汇流排等组成，用于电枢电路的引入或引出。

(2)转子部分。转子部分主要由电枢铁芯、电枢绕组、换向器等组成。

① 电枢铁芯。电枢铁芯既是主磁路的组成部分,又是电枢绕组的支撑部分。电枢绕组嵌在电枢铁芯的槽内。电枢铁芯一般由厚度为 0.55mm 的硅钢片冲压、叠制而成。

② 电枢绕组。电枢绕组由扁铜线或圆铜线按一定规律绕制而成。它是直流电动机的电路部分,也是产生电动势和电磁转矩进行机电能量转换的部分。

③ 换向器。换向器由冷拉梯形铜排和绝缘材料等构成,用于电枢电流的换向。

2. 直流电动机的特点

直流电动机具有以下特点。

(1)调速性能好。直流电动机可以在重负载条件下,实现均匀、平滑的无级调速,且调速范围较宽。

(2)起动力矩大。由于直流电动机可以均匀、经济地实现转速调节,因此,凡是在重负载下起动或要求均匀调节转速的机械(如大型可逆轧钢机、卷扬机、电力机车、电车等),都可用直流电动机拖动。

(3)控制比较简单。直流电动机一般由斩波器控制,具有效率高、控制灵活、质量和体积小、响应快等优点。

(4)有易损件。由于直流电动机包含电刷、换向器等易磨损器件,因此必须进行定期维护或更换。

电动汽车用直流电动机与其他通用的电动机相比,应着重考虑耐高温性、抗振性、抗负载波动性及小型轻量化、免维护性等方面。除此之外,电动汽车用直流电动机大多在较低的电压下驱动,因此需要注意连接线的接触电阻。

## 3.2.3 直流电动机的工作原理

图 3.4 所示为直流电动机的工作原理。图中,定子有 N 极和 S 极,电枢绕组的末端分别连接到两个换向片上,电刷 A 和电刷 B 分别与两个换向片接触。

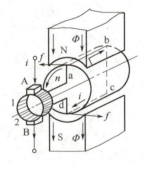

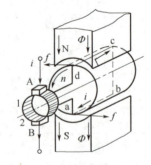

(a)导体ab处于N极下　　(b)导体ab处于S极上

1,2—换向片

图 3.4　直流电动机的工作原理

如果给两个电刷加上直流电源,如图 3.4(a)所示,则直流电流从电刷 A 流入,经过线圈 abcd,从电刷 B 流出。根据电磁力定律,载流导体 ab 和 cd 受到电磁力的作用,其方向可用左手定则判定,两段导体受到的力形成了一个转矩,使得转子逆时针转动。如果转子转到图 3.4（b）所示的位置，电刷 A 和换向片 2 接触，电刷 B 和换向片 1 接触，则直流电流从电刷 A 流入，经过线圈 dcba，从电刷 B 流出。此时，载流导体 dc 和 ba 受到电磁力作用的方向同样可用左手定则判定，它们产生的转矩仍然使得转子逆时针转动。这就是直流电动机的工作原理。

直流电动机的外加电源是直流的，但受电刷和换向片的作用，在线圈中流过的电流是交流的，其产生转矩的方向不变。

### 3.2.4　直流电动机的控制

从直流电动机的转速特性和机械特性可以看出，其转速控制方法主要有电枢调压控制、磁场控制和电枢回路串电阻控制。

#### 1. 电枢调压控制

电枢调压控制是指通过改变电枢的端电压来控制电动机的转速。他励直流电动机改变电枢端电压时的转速控制特性曲线如图 3.5 所示。

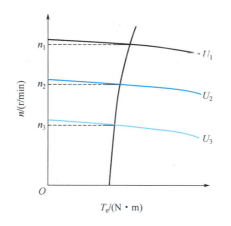

直流电动机运行特性仿真

图 3.5　他励直流电动机改变电枢端电压时的转速控制特性曲线

电枢调压控制只适合电动机基速以下的转速控制。它可保持电动机的负载转矩不变，电动机转速近似与电枢端电压成比例变化，所以称其为恒转矩调速。

直流电动机采用电枢调压控制可实现在较宽范围内连续、平滑的速度控制，调速比可达 1∶10；如果与磁场控制配合使用，调速比可达 1∶30。

电枢调压控制需要专用的可控直流电源，过去常用电动机-发电机组，现在大、中容量的可控直流电源广泛采用晶闸管可控整流电源，小容量的可控直流电源采用脉宽调制（pulse width modulation，PWM）控制电源，电动汽车用直流电动机常用斩波控制器作为电枢调压控制电源。

电枢调压控制的调速过程如下：当磁通保持不变时，减小电压，由于转速不立即发生变化，因此反电动势也暂时不会发生变化，且电枢电流减小，转矩也减小。如果阻转矩不变，则转速下降。随着转速的下降，反电动势减小，电枢电流和转矩增大，直到转矩与阻转矩再次平衡为止，但此时转速已经比原来低了。

### 2. 磁场控制

磁场控制是指通过调节直流电动机的励磁电流改变每极磁通量，从而调节电动机的转速。他励直流电动机改变励磁电流时的转速控制特性曲线如图 3.6 所示。

磁场控制只适合电动机基数以上的控制。当电枢电流不变时，其具有恒功率调速特性。磁场控制效率高，但调速范围窄，且响应较慢。

磁场控制可采用可变电阻器，也可采用可控整流电源作为励磁电源。

磁场控制的调速过程如下：当电压保持恒定时，减小磁通，受机械惯性作用，转速不会立即发生变化，反电动势减小，电枢电流随之增大。由于电枢电流增大的影响超过磁通减小的影响，因此转矩增大。如果阻转矩不变，则转速升高。随着转速的升高，反电动势增大，电枢电流和转矩随之减小，直到转矩与阻转矩再次平衡为止，但此时转速已经比原来高了。

### 3. 电枢回路串电阻控制

电枢回路串电阻控制是指当电动机的励磁电流不变时，通过改变电枢回路电阻来调节电动机的转速。电枢回路串电阻时的转速控制特性曲线如图 3.7 所示。

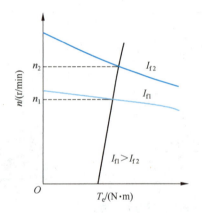

图 3.6　他励直流电动机改变励磁电流时的转速控制特性曲线

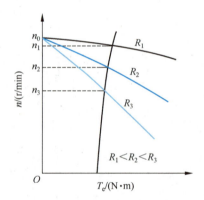

图 3.7　电枢回路串电阻时的转速控制特性曲线

电枢回路串电阻控制的机械特性较软，而且电动机运行不稳定，应用较少。小型串励电动机常采用电枢回路串电阻控制。

## 3.3　无刷直流电动机

无刷直流电动机保留了有刷直流电动机的优良调速性能，克服了有刷直流电动机机械换向带来的一系列缺点。无刷直流电动机的体积和质量小，可做成各种形状，效率、转矩和精度高，采用数字式控制，是理想的调速电动机，在电动汽车上有着广阔的应用前景。

### 3.3.1　无刷直流电动机的分类

无刷直流电动机按照工作特性，可以分为具有直流电动机特性的无刷直流电动机和具有交流电动机特性的无刷直流电动机。

#### 1. 具有直流电动机特性的无刷直流电动机

具有直流电动机特性的无刷直流电动机的反电动势波形和供电电流波形都是矩形波，所以又称矩形波同步电动机。这类电动机由直流电源供电，借助位置传感器检测主转子的位置，由检测出的信号触发相应的电子换相线路以实现无接触式换相。显然，这类电动机具有直流电动机的各种运行特性。

#### 2. 具有交流电动机特性的无刷直流电动机

具有交流电动机特性的无刷直流电动机的反电动势波形和供电电流波形都是正弦波，所以又称正弦波同步电动机。这类电动机也由直流电源供电，但通过电子换向器（自控式逆变器）将直流电转换为交流电，再驱动一般的同步电动机。因此，这类电动机具有普通同步电动机的各种运行特性。

下面介绍的无刷直流电动机主要是指具有直流电动机特性的无刷直流电动机。

### 3.3.2 无刷直流电动机的结构与特点

#### 1. 无刷直流电动机的结构

无刷直流电动机主要由电动机本体、电子换向器和位置传感器三部分组成。

（1）**电动机本体**。无刷直流电动机的电动机本体由定子和转子两部分组成。

定子是电动机本体的静止部分，由导磁的定子铁芯、导电的电枢绕组及固定铁芯和绕组用的一些零部件、绝缘材料、引出部分等组成，如机壳、绝缘片、槽楔、引出线等。

转子是电动机本体的转动部分，是产生励磁磁场的部件，由永磁体、导磁体和支撑零部件等组成。

（2）**电子换向器**。电子换向器由功率开关和位置信号处理电路构成，主要用来控制定子各绕组通电的顺序和时间。由于无刷直流电动机本质上是自控同步电动机，电动机转子随定子旋转磁场运动，因此，应按一定的顺序给定子各相绕组轮流通电，产生旋转的定子磁场。无刷直流电动机的三相绕组中通过的电流是120°电角度的方波，绕组在持续通过恒定电流的时间内产生的定子磁场在空间中静止不动。在开关换相期间，随着电流从一相转移到另一相，定子磁场跳跃了一个电角度，而转子磁场随着转子连续旋转。这两个磁场的瞬时速度不相等，但是平均速度相等，因此能保持"同步"。由于无刷直流电动机采用了电子换向器，因此电动机输入电流的频率和电动机转速始终保持同步。电动机和电子换向器不会产生振荡、失步，这也是无刷直流电动机的优点之一。

一般来说，对电子换向器的基本要求如下：结构简单；运行稳定、可靠；体积和质量小；功耗小；能按照位置传感器的信号正确换相，并能控制电动机的正、反转；能长期满足不同环境条件的要求。

（3）**位置传感器**。位置传感器在无刷直流电动机中起着检测转子磁极位置的作用，为功率开关电路提供正确的换相信息，即将转子磁极的位置信号转换为电信号，经位置信号处理电路处理后控制定子绕组换相。由于功率开关的导通顺序与转子转角同步，因此位置传感器与功率开关起着与传统有刷直流电动机的机械换向器和电刷类似的作用。位置传感器的种类比较多，有电磁式位置传感器、光电式位置传感器和磁敏式位置传感器等。电磁式位置传感器具有输出信号大、工作可靠、使用寿命长等优点，但其体积比较大，信噪比小且输出的是交流信号，只有整流滤波后才能使用。光电式位置传感器性能比较稳定，体积和质量小，但对环境要求较高。磁敏式位置传感器的基本原理为霍尔效应和磁阻效应，对环境适应性很强，价格低，但精度不高。

图 3.8 是无刷直流电动机实物。

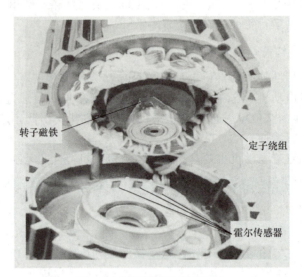

图 3.8　无刷直流电动机实物

### 2. 无刷直流电动机的特点

无刷直流电动机具有以下优点。

（1）外特性好，非常符合电动汽车的负载特性，尤其是具有低速大转矩特性，能够提供大的起动转矩，满足电动汽车的加速要求。

（2）可以在低速、中速、高速下运行，而有刷电动机受机械换向的影响，只能在中低速下运行。

（3）效率高，尤其是在轻载情况下仍能保持较高的效率，对保存珍贵的电池能量很重要。

（4）过载能力强，可满足电动汽车的突起堵转需要。

（5）再生制动效果好，因无刷直流电动机转子具有很高的永久磁场，当汽车下坡或制动时，电动机完全进入发电机状态，为动力蓄电池充电；同时起到电制动作用，减轻机械制动负担。

（6）体积和质量小，比功率大，可有效地减小质量，节省空间。

（7）无机械换向器，采用全封闭式结构，防止尘土进入电动机内部，可靠性高。

（8）控制系统比异步电动机简单。

无刷直流电动机的缺点是电动机本体比交流电动机复杂，控制器比有刷直流电动机复杂。

## 3.3.3　无刷直流电动机的工作原理

无刷直流电动机的工作原理与有刷直流电动机的工作原理基本相同。它是利用电动机转子位置传感器输出信号控制电子换向电路驱动电子换相器的功率开关器件，使电枢绕组依次馈电，从而在定子上产生跳跃式的旋转磁场，拖动电动机转子旋转的。同时，随着电动机转子的转动，转子位置传感器不断地输出位置信号，改变电枢绕组的通电状态，使得在某磁极下导体中的电流方向保持不变，电动机便旋转起来。

图3.9所示为无刷直流电动机的工作原理。

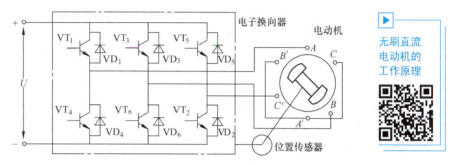

图3.9 无刷直流电动机的工作原理

### 3.3.4 无刷直流电动机的控制

按照获取转子位置信息的方法划分，无刷直流电动机的控制方法可以分为有位置传感器控制和无位置传感器控制两种。

（1）**有位置传感器控制**。有位置传感器控制是指在无刷直流电动机定子上安装位置传感器来检测转子旋转过程中的位置，将转子磁极的位置信号转换为电信号，为电子换相电路提供正确的换相信息，以控制电子换相电路中功率开关管的开关状态，保证电动机各相按顺序导通，在空间形成跳跃式的旋转磁场，驱动永磁转子连续不断地旋转。

无刷直流电动机中常用的位置传感器有霍尔元件位置传感器、磁敏晶体管位置传感器、光电式位置传感器等。

① 霍尔元件位置传感器。用霍尔元件做位置传感器时，将其安装在电动机气隙内的定子侧。随着转子的转动，穿过霍尔元件的磁场强度发生周期性变化，霍尔元件的输出电动势也会相应地发生变化。检测电动势可以了解电动机转子的位置。霍尔元件位置传感器成本低，性能优良，是常用的电动机转子位置传感器。

② 磁敏晶体管位置传感器。磁敏晶体管是一种对所在位置的磁场强度敏感的半导体元件，常见的有磁敏二极管和磁敏晶体管。以磁敏二极管为例，当给它加以正向偏置时，受外界磁场强度的影响，它的正向压降变化显著。当把磁敏二极管用作电动机转子位置传感器时，将其安装在气隙内定子侧。转子旋转使得穿过磁敏二极管的磁场强度发生变化，磁敏二极管的正向压降随之发生变化，检测压降可以确定电动机的转子位置。

③ 光电式位置传感器。光电式位置传感器是利用光电效应制成的。它与电动机同轴安装，由与电动机转子一起旋转的遮光板和固定的光源及光敏管组成，在遮光板上开有约120°电角度的透光缝。当转子旋转到一定位置，遮光板挡住光源时，光敏管只能通过"暗电流"。当透光缝转到光源与光敏管之间时，光敏管中流过"亮电流"，遮光板随着转子旋转的位置信息反映到光敏管中的电流上，检测光敏管流过的电流可以得到电动机的转子位置信号。光电式位置传感器性能较稳定，但对使用环境的要求较高。

由于有位置传感器的控制方法和控制电路都比较简单，控制系统成本低，因而得到了比较广泛的应用。然而，有位置传感器的控制方法有自身不可避免的许多缺点。由于存在位置传感器，因此电动机结构变得复杂，增加了电动机成本；电动机与控制部分的连接线增加，降低了系统的可靠性，而且维修困难；在高温、冷冻、湿度大、有腐蚀物质、空气污浊等工作环境及振动、高速运行等工作条件下，传感器的可靠性降低；若传感器损坏，则可能发生连锁反应，损坏电子换向器等器件；传感器的安装精度对电动机的运行性能有较大影响，增大了生产工艺的难度。

由此可见，虽然有位置传感器控制简单、方便，但在很多特殊场合，无法使用传感器检测转子位置。因此，有位置传感器在一定程度上限制了无刷直流电动机的进一步推广和应用。

（2）**无位置传感器控制**。无刷直流电动机的无位置传感器控制不需要安装位置传感器，使用场合多，与有位置传感器控制相比有较大优势。因此，无刷直流电动机的无位置传感器控制已成为近年来研究的热点。

在无刷直流电动机的无位置传感器控制中，不直接使用转子位置传感器，但在电动机运转过程中，仍然需要转子位置信号，以控制电动机换相。因此，通过软、硬件间接获得可靠的转子位置信号，成为无刷直流电动机无位置传感器控制的关键。国内外的研究人员在这方面进行了大量研究工作，提出了多种转子位置信号检测方法，大多是利用检测定子电压、电流等容易获取的物理量估算转子位置，归纳起来，可以分为反电动势法、电感法、状态观测器法、电动机方程计算法、人工神经网络法等。

## 3.4 异步电动机

异步电动机

异步电动机的种类很多，常见分类方法是按照转子结构和定子绕组相数分类。按照转子结构分类，异步电动机可分为笼型异步电动机和绕线型异步电动机；按照定子绕组相数分类，异步电动机可分为单相异步电动机、两相异步电动机和三相异步电动机。异步电动机在电动机中应用较广、需求量较大。电动汽车主要使用笼型异步电动机。下面介绍的异步电动机就是三相笼型异步电动机。

### 3.4.1 异步电动机的结构与特点

#### 1. 异步电动机的结构

异步电动机主要由静止的定子和旋转的转子两大部分组成，定子和转子之间存在气隙，此外，还有端盖、轴承、机座和风扇等部件。图 3.10 所示为三相异步电动机的结构。

（1）**定子**。异步电动机的定子由定子铁芯、定子绕组和机座构成。

① 定子铁芯。定子铁芯是电动机磁路的一部分，其上有定子绕组。定子铁芯一般由厚度为 0.35~0.5mm、表面具有绝缘层的硅钢片冲制、叠压而成，在其内圆冲有均匀分布的槽，以嵌放定子绕组。定子铁芯槽有半闭口型槽、半开口型槽和开口型槽三种。

② 定子绕组。定子绕组是电动机的电路部分，通入三相交流电，产生旋转磁场。定

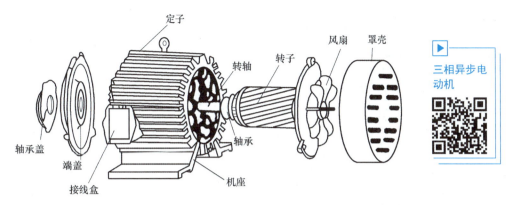

图 3.10 三相异步电动机的结构

子绕组由三个在空间互呈 120°电角度、对称排列的结构完全相同的绕组连接而成。这些绕组的各个线圈按一定规律分别嵌入定子槽。

③ 机座。机座主要用于固定定子铁芯与端盖,以支承转子,并起防护、散热等作用。机座通常为铸铁件,大型异步电动机的机座一般用钢板焊成,微型电动机的机座采用铸铝件。封闭式电动机的机座外面有散热筋以增大散热面积,防护式电动机的机座两端端盖开有通风孔,使电动机内、外的空气直接对流,以利于散热。

(2) 转子。异步电动机的转子由转子铁芯、转子绕组和转轴组成。

① 转子铁芯。转子铁芯也是电动机磁路的一部分,并在铁芯槽内放置转子绕组。转子铁芯所用材料与定子相同,由厚度为 0.5mm 的硅钢片冲制、叠压而成。硅钢片外圆冲有均匀分布的孔,用来放置转子绕组。通常用定子铁芯冲落后的硅钢片内圆冲制转子铁芯。一般小型异步电动机的转子铁芯直接压装在转轴上,大、中型异步电动机(转子直径为 300~400mm)的转子铁芯借助转子支架压装在转轴上。

② 转子绕组。转子绕组是转子的电路部分。它的作用是切割定子旋转磁场产生感应电动势及电流,并形成电磁转矩使电动机旋转。转子绕组分为笼式转子绕组和绕线式转子绕组。

③ 转轴。转轴用于固定和支承转子铁芯,并输出机械功率。转轴一般由中碳钢制成。

(3) 气隙。异步电动机的定子与转子之间有小间隙,称为电动机气隙。气隙对异步电动机的运行性能有很大影响。中、小型异步电动机的气隙一般为 0.2~2mm。功率越大,转速越高,气隙越大。

## 2. 异步电动机的特点

异步电动机的基本特点如下:转子绕组不需要与其他电源相连,其定子电流直接取自交流电力系统。与其他电动机相比,异步电动机结构简单,制造、使用、维护方便,运行可靠性高,质量小,成本低。以三相异步电动机为例,与同功率、同转速的直流电动机相比,前者质量为后者的 1/2,成本为后者的 1/3。异步电动机可按不同环境条件的要求,派生出各种系列产品。它还具有接近恒速的负载特性,能满足大多数工农业生产机械拖动的要求。

异步电动机的局限性是转速与其旋转磁场的同步转速有固定的转差率,导致调速性能较差,在要求平滑调速范围较宽的场合不如直流电动机经济、方便。此外,异步电动机运行时，从电力系统吸取无功功率以励磁，导致电力系统的功率因数变差。因此，在大功率、低转速场合，不如用同步电动机合理。

### 3.4.2 异步电动机的工作原理

图 3.11 所示为异步电动机的工作原理。

异步电动机的工作原理

三相电流产生旋转磁场

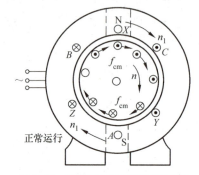

图 3.11 异步电动机的工作原理

异步电动机的三相定子绕组通入三相交流电后，产生一个旋转磁场并切割转子绕组，从而在转子绕组中产生感应电动势，电动势的方向由右手定则确定。由于转子绕组是闭合通路，因此转子中产生电流，电流方向与电动势方向相同，而载流的转子导体在定子旋转磁场的作用下产生电磁力，电磁力的方向由左手定则确定。由电磁力产生电磁转矩，驱动电动机旋转，并且电动机旋转方向与旋转磁场方向相同。

异步电动机的转子转速不等于定子旋转磁场的同步转速，这是异步电动机的主要特点。

如果电动机转子轴上有机械负载，则负载被电磁转矩拖动而旋转。当负载发生变化时，转子转速也随之发生变化，使转子导体中的电动势、电流和电磁转矩发生相应变化，以适应负载需要。因此，异步电动机的转速是随负载变化而变化的。

异步电动机的转子转速与定子旋转磁场的同步转速之间存在转速差，转速差的值决定着转子电动势及其频率，直接影响异步电动机的工作状态。通常用转差率表示转速差与同步转速的比值，即

$$s = \frac{n_1 - n}{n_1} \tag{3-1}$$

式中，$s$ 为转差率；$n_1$ 为定子旋转磁场的同步转速；$n$ 为转子转速。

转差率是异步电动机运行时的重要物理量。当异步电动机运行时，转差率 $0 < s < 1$。当异步电动机在额定负载条件下运行时，转差率 $s = 0.01 \sim 0.06$。

### 3.4.3 异步电动机的运行特性

#### 1. 异步电动机的工作特性

异步电动机的工作特性是指在保持额定电压和额定频率不变的情况下，电动机的转速、电磁转矩、定子电流、效率和功率因数随输出功率变化的特性，一般通过负载试验测取。图 3.12 所示是异步电动机的工作特性曲线。

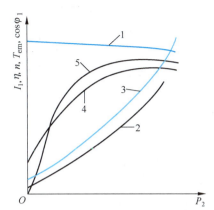

$n$—电动机的转速；$T_{em}$—电动机的电磁转矩；$I_1$—电动机的定子电流；
$\eta$—电动机的效率；$\cos\varphi_1$—电动机的功率因数；$P_2$—电动机的输出功率

1—转速特性；2—转矩特性；3—定子电流特性；4—功率因数特性；5—效率特性

图 3.12 异步电动机的工作特性曲线

工作特性是异步电动机的重要特性。转速特性和转矩特性关系到电动机与机械负载匹配的合理性；定子电流特性表明电动机的发热情况，关系到电动机运行的可靠性和使用寿命；效率特性和功率因数特性关系到电动机运行的经济性。

**2. 异步电动机的机械特性**

异步电动机的机械特性是指在恒定电压和恒定频率的情况下，电动机的转速与转矩之间的关系，是电动机的重要特性。机械特性曲线一般包括异步电动机的启动转矩、启动过程的最小转矩、最大转矩、额定转矩、同步转速、额定转速等，以及电动机转速随转矩变化的情况。

异步电动机的机械特性分为自然机械特性和人为机械特性。

电源电压和电源频率恒定且定子、转子回路不接入任何附加设备时的机械特性称为自然机械特性。异步电动机的自然机械特性曲线如图 3.13 所示。图中，$T_{st}$ 为异步电动机的启动转矩；$T_{min}$ 为启动过程的最小转矩；$T_{max}$ 为最大转矩；$T_N$ 为额定转矩；$n_1$ 为同步转速；$n_N$ 为额定转速。

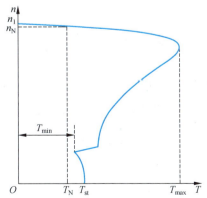

图 3.13 异步电动机的自然机械特性曲线

电源电压、电源频率、电动机极对数、定子或转子回路接入其他附属设备，其中任一项改变得到的机械特性称为人为机械特性。图 3.14 所示为电源电压改变时的人为机械特性曲线。由于电源频率不变，因此同步转速点不变，电磁转矩与电源电压的平方成比例变化，但各条曲线的最大转矩点对应的转差率基本保持不变。

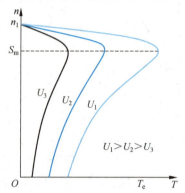

图 3.14　电源电压改变时的人为机械特性曲线

### 3.4.4　异步电动机的数学模型

异步电动机的数学模型是一个高阶、非线性、强耦合的多变量系统。

当研究异步电动机的多变量数学模型时，常做如下假设。

（1）忽略空间谐波，设三相绕组对称（在空间互呈 120°电角度），产生的磁动势沿气隙圆周遵循正弦规律。

（2）忽略磁路饱和，各绕组的自感和互感都是恒定的。

（3）忽略铁芯损耗。

（4）不考虑频率和温度变化对绕组电阻的影响。

无论电动机转子是绕线式还是笼式的，都将它等效成线转子，并折算到定子侧，折算后的每相绕组匝数都相等，从而实际电动机绕组可等效成图 3.15 所示的三相异步电动机的物理模型。图中，定子三相绕组（A、B、C）轴线 $A$、$B$、$C$ 在空间是固定的，以 $A$ 轴为参考坐标轴，转子绕组（a、b、c）轴线 $a$、$b$、$c$ 随转子旋转，转子绕组轴线 $a$ 和定子绕

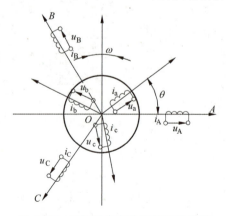

图 3.15　三相异步电动机的物理模型

组轴线 $A$ 间的电角度 $\theta$ 为空间位移变量。规定各绕组电压、电流、磁链的正方向遵循电动机惯例和安培定则。此时，异步电动机的数学模型由电压方程、磁链方程、运动方程和转矩方程组成。

(1) 电压方程。

三相定子绕组的电压方程为

$$u_A = i_A R_1 + \frac{d\Psi_A}{dt}$$

$$u_B = i_B R_1 + \frac{d\Psi_B}{dt} \quad (3-2)$$

$$u_C = i_C R_1 + \frac{d\Psi_C}{dt}$$

三相转子绕组折算到定子侧后的电压方程为

$$u_a = i_a R_2 + \frac{d\Psi_a}{dt}$$

$$u_b = i_b R_2 + \frac{d\Psi_b}{dt} \quad (3-3)$$

$$u_c = i_c R_2 + \frac{d\Psi_c}{dt}$$

式中，$u_A$、$u_B$、$u_C$、$u_a$、$u_b$、$u_c$ 分别为定子和转子相电压的瞬时值；$i_A$、$i_B$、$i_C$、$i_a$、$i_b$、$i_c$ 分别为定子和转子相电流的瞬时值；$\Psi_A$、$\Psi_B$、$\Psi_C$、$\Psi_a$、$\Psi_b$、$\Psi_c$ 分别为各相绕组的磁链；$R_1$ 和 $R_2$ 分别为定子绕组和转子绕组的电阻。

上述各量度已折算到定子侧。将电压方程写成矩阵形式，并以微分算子 $P$ 代替微分符号 $\frac{d}{dt}$，有

$$\begin{bmatrix} u_A \\ u_B \\ u_C \\ u_a \\ u_b \\ u_c \end{bmatrix} = \begin{bmatrix} R_1 & 0 & 0 & 0 & 0 & 0 \\ 0 & R_1 & 0 & 0 & 0 & 0 \\ 0 & 0 & R_1 & 0 & 0 & 0 \\ 0 & 0 & 0 & R_2 & 0 & 0 \\ 0 & 0 & 0 & 0 & R_2 & 0 \\ 0 & 0 & 0 & 0 & 0 & R_2 \end{bmatrix} \begin{bmatrix} i_A \\ i_B \\ i_C \\ i_a \\ i_b \\ i_c \end{bmatrix} + P \begin{bmatrix} \Psi_A \\ \Psi_B \\ \Psi_C \\ \Psi_a \\ \Psi_b \\ \Psi_c \end{bmatrix} \quad (3-4)$$

(2) 磁链方程。

由于每个绕组的磁链是其自感磁链和其他绕组对它的互感磁链之和，因此，六个绕组的磁链可表示为

$$\begin{bmatrix} \Psi_A \\ \Psi_B \\ \Psi_C \\ \Psi_a \\ \Psi_b \\ \Psi_c \end{bmatrix} = \begin{bmatrix} L_{AA} & L_{AB} & L_{AC} & L_{Aa} & L_{Ab} & L_{Ac} \\ L_{BA} & L_{BB} & L_{BC} & L_{Ba} & L_{Bb} & L_{Bc} \\ L_{CA} & L_{CB} & L_{CC} & L_{Ca} & L_{Cb} & L_{Cc} \\ L_{aA} & L_{aB} & L_{aC} & L_{aa} & L_{ab} & L_{ac} \\ L_{bA} & L_{bB} & L_{bC} & L_{ba} & L_{bb} & L_{bc} \\ L_{cA} & L_{cB} & L_{cC} & L_{ca} & L_{cb} & L_{cc} \end{bmatrix} \begin{bmatrix} i_A \\ i_B \\ i_C \\ i_a \\ i_b \\ i_c \end{bmatrix} \quad (3-5)$$

式中，对角线元素 $L_{AA}$、$L_{BB}$、$L_{CC}$、$L_{aa}$、$L_{bb}$、$L_{cc}$ 是各绕组的自感，其余各项是绕组间的互感。

根据电压方程式（3-4）和磁链方程式（3-5），可以得到展开后的电压方程为

$$u = Ri + P(Li) = Ri + L\frac{\mathrm{d}i}{\mathrm{d}t} + \frac{\mathrm{d}L}{\mathrm{d}t}i = Ri + L\frac{\mathrm{d}i}{\mathrm{d}t} + \omega\frac{\mathrm{d}L}{\mathrm{d}\theta}i \quad (3-6)$$

式中，$L(\mathrm{d}i/\mathrm{d}t)$ 属于电磁感应电动势中的脉变电动势（或称变压器电动势）；$\omega(\mathrm{d}L/\mathrm{d}\theta)i$ 属于电磁感应电动势中与转速 $\omega$ 成正比的旋转电动势。

（3）运动方程。

在一般情况下，电气传动系统的运动方程为

$$T_\mathrm{e} = T_\mathrm{L} + \frac{J}{p}\frac{\mathrm{d}\omega}{\mathrm{d}t} + \frac{D}{p}\omega + \frac{K}{p}\theta \quad (3-7)$$

式中，$T_\mathrm{L}$ 为负载转矩；$J$ 为机组的转动惯量；$D$ 为与转速成正比的负载转矩阻尼因数；$K$ 为扭转弹性转矩因数；$p$ 为极对数。

对于恒转矩负载，$D=0$，$K=0$，则

$$T_\mathrm{e} = T_\mathrm{L} + \frac{J}{p}\frac{\mathrm{d}\omega}{\mathrm{d}t} \quad (3-8)$$

（4）转矩方程。

按照机电能量转换原理，可求出电磁转矩 $T_\mathrm{e}$ 的表达式为

$$T_\mathrm{e} = pL_\mathrm{m1}[(i_A i_\mathrm{a} + i_B i_\mathrm{b} + i_C i_\mathrm{c})\sin\theta + (i_A i_\mathrm{b} + i_B i_\mathrm{c} + i_C i_\mathrm{a})\sin(\theta + 120°) + (i_A i_\mathrm{c} + i_B i_\mathrm{a} + i_C i_\mathrm{b})\sin(\theta - 120°)] \quad (3-9)$$

式（3-9）是在磁路为线性、磁动势在空间按正弦分布的假定条件下得出的，未对定子、转子电流的波形作出任何假定，式中 $i$ 都是瞬时值。因此，此电磁转矩公式同样适用于由变压变频器供电的三相异步电动机调速系统。

（5）三相异步电动机的数学模型。

将前述公式归纳起来，构成在恒转矩负载下三相异步电动机的多变量非线性数学模型，即

$$\begin{aligned} u &= Ri + L\frac{\mathrm{d}i}{\mathrm{d}t} + \omega\frac{\mathrm{d}L}{\mathrm{d}\theta}i \\ T_\mathrm{e} &= T_\mathrm{L} + \frac{J}{p}\frac{\mathrm{d}\omega}{\mathrm{d}t} \\ \omega &= \frac{\mathrm{d}\theta}{\mathrm{d}t} \end{aligned} \quad (3-10)$$

## 3.4.5　异步电动机的控制

因为异步电动机是一个多变量（多输入输出）系统，其中变量电压（电流）、频率、磁通、转速之间相互影响，所以也是强耦合的多变量系统。对这种非线性、多变量、强耦合的复杂系统进行有效控制成为研究的重点。结合经典理论与现代控制理论，形成各种有效的控制策略与方法。

对异步电动机的调速控制有恒压频比开环控制、转差控制、矢量控制及直接转矩控制等。

恒压频比开环控制实际上只控制电动机的磁通，而不控制电动机的转矩，对异步电动机来讲谈不上控制性能，只适用于对调速性能要求一般的通用变频器。

转差控制是根据异步电动机电磁转矩和转差频率的关系直接控制电动机转矩，可以在

一定的转差频率范围内,在一定程度上通过调节转差控制电动机的电磁转矩,从而改善调速系统的控制性能,但其控制理论是建立在异步电动机的稳态数学模型基础上的,适用于电动机转速变化缓慢或者对动态性能要求不高的场合。

下面主要介绍异步电动机的矢量控制和直接转矩控制。

1. 矢量控制

矢量控制采用矢量分析方法分析交流电动机内部的电磁过程,是建立在交流电动机的动态数学模型基础上的控制方法。它模仿对直流电动机的控制技术,将交流电动机的定子电流解耦成相互独立的产生磁链的分量和产生转矩的分量,分别控制这两个分量就可以实现对交流电动机的磁链控制和转矩控制的完全解耦,从而达到理想的动态性能。

(1) 异步电动机矢量控制方式的选择。异步电动机矢量控制基于磁场定向的方法,其调速控制系统的方式比较复杂,常用的控制策略有以下几种。

① 转子磁场定向矢量控制原理。交流电动机的转矩与定子、转子旋转磁场及其夹角有关,要想控制好转矩,必须精确检测和控制磁通,在此种控制方式中,只要检测出定子电流的 $d$ 轴分量,就可以观测出转子磁链的幅值。当转子磁链恒定时,电磁转矩和电流的 $q$ 轴分量成正比,忽略由反电动势引起的交叉耦合,可以用电压方程 $d$ 轴分量控制转子磁通,$q$ 轴分量控制转矩,大多数变频系统使用此种控制方式。它实现了系统的完全解耦,但是转子磁通的观测受转子时间常数的影响。

② 转差率矢量控制原理。如果使电动机的定子、转子或气隙磁场保持不变,则电动机的转矩主要由转差率决定。因此,此种控制方式主要考虑转子磁通的稳态方程,从转子磁通直接得到定子电流的 $d$ 轴分量,通过对定子电流的有效控制,形成转差矢量控制,避免磁通的闭环控制,不需要计算转子的磁链,即用转差率和测量的转速相加后的积分计算磁通相对于定子的位置。此种控制方式主要应用在低速系统中,且系统性能受转子参数变化的影响。

③ 气隙磁场定向矢量控制原理。除了转子磁场的定向矢量控制,还有一些控制系统使用的是气隙磁场的定向矢量控制。此种控制方式比转子磁场的定向矢量控制复杂,但其利用了气隙磁通易观测的优点,保持了气隙磁通的恒定,从而使转矩与电流的 $q$ 轴分量成正比,直接控制电流的 $q$ 轴分量,以达到控制电动机的目的。

④ 定子磁场定向矢量控制原理。由于转子磁通的检测容易受电动机参数的影响,气隙磁通的检测需要附加一些检测器件等,因此国内外兴起了定子磁场的定向矢量控制方法。此种方法是通过保持定子磁通不变,控制与转矩成正比的电流 $q$ 轴分量来控制电动机。但是,此种方法与气隙磁场的定向矢量控制相同,需要对电流进行解耦,而且以定子电压作为测量量,容易受到电动机转速的影响。

(2) 异步电动机矢量控制的特点。矢量控制变频器可以分别对异步电动机的磁通和转矩电流进行检测及控制,自动改变电压和频率,使指令值和实际检测值一致,从而实现变频调速,大大提高电动机控制静态精度和动态品质,转速精度约为 0.5%,转速响应也较快。采用矢量控制变频器的异步电动机的矢量控制可以得到控制结构简单、可靠性高的效果,主要表现在以下几个方面。

① 由于可以从零转速起进行速度控制,因此调速范围宽。

② 可以对转矩实行较精确的控制。

③ 系统动态响应很快。

④ 电动机的加速度特性很好。

虽然带速度传感器矢量控制变频器的异步电动机的闭环变频调速技术性能较好,但是需要在异步电动机轴上安装速度传感器,使异步电动机结构坚固、可靠性高的特点打了折扣。另外,在某些情况下,电动机受自身或环境的限制,无法在其上安装速度传感器。另外,系统增加了反馈电路和其他辅助环节,增大了故障概率。因此,在调速范围、转速精度和动态品质要求不是特别高的场合下,往往采用无速度传感器矢量变频式的开环控制异步电动机变频调速系统。

2. 直接转矩控制

直接转矩控制是将电动机输出转矩作为直接控制对象,通过控制定子磁场向量控制电动机转速。它不需要复杂的坐标变换,也不需要依赖转子数学模型,只需控制 PWM 逆变器的导通和切换方式,控制电动机的瞬时输入电压,改变磁链的旋转速度即可控制瞬时转矩,使系统性能对转子参数呈现鲁棒性,已推广到弱磁调速范围。逆变器的脉宽调制采用电压空间向量控制方式,性能优越。但同时不可避免地出现转矩脉动,调速性能降低的问题。此外,该方法对逆变器开关频率提高的限制较大,定子电阻对电动机低速性能也有较大影响,如在低速区出现由定子电阻的变化引起的定子电流和磁链的畸变,以及转矩脉动、死区效应和开关频率等问题。

(1) 异步电动机直接转矩控制系统的结构与工作原理。直接转矩控制系统控制原理如图 3.16 所示。该系统主要包括磁链观测器(未标)、磁链调节器、转矩观测器(未标)、转矩调节器和转速调节器等。其中磁链观测器的准确性对整个控制系统的稳定性有举足轻重的作用,而开关策略和磁链、转矩调节是先进控制算法的核心部分。

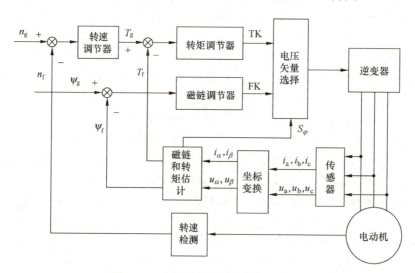

图 3.16 直接转矩控制系统控制原理

① 磁链观测器。磁链观测器的准确性是直接转矩控制技术实现的关键。定子磁链无论是幅值还是相位,若出现较大的误差,控制性能都会变差,或者出现不稳定现象。解决磁链问题的常用方法是采用间接测量的方法,即通过测量的定子电压、定子电流和转速等建立定子磁链的观测模型,在控制过程中实时、准确地算出定子磁链的幅值和相位。常用

的磁链观测模型有基于定子电压和电流的磁链观测模型，基于定子电流和转速的磁链观测模型，以及基于定子电压和转速的磁链观测模型。

② 磁链调节器。磁链调节器用于控制定子磁链在给定值附近的变化，输出磁链控制信号。

③ 转矩观测器。转矩观测器的任务是用状态检测转矩模型计算电磁转矩。

④ 转矩调节器。转矩调节器的任务是实现对转矩的直接控制，直接转矩控制的名称由此而来。为了控制转矩，转矩调节必须具备两个功能：一个功能是转矩调节器直接调节转矩；另一个功能是在调节转矩的同时，控制定子磁链的旋转方向，加强转矩调节。

⑤ 转速调节器。在直接转矩控制系统中，主要通过控制电压空间矢量控制转速，从而控制转矩，而转矩的控制又成为转速控制的基础，故在系统中应用闭环控制。闭环控制系统具有简洁、直观、有效的特点。从传感器中输出的转速反馈信号与转速给定信号进行比较后，送入 PI 调节器，调节器的输出直接作为转矩的给定值，以实现转速的闭环控制，具体控制过程如下：传感器检测得到定子电流、电压的 $\alpha-\beta$ 分量，通过磁链观测器和转矩观测器分别获得定子磁链的实际值 $\Psi_f$ 和转矩的实际值 $T_f$，将定子磁链的实际值 $\Psi_f$ 与给定值 $\Psi_s$ 输入磁链调节器，通过滞环比较器实现磁链的自控制。转速给定值 $n_g$ 与通过速度测量得到的转速 $n_f$ 之差经过转速调节器得到转矩给定值 $T_g$，将转矩的实际值 $T_f$ 与给定值 $T_g$ 输入转矩调节器，实现转矩的自控制。

(2) 直接转矩控制的特点。与矢量控制相比，直接转矩控制有以下主要特点。

① 直接转矩控制直接在定子坐标系下分析交流电动机的数学模型，控制电动机的磁链和转矩。它不需要将交流电动机与直流电动机做比较、等效和转化；既不需要模仿直流电动机的控制，又不需要为解耦简化交流电动机的数学模型。它省略了矢量旋转变换等复杂的变换和计算过程。因此，它的信号处理工作特别简单，所用的控制信号使观察者能够对交流电动机的物理过程作出直接和明确的判断。

② 直接转矩控制磁通估算使用的是定子磁链，只要知道定子电阻，就可以观测。而磁场定向矢量控制使用的是转子磁链，观测转子磁链需要知道电动机转子电阻和电感。可见，直接转矩控制大大减少了矢量控制技术中控制性能易受参数变化影响的问题。

③ 直接转矩控制采用空间矢量的概念分析三相交流电动机的数学模型并控制其物理量，使问题变得简单、明了。与矢量控制的方法不同，它不是通过控制电流、磁链等量来间接控制转矩的，而是把转矩作为被控量直接控制转矩的。因此它并非极力获得理想的正弦波波形，也不专门强调磁链为完全理想的圆形轨迹。相反，从控制转矩的角度出发，它强调的是转矩的直接控制效果，因而它采用离散的电压状态和六边形磁链轨迹或近似圆形磁链轨迹的概念。

④ 直接转矩控制技术对转矩实行直接控制。由于它的控制效果不是取决于电动机数学模型的简化，而是取决于转矩的实际状况，因此控制既直接又简化。

从理论上看，直接转矩控制有矢量控制所不及的转子参数鲁棒性和结构上的简单性。然而在技术实现上，直接转矩控制往往很难体现优越性，调速范围没有矢量控制宽，其根源主要是低速转矩特性差、存在稳态转矩脉动及带负载能力下降，这些因素制约了直接转矩控制进入实用化的进程。

永磁同步电动机的工作原理

## 3.5 永磁同步电动机

永磁同步电动机具有较好的弱磁性能，在电动汽车驱动方面具有很高的应用价值，受到国内外电动汽车界的高度重视，是极具竞争力的电动汽车驱动电动机系统。

### 3.5.1 永磁同步电动机的结构与特点

**1. 永磁同步电动机的结构**

永磁同步电动机分为正弦波驱动电流的永磁同步电动机和方波驱动电流的永磁同步电动机。下面主要介绍以三相正弦波驱动的永磁同步电动机。

永磁同步电动机的结构如图3.17所示。与传统电动机相同，永磁同步电动机主要由定子和转子两大部分构成。

永磁同步电动机的定子与普通感应电动机的定子基本相同，由电枢铁芯和电枢绕组构成。电枢铁芯一般由厚度为0.5mm的硅钢片冲制、叠压而成，对于具有高效率指标或频率较高的电动机，为了减少铁耗，可以考虑使用厚度为0.35mm的低损耗冷轧无取向硅钢片。电枢绕组普遍采用分布短距绕组；极数较多的电动机普遍采用分数槽绕组；当需要进一步改善电动势波形时，可以考虑采用正弦绕组或其他特殊绕组。

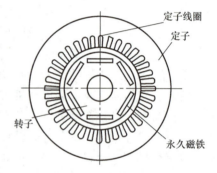

图3.17 永磁同步电动机的结构

转子主要由永磁体、转子铁芯和转轴等构成。其中，永磁体主要采用铁氧体永磁材料和钕铁硼永磁材料；转子铁芯可根据磁极结构的不同，选用实心钢，或由钢板或硅钢片冲制、叠压而成。

与普通电动机相比，永磁同步电动机还必须装置转子永磁体位置检测器，用来检测磁极位置，并以此对电枢电流进行控制，达到对永磁同步电动机驱动控制的目的。

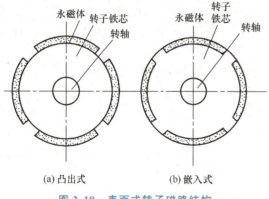

图3.18 表面式转子磁路结构

按照永磁体在转子上位置的不同，永磁同步电动机的转子磁路结构可分为表面式和内置式两种。

（1）表面式转子磁路结构。在表面式转子磁路结构中，永磁体通常呈瓦片形，位于转子铁芯的外表面，其提供磁通的方向为径向。表面式转子磁路结构分为凸出式和嵌入式两种，如图3.18所示。对采用稀土永磁材料的电动机来说，由于永磁材料的相对回复磁导率接近1，因此表面凸出式转子在电磁性能上属于隐极转子结构；由于表面嵌入式转子的相邻两个永磁磁极间有磁导率很大的铁磁材料，因此在电磁性能上属于凸极转子结构。

表面凸出式转子磁路结构具有结构简单、制造成本较低、转动惯量小等优点，在矩形波永磁同步电动机和恒功率运行范围不宽的正弦波永磁同步电动机中得到了广泛应用。此外，表面凸出式转子磁路结构中的永磁磁极易实现最优设计，能使电动机气隙磁密波形趋近于正弦波的磁极形状，显著提高电动机乃至整个传动系统的性能。

表面嵌入式转子磁路结构可充分利用转子磁路不对称性所产生的磁阻转矩，提高电动机的功率密度，动态性能与表面凸出式转子磁路结构相比有所改善，制造工艺也较简单，常用于某些调速永磁同步电动机，但漏磁系数和制造成本都比较大。

（2）内置式转子磁路结构。内置式转子磁路结构的永磁体位于转子内部，永磁体外表面与定子铁芯内圆之间有由铁磁物质制成的极靴，极靴中可以放置铸铝笼或铜条笼，起阻尼或起动作用，动态、稳态性能好，广泛用于要求有异步起动能力或动态性能好的永磁同步电动机。内置式转子内的永磁体受到极靴的保护，其转子磁路结构的不对称性所产生的磁阻转矩也有助于提高电动机的过载能力或功率密度，而且易弱磁扩速。

根据永磁体磁化方向与转子旋转方向的相互关系，内置式转子磁路结构可分为径向式、切向式和混合式三种，如图3.19所示。

(a) 径向式　　　　　　　　(b) 切向式　　　　　　　　(c) 混合式

图 3.19　内置式转子磁路结构

径向式转子磁路结构的永磁同步电动机的磁钢位于磁通轴的非对称位置，可同时利用径向和切向充磁的磁钢以产生高磁通密度。该结构的优点是漏磁系数小，转轴上不需要采取隔磁措施，极弧系数易控制，转子冲片机械强度高，安装永磁体后转子不易变形等。

切向式转子磁路结构的转子惯性较大，漏磁系数较大，制造工艺和成本比径向式转子磁路结构高。其优点是一个极距下的磁通由相邻两个磁极并联提供，每极磁通更大。尤其当电动机极数较多，径向式转子磁路结构不能提供足够的每极磁通时，这种结构的优势更突出。此外，采用该结构的永磁同步电动机的磁阻转矩占总电磁转矩的40%，对提高电动机的功率密度和扩展恒功率运行范围都是很有利的。

混合式转子磁路结构集中了径向式转子磁路结构和切向式转子磁路结构的优点，但结构和制造工艺都比较复杂，制造成本也比较高。

**2. 永磁同步电动机的特点**

永磁同步电动机与其他电动机相比，具有以下优点。

（1）用永磁体取代绕线式同步电动机转子中的励磁绕组，省略了励磁线圈、集电环和电刷，以电子换相实现无刷运行，结构简单，运行可靠。

(2) 永磁同步电动机的转速与电源频率始终保持准确的同步关系，控制电源频率就能控制电动机的转速。

(3) 永磁同步电动机具有较硬的机械特性，对由负载变化引起的电动机转矩的扰动有较强的承受能力，瞬间最大转矩可以达到额定转矩的 3 倍以上，适合在负载转矩变化较大的工况下运行。

(4) 由于永磁同步电动机的转子为永久磁铁，无须励磁，因此电动机可以在很低的转速下保持同步运行，调速范围宽。

(5) 永磁同步电动机与异步电动机相比，不需要无功励磁电流，功率因数大，定子电流和定子铜耗小，效率高。

(6) 体积小、质量轻。近年来，随着高性能永磁材料的不断应用，永磁同步电动机的功率密度得到很大提高，与相同容量的异步电动机相比，体积和质量都大幅度减小，适用于许多特殊场合。

(7) 结构多样，应用范围广。由于永磁同步电动机的转子结构多样，因此产生了特点和性能各异的许多品种，从工业到农业，从民用到国防，从日常生活到航空航天，从简单电动工具到高科技产品，几乎无处不在。

永磁同步电动机存在以下缺点。

(1) 由于永磁同步电动机的转子为永磁体，无法调节，必须通过加定子直轴去磁电流分量来削弱磁场，因此增大了定子的电流，增加了电动机的铜耗。

(2) 永磁电动机的磁钢价格较高。

由此可见，永磁电动机体积和质量小，转动惯量小，功率密度高（可达 1kW/kg），适用于电动汽车空间有限的场合；另外，转矩惯量比大，过载能力强，尤其低转速时输出转矩大，适合电动汽车的起动加速。因此，永磁电动机得到国内外电动汽车界的广泛重视，并得到了普遍应用。

## 3.5.2 永磁同步电动机的运行原理与运行特性

### 1. 电枢反应

当永磁同步电动机带负载时，气隙磁场是由永磁体磁动势和电枢磁动势共同建立的。电枢磁动势对气隙磁场有影响，其基波对气隙磁场的影响称为电枢反应。由于电枢反应不但使气隙磁场波形发生畸变，而且产生去磁或增磁作用，因此，气隙磁场将影响永磁同步电动机的运行特性。

分析永磁同步电动机时，需要采用双反应理论，即需要把电枢电流和电枢电动势分解为交轴和直轴两个分量。交轴电枢电流产生交轴电枢电动势，产生交轴电枢反应；直轴电枢电流产生直轴电枢电动势，产生直轴电枢反应。

### 2. 电压方程

忽略磁饱和效应的影响，永磁同步电动机的电压方程为

$$U = E_0 + I_a R_a + jI_d X_d + jI_q X_q \qquad (3-11)$$

式中，$U$ 为电枢端电压；$E_0$ 为励磁电动势；$I_a$ 为电枢电流，$I_a = I_d + I_q$；$I_d$ 为电枢电流在直轴的分量；$I_q$ 为电枢电流在交轴的分量；$R_a$ 为电枢绕组电阻；$X_d$ 为直轴同步电抗；

$X_q$ 为交轴同步电抗。

### 3. 功率与转矩

当永磁同步电动机具有滞后功率因数并考虑电枢电阻的影响时,电动机从电网输入的电功率为

$$P_1 = mUI_a\cos\varphi$$
$$= \frac{mU[E_0(X_q\sin\theta - R_a\cos\theta) + R_aU + U(X_d - X_q)\sin2\theta/2]}{R_a^2 + X_dX_q} \tag{3-12}$$

式中,$\theta$ 为电动机的功率角。

电动机的电磁功率为

$$P_e = P_1 - P_{cua} \tag{3-13}$$

式中,$P_{cua}$ 为电动机的电枢绕组铜耗。

如果忽略电枢电阻的影响,则

$$P_e = \frac{mE_0U}{X_d}\sin\theta + \frac{mU^2}{2}\left(\frac{1}{X_q} - \frac{1}{X_d}\right)\sin2\theta \tag{3-14}$$

式中,等号左边称为基本电磁功率,由永磁磁场与电枢磁场相互作用产生;等号右边称为磁阻功率或附加电磁功率,由凸极效应产生。对于永磁同步电动机,充分利用磁阻功率是提高电动机功率密度和效率的有效途径。

电磁功率与功率角的关系称为永磁同步电动机的功角特性,永磁同步电动机的功角特性曲线和矩角特性曲线如图 3.20 所示。如果把纵坐标改用转矩,则表示电磁转矩与功率角之间的关系,称为永磁同步电动机的矩角特性。与基本电磁功率相对应的转矩分量称为基本电磁转矩,也称永磁转矩;与磁阻功率相对应的转矩分量称为磁阻转矩。

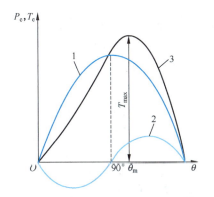

永磁同步电动机功角特性仿真

1—基本电磁功率、转矩;2—磁阻功率、转矩;3—合成电磁功率、转矩

**图 3.20 永磁同步电动机的功角特性曲线和矩角特性曲线**

### 4. 运行特性

永磁同步电动机的运行特性主要包括机械特性和工作特性。

当永磁同步电动机稳态正常运行时,转速始终保持同步速不变,其机械特性为平行于

横轴的直线,当调节电源频率来调节电动机转速时,转速将严格地与频率成比例变化。永磁同步电动机的机械特性曲线如图3.21所示。

永磁同步电动机的工作特性是指当电源电压恒定时,电动机的输入功率 $P_1$、电枢电流 $I_a$、效率 $\eta$、功率因数 $\cos\varphi$ 等随输出功率变化的关系。永磁同步电动机的工作特性曲线如图3.22所示。

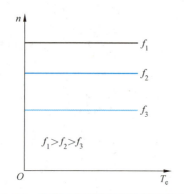

图3.21 永磁同步电动机的机械特性曲线

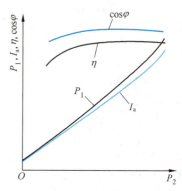

图3.22 永磁同步电动机的工作特性曲线

从图3.22可以看出,在正常工作范围内,永磁同步电动机的功率因数比较平稳,效率特性也能保持较高的水平,电动机的输入功率和电枢电流近似与输出功率成正比。

### 3.5.3　永磁同步电动机的数学模型

永磁同步电动机的定子是三相对称绕组,按照电动机惯例规定各物理量的正方向。为了便于分析,假定以下条件成立。

(1) 磁路不饱和,电动机电感不受电流变化的影响,不计涡流和磁滞损耗。

(2) 忽略齿槽、换相过程和电枢反应的影响。

(3) 电动机的反电动势是正弦的。

(4) 电动机各相绕组的电阻相等,即 $R_A = R_B = R_C = R$。

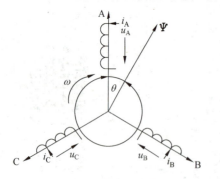

图3.23　三相永磁同步电动机示意

(5) 转子上无阻尼绕组,永磁体也没有阻尼作用。

三相永磁同步电动机示意如图3.23所示,电动机极对数为1。图中,定子三相绕组用三个线圈表示;$\Psi$ 为转子永磁体磁链的最大值,其方向为转子上安装永磁磁钢的磁场方向;电动机转子以角速度 $\omega$ 顺时针旋转;$\theta$ 为 $\Psi$ 与 A 相绕组间的夹角,$\theta = \omega t + \theta_0$,其中 $\theta_0$ 为 $t=0$ 时绕组间的夹角;$u_A$、$u_B$、$u_C$ 分别为三相绕组的相电压瞬时值;$i_A$、$i_B$、$i_C$ 分别为三相绕组的相电流瞬时值。

三相绕组的静止坐标系(ABC)电压方程为

$$\begin{bmatrix} u_A \\ u_B \\ u_C \end{bmatrix} = \begin{bmatrix} R & 0 & 0 \\ 0 & R & 0 \\ 0 & 0 & R \end{bmatrix} \begin{bmatrix} i_A \\ i_B \\ i_C \end{bmatrix} + P \begin{bmatrix} L_A & M_{AB} & M_{AC} \\ M_{BA} & L_B & M_{BC} \\ M_{CA} & M_{CB} & L_C \end{bmatrix} \begin{bmatrix} i_A \\ i_B \\ i_C \end{bmatrix} + P \begin{bmatrix} \Psi_A \\ \Psi_B \\ \Psi_C \end{bmatrix} \quad (3-15)$$

式中，$L_A$、$L_B$、$L_C$ 分别为三相绕组 A、B、C 的电感；$M_{AB}$、$M_{AC}$、$M_{BA}$、$M_{BC}$、$M_{CB}$、$M_{CA}$ 分别为三相绕组之间的互感；$\Psi_A$、$\Psi_B$、$\Psi_C$ 分别为永磁体磁链在各相绕组中的投影；$P$ 为微分算子，$P=d/dt$。

永磁同步电动机在三相静止坐标系下的电压方程为一组变系数的线性微分方程，不易直接求解。常用更简单的、等效的原型电动机替代实际电动机，并使用坐标变化方法，以方便分析和求解。

通过坐标变换，可以将永磁同步电动机在三相静止坐标系下的电压电流量变换到转子坐标系，得

$$\begin{bmatrix} i_d \\ i_q \\ i_0 \end{bmatrix} = \sqrt{\frac{2}{3}} \begin{bmatrix} \cos\theta & \cos(\theta-2\pi/3) & \cos(\theta-4\pi/3) \\ \sin\theta & \sin(\theta-2\pi/3) & \sin(\theta-4\pi/3) \\ 1/\sqrt{2} & 1/\sqrt{2} & 1/\sqrt{2} \end{bmatrix} \begin{bmatrix} i_A \\ i_B \\ i_C \end{bmatrix} \quad (3-16)$$

$$\begin{bmatrix} u_A \\ u_B \\ u_C \end{bmatrix} = \sqrt{\frac{2}{3}} \begin{bmatrix} \cos\theta & \cos\theta & 1/\sqrt{2} \\ \cos(\theta-2\pi/3) & \sin(\theta-2\pi/3) & 1/\sqrt{2} \\ \cos(\theta-4\pi/3) & \sin(\theta-4\pi/3) & 1/\sqrt{2} \end{bmatrix} \begin{bmatrix} u_d \\ u_q \\ u_0 \end{bmatrix} \quad (3-17)$$

电磁转矩方程为

$$T_e = p_n(\Psi_d i_q - \Psi_q i_d) = p_n[\Psi_f i_q + (L_d - L_q)i_d i_q] \quad (3-18)$$

式中，$p_n$ 为电动机磁极对数；$\Psi_d$、$\Psi_q$ 为直、交轴磁链；$\Psi_f$ 为永磁体产生的磁链；$L_d$、$L_q$ 为直、交轴电感；$i_d$、$i_q$ 为直、交轴电流。

定子电流空间矢量 $i_s$ 与定子磁链空间矢量 $\Psi_s$ 同相，并且定子磁链与永磁体产生的气隙磁场间的空间夹角为 $\beta$，则

$$\begin{aligned} i_d &= i_s\cos\beta \\ i_q &= i_s\sin\beta \end{aligned} \quad (3-19)$$

将式（3-19）代入式（3-18），得

$$T_e = p_n\Psi_f i_s\sin\beta + \frac{1}{2}p_n(L_d - L_q)i_s^2\sin 2\beta \quad (3-20)$$

由式（3-20）可以看出，永磁同步电动机的输出转矩包含两个分量：一个是由两磁场互相作用产生的电磁转矩；另一个是由凸极效应引起，并与两轴电感参数的差值成正比的磁阻转矩。

### 3.5.4 永磁同步电动机的控制

为了提高永磁同步电动机控制系统的性能，使其具有更快的响应速度、更高的转速精度及更宽的调速范围，其动态、静态响应能够与直流电动机系统媲美，提出了用于永磁同步电动机控制的各种新型控制策略。

#### 1. 恒压频比开环控制

恒压频比开环控制的控制变量为电动机的外部变量，即电压和频率。控制系统将参考电压和频率输入实现控制策略的调制器中，逆变器产生交变的正弦电压施加在电动机的定子绕组上，使之运行在指定的电压和参考频率下。按照这种控制策略进行控制，供电电压的基波幅值随着速度指令成比例地线性增大，从而保持定子磁通的近似恒定。恒压频比开环控制的控制策略简单、易实现，通过电源频率控制转速，不存在异步电动机的转差和转

差补偿问题。但同时，由于系统中没有速度、位置等反馈信号，因此无法实时捕捉电动机状态，从而无法精确地控制电磁转矩；当突加负载或者速度指令时，容易发生失步现象；不具有快速的动态响应特性。可见，恒压频比开环控制只是控制电动机磁通，而不控制电动机的转矩，控制性能差，通常只用在对调速性能要求一般的通用变频器上。

### 2. 矢量控制

矢量控制理论的基本思想如下：以转子磁链旋转空间矢量为参考坐标，将定子电流分解为相互正交的两个分量，一个与磁链方向相同，代表定子电流励磁分量；另一个与磁链正交，代表定子电流转矩分量，分别对其进行控制，获得与直流电动机一样良好的动态特性。因为矢量控制结构简单，控制软件实现较容易，所以广泛用于调速系统。

永磁同步电动机矢量控制策略与异步电动机矢量控制策略有些不同。由于永磁同步电动机转速和电源频率严格同步，其转子转速等于旋转磁场转速，转差恒等于零，没有转差功率，控制效果受转子参数影响小，因此在永磁同步电动机上更容易实现矢量控制。

由于永磁同步电动机输出的电磁转矩对应多个不同的交、直轴电流组合，不同组合对应不同的系统效率、功率因素及转矩输出能力，因此永磁同步电动机有不同的电流控制策略。

(1) $i_d=0$ 控制，也称磁场定向控制。在永磁同步电动机的伺服系统中，电流控制主要采用 $i_d=0$ 控制。通过检测转子磁极空间位置 $d$ 轴，控制逆变器功率开关器件的导通与关断，使定子合成电流位于 $q$ 轴，此时 $d$ 轴的定子电流分量为零，永磁同步电动机电磁转矩正比于转矩电流，即正比于定子电流幅值，只需控制定子电流即可很好地控制永磁同步电动机的输出电磁转矩。

(2) 最大转矩/电流比控制。在电动机输出相同电磁转矩下，使电动机定子电流值最小的控制策略称为最大转矩/电流比控制。

最大转矩/电流比控制的实质是求电流极值问题，可以通过建立辅助方程，采用牛顿迭代法求解。但是，求解计算量较大，在实际应用中无法满足系统实时性，只能通过离线计算出不同电磁转矩对应的交、直轴电流，以表的形式存放于 DSP 控制器中，实际运行时根据负载情况查表求得对应的 $i_d$、$i_q$ 进行控制。

(3) 弱磁控制。永磁同步电动机的弱磁控制思想来自他励直流电动机的调磁控制。对于他励直流电动机，当其电枢端电压值最大时，为使电动机在更高转速下运行，采取减小电动机励磁电流的方法，以平衡电压。在永磁同步电动机电压达到逆变器所能输出的极限值后，要想继续提高转速，需采取弱磁增速的方法。

永磁同步电动机的励磁磁动势由永磁体产生，它无法像他励直流电动机一样通过调节励磁电流实现弱磁。传统方法是调节定子电流 $i_d$ 和 $i_q$，以增大定子直轴去磁电流分量实现弱磁增速。为保证电动机电枢电流幅值不超过极限值，转矩电流分量 $i_q$ 应随之减小，因此这种弱磁控制过程本质上就是在保持电动机端电压不变的情况下减小输出转矩的过程。永磁同步电动机直轴电枢反应比较微弱，需要较大的去磁电流起到弱磁增速的作用。当电动机在额定电流下工作时，去磁电流增大有限，因此采用这种方法得到的弱磁增速范围也是有限的。

图 3.24 所示为永磁同步电动机矢量控制系统框图，此系统通过分别比较控制永磁同步电动机的电流实际值 $i_d$、$i_q$ 与给定值 $i_d^*$、$i_q^*$，实现转速和转矩的控制。并且 $i_d$ 和 $i_q$ 独立控制，便于实现各种先进的控制策略。

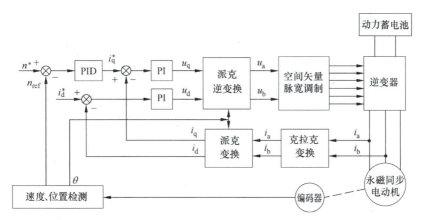

图 3.24 永磁同步电动机矢量控制系统框图

当电动汽车正常行驶时，电动机转速在基速以下，在给定定子电流的情况下，$i_d=0$ 的电磁转矩 $T_e=p_n\Psi_f i_q$，只要控制 $i_q$ 就能控制转速和转矩，实现矢量控制；当电动机转速在基速以上时，由于永磁体的励磁磁链为常数，电动机的感应电动势随着电动机转速成比例地增大，电动机的感应电压也随着增大，但是电动机相电压和相电流的有效值的极限值受到与电动机端相连的逆变器的直流侧电压和逆变器的最大输出电流的限制，必须进行弱磁增速。通过控制 $i_d$ 来控制磁链，通过控制 $i_q$ 来控制转速，实现矢量控制。在实际控制过程中，不能直接检测 $i_d$、$i_q$，只能通过实时检测到的三相电流和电动机转子位置经坐标变换得到。

矢量控制存在如下缺陷。

（1）转子磁链的准确观测存在一定的难度，由于转子磁链的计算对电动机的参数有较强的依赖性，因此对参数变化较敏感。为了克服这一问题，出现了多种参数辨识方法，但这些方法使系统更复杂。

（2）由于需要进行解耦运算，采用了矢量旋转变换，因此系统计算比较复杂。

但是，永磁同步电动机矢量控制系统能实现高精度、高动态响应性能和大范围的调速或伺服控制。随着工业领域对高性能伺服系统需求的不断增加，尤其是数控、机器人等方面技术的发展，永磁同步电动机矢量控制作为一种比较成熟的控制策略，具有广阔的应用前景。

### 3. 直接转矩控制

永磁同步电动机直接转矩控制系统框图如图 3.25 所示，其中开关信号是由转矩和定子磁链的给定值与反馈值的偏差经滞环比较得到的，而转矩和定子磁链的给定值是由电磁转矩和定子磁链估算模型计算得到的。

直接转矩控制系统的控制过程如下：将 PWM 逆变器输出的三相电流 $i_A$、$i_B$、$i_C$ 通过三相-两相（3/2）变换得到 $i_\alpha$、$i_\beta$；由 PWM 逆变器的电压状态与开关状态直流电压 $U_{dc}$ 之间的关系，得到 $u_\alpha$、$u_\beta$；由磁链模型得到磁链在 $\alpha\beta$ 坐标系上的分量 $\Psi_\alpha$、$\Psi_\beta$，再由 $\Psi_\alpha$、$\Psi_\beta$、$i_\alpha$、$i_\beta$ 通过转矩模型，得到转矩 $T$，与 PI 调节器输出转矩给定 $T^*$ 进行滞环比较，输出结果可以决定开关状态。对 $\Psi_\alpha$、$\Psi_\beta$ 求平方和，用得到的 $|\Psi_s|$ 与磁链给定 $\Psi_s^*$ 进行比较，由滞环比较器输出结果。同时，利用 $\Psi_\alpha$、$\Psi_\beta$ 判断磁链所在区域，确定 $\theta$ 值，综合 PI

调节器的输出及 $\theta$ 值,合理选择开关矢量,以确定 PWM 逆变器的开关状态。

电动机效率
MAP图绘制

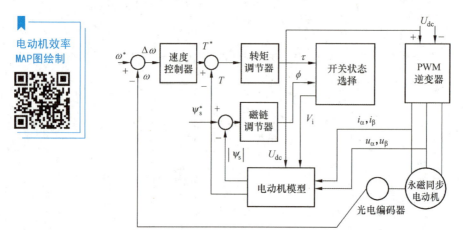

图 3.25　永磁同步电动机直接转矩控制系统框图

直接转矩控制不需要传统矢量控制中复杂的旋转坐标变换和转子磁链定向,转矩取代电流成为受控对象,电压矢量是控制系统的唯一输入,可以直接控制转矩和磁链,但是转矩和磁链不解耦,对电动机模型进行简化处理,没有 PWM 信号发生器,控制结构简单,受电动机参数变化的影响小,能够获得极佳动态性能。

4. 智能控制

为了提高永磁同步电动机的控制性能和控制精度,模糊控制、神经网络控制等开始应用于同步电动机的控制。

采用智能控制的永磁同步电动机控制系统,在多环控制结构中,智能控制器在最外环,充当速度控制器,内环电流控制、转矩控制仍采用 PI 控制、直接转矩控制。这主要是因为外环是决定系统的根本因素,而内环的主要作用是改变对象特性以利于外环的控制。各种扰动给内环带来的误差可以由外环控制或抑制。

在永磁同步电动机系统中应用智能控制,不能完全摒弃传统控制方法,只有将两者很好地结合起来,才能取长补短,使系统的性能最优。

## 3.6　开关磁阻电动机

开关磁阻电动机是继直流电动机和交流电动机之后的一种极具发展潜力的电动机。

### 3.6.1　开关磁阻电动机的结构与特点

1. 开关磁阻电动机的结构

开关磁阻电动机由双凸极的定子和转子组成。定子由硅钢片冲制、叠压而成,其上绕有集中绕组,把沿径向相对的两个绕组串联成一个两级磁极,称为"一相";转子既无绕组又无永磁体,仅由硅钢片叠压而成。

开关磁阻电动机有多种相数结构,如单相、二相、四相及多相等,而且定子和转子的极数有多种搭配。开关磁阻电动机的极数组合见表3-2。

表3-2 开关磁阻电动机的极数组合

| 相 数 | 3 | 4 | 5 | 6 | 7 | 8 | 9 |
|---|---|---|---|---|---|---|---|
| 定子极数 | 6 | 8 | 10 | 12 | 14 | 16 | 18 |
| 转子极数 | 4 | 6 | 8 | 10 | 12 | 14 | 16 |
| 步进角/(°) | 30 | 15 | 9 | 9 | 4.25 | 3.21 | 2.5 |

低于三相的开关磁阻电动机一般不具有自起动能力。电动机相数越多,越有利于减小转矩脉动,但会导致结构复杂、主开关器件和成本增加。应用较多的开关磁阻电动机是四相8/6极结构和三相6/4极结构的。下面介绍的开关磁阻电动机为四相8/6极结构。

2. 开关磁阻电动机的特点

开关磁阻电动机与其他电动机相比,具有以下优点。

(1) 可控参数多,调速性能好。开关磁阻电动机的可控参数有主开关开通角、主开关关断角、相电流幅值、直流电源电压。电动机控制方便,可四象限运行,容易实现正转、反转和电动、制动等特定的调节控制。

(2) 结构简单,成本低。开关磁阻电动机的转子无绕组,且没有永久磁铁,定子为集中绕组,比传统的直流电动机、永磁电动机及感应电动机都简单,制造和维护方便;它的功率变换器比较简单,主开关元件较少,电子器件少,成本低。

(3) 损耗小,运转效率高。开关磁阻电动机的转子不存在励磁及转差损耗,功率变换器元器件少,相应的损耗也小;控制灵活,易在很宽转速范围内实现高效节能控制。

(4) 起动转矩大,起动电流小。在15%额定电流的情况下能达到100%的起动转矩。

开关磁阻电动机存在如下缺点。

(1) 转矩脉动现象较严重。

(2) 振动和噪声较大,特别是当负载运行时。

(3) 电动机的出线头较多,还有位置检测器出线端。

(4) 电动机的数学模型比较复杂,较难建立准确的数学模型。

(5) 控制复杂,而且依赖电动机的结构。

### 3.6.2 开关磁阻电动机的工作原理与运行特性

1. 开关磁阻电动机的工作原理

开关磁阻电动机的工作原理如图3.26所示。图中,$S_1$、$S_2$是电子开关;$VD_1$、$VD_2$是二极管,U是直流电源。

电动机的定子和转子呈凸极形状,极数不相等。转子由叠片构成,带位置检测器,以提供转子位置信号。定子绕组按一定的顺序通断,可保持电动机连续运行。

开关磁阻电动机的磁阻随着转子磁极与定子磁极的对准或错开而变化。因为电感与磁阻成反比,所以当转子磁极与定子磁极完全错开位置时,相绕组电感值最大;当转子磁极与定子磁极完全正对时,相绕组电感值最小。

开关磁阻电动机的工作原理

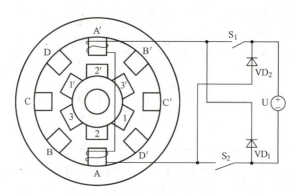

图 3.26 开关磁阻电动机的工作原理

因为开关磁阻电动机的运行原理遵循"磁阻最小原理",即磁通总要沿着磁阻最小的路径闭合,所以具有一定形状的铁芯在移动到最小磁阻位置时,必须使自己的主轴线与磁场的轴线重合。由图 3.26 可看出,当定子 D-D′极励磁时,产生的磁力力图使转子旋转到转子极轴线 1-1′与定子极轴线 D-D′重合的位置,并使 D 相励磁绕组的电感值最大。若以图中定子、转子所处的相对位置作为起始位置,则依次给 D—A—B—C 通电,转子会逆着励磁顺序,沿着逆时针方向连续旋转;反之,若依次给 B—A—D—C 通电,则电动机沿着顺时针方向转动。可见,开关磁阻电动机的转向与相绕组的电流方向无关,仅取决于相绕组的通电顺序。

2. 开关磁阻电动机的运行特性

开关磁阻电动机的运行特性曲线可分为三个区域:恒转矩区、恒功率区、自然特性区(串励特性区),如图 3.27 所示。

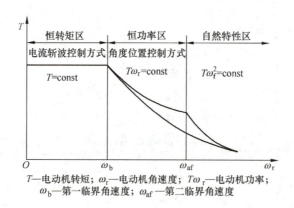

$T$—电动机转短;$\omega_r$—电动机角速度;$T\omega_r$—电动机功率;
$\omega_b$—第一临界角速度;$\omega_{af}$—第二临界角速度

图 3.27 开关磁阻电动机的运行特性曲线

开关磁阻电动机一般运行在恒转矩区和恒功率区。在这两个区域,电动机的实际运行特性可控。通过控制条件,可以实现在实线以下的任意实际运行特性。

在恒转矩区,电动机转速较低,电动机反电动势小,需采用电流斩波控制(chopped current control,CCC)方式。

在恒功率区,旋转电动势较大,开关器件导通的时间较短,电流较小。在外加电压和开关角一定的条件下,随着角速度的增大,转矩急剧下降,可采用角度位置控制(angle position control，APC）方式，通过按比例地增大导通角来补偿，延缓转矩的下降速度。

在自然特性区，电动机的可控条件已达极限，运行特性不再可控，呈现自然串励运行特性，电动机一般不在此区域运行。

当电动机运行时，存在第一临界运行点和第二临界运行点，采用不同的可控条件匹配，可得到两个临界运行点的不同配置，从而得到所需的各种机械特性。

临界运行点对应的转速称为临界转速，它是开关磁阻电动机运行和设计时要考虑的重要参数。第一临界转速是开关磁阻电动机开始运行于恒功率区的临界转速，定义为开关磁阻电动机的额定转速，对应的功率为额定功率；第二临界转速是能得到额定功率的最高转速，是恒功率特性的上限，可控条件都达到极限，当转速再增大时，输出功率将下降。

### 3.6.3　开关磁阻电动机的控制

开关磁阻电动机不同于传统的感应电动机，其结构具有特殊性，既可以通过控制电动机自身的参数（如开通角、关断角）实现，又可以用适用于其他电动机的控制理论（如PID控制、模糊控制等），对功率变换器部分进行控制，实现电动机的速度调节。

对开关磁阻电动机自身参数的控制主要采用角度位置控制、电流斩波控制和电压控制。

#### 1. 角度位置控制

角度位置控制是加在绕组上的电压一定的情况下，通过改变绕组上主开关的开通角$\theta_{on}$和关断角$\theta_{off}$来改变绕组的通、断电时刻，调节相电流的波形，实现转速闭环控制。

根据电动势平衡方程可知，当电动机转速较高时，旋转电动势较大，电流上升率下降，各相主开关器件的导通时间较短，电动机绕组的相电流不易上升，电流较小，便于使用角度位置控制方式。

因为开通角和关断角都可调节，所以角度位置控制可分为改变变开通角、改变关断角和同时改变开通角及关断角三种方式。改变开通角，可改变电流波形的宽度、峰值和有效值，还可改变电流波形与电感波形的相对位置，从而改变电动机的转矩和转速。关断角一般不影响电流的峰值，但可改变电流波形的宽度及其与电感曲线的相对位置，进而改变电流的有效值。一般采用改变开通角、固定关断角的控制方式。

根据开关磁阻电动机的转矩特性可知，当电流波形主要位于电感的上升区时，产生的平均电磁转矩为正，电动机处于电动状态；当电流波形主要位于电感的下降段时，产生的平均电磁转矩为负，电动机处于制动状态。控制开通角、关断角可以使电流的波形处于绕组电感波形的不同位置。因此，可以采用控制开通角、关断角的方式使电动机处于不同状态。

角度位置控制的优点如下：转矩调节范围宽；可同时多相通电，以增大电动机的输出转矩，同时减小转矩波动；通过角度的优化，实现效率最优控制或转矩最优控制。

根据上面的分析可知，角度位置控制不适合低速场合。因为在低速场合下，旋转电动势较小，电流峰值增大，必须采取相应措施进行限流。

#### 2. 电流斩波控制

根据电动势平衡方程可知，当电动机低速运行特别是起动时，旋转电动势引起的压降很小，相电流上升快，为避免过大的电流脉冲损坏功率开关器件及电动机，需要对电流峰值进行限定，此时可采用电流斩波控制，获取恒转矩的机械特性。电流斩波控制一般不会对开通角、关断角进行控制，而是直接选择在每相的特定导通位置对电流进行斩波控制。

常用的电流斩波控制方案有两种：一是对电流上、下限进行限制的控制；二是限制电流上限值和恒定关断时间的控制。

方案一中，主开关器件在 $\theta=\theta_{on}$ 时导通，绕组电流从零开始上升，当电流增大至斩波电流的上限值时，切断绕组电流，绕组承受反压，电流迅速下降；当电流降至斩波电流的下限值时，绕组再次导通，重复上述过程，形成斩波电流，直至 $\theta=\theta_{off}$ 时实现相关断。方案二与方案一的区别在于，当绕组电流达到最大限定值后，将主开关关断一段时间后开通，电流下降的幅度主要取决于电感量、电感变化率、转速等因素，可见该方式的关键在于合理地选取关断时间。

电流斩波控制的优点如下：适用于电动机的低速调速系统，可以控制电流峰值的增大，并具有很好的电流调节作用；因为每相电流波形会呈现较宽的平顶状，所以产生的转矩比较平稳，转矩的波动相应地比其他控制方式要小。

然而，由于电流的峰值受到了限制，当电动机转速在负载的扰动作用下发生变化时，电流的峰值无法作出相应的改变，因此系统的机械特性比较软，在负载扰动下的动态响应很缓慢。

### 3. 电压控制

电压控制是指在保持开通角、关断角不变的前提下，使功率开关器件工作在脉宽调制方式。通过调节PWM波的占空比，调整加在绕组两端电压的平均值，进而改变绕组电流，实现对转速的调节。增大调制脉冲的频率，会使电流的波形比较平滑，电动机输出功率增大，噪声减小，但对功率开关器件工作频率的要求更加严格。

按照续流方式的不同，电压控制分为单管斩波和双管斩波两种。在单管斩波方式中，连接在每相绕组中的上、下桥臂的两个开关管中，一个处于斩波状态，另一个一直处于导通状态。在双管斩波方式中，两个开关管同时导通和关断，对电压进行斩波控制。考虑系统效率等因素，一般采用单管斩波方式。

电压控制的特点如下：由于电压控制是通过调节绕组电压的平均值调节电流的，因此可用在低速系统和高速系统，而且控制简单。但电压控制的调速范围有限。

在实际的开关磁阻电动机运用中，可以采用多种控制方式组合的方法，如高速角度控制和低速电流斩波控制组合，变角度电压斩波控制和定角度电压斩波控制组合等。这些组合方式各有优势及不足，只有针对不同的应用场合和不同的性能要求，合理地选择控制方式，才能使电动机运行于最佳状态。

按照系统性能要求的不同，控制电路的具体结构形式有很大差异，但一般均应包含以下功能。

（1）用于接收外部指令信号（如起动、转速、转向信号）的操作电路。

（2）用于比较给定量与控制量，并按规定算法计算出控制参数的调节量的调节器电路。

（3）用于决定控制电路工作逻辑（如正反转相序逻辑、高低速控制方式）的工作逻辑电路。

（4）用于检测系统中有关物理量（如转速、角位移、电流和电压）的传感器电路。

（5）用于当系统中某些物理量超过允许值时，采取相应保护措施（如过电压保护和过电流保护）的保护电路。

(6) 用于控制各被控量信号的输出电路,如控制功率开关器件的导通与关断。

(7) 用于指示系统的工作状况和参数状态(如指示电动机转速、指示故障保护情况)的显示电路。

## 3.7 轮毂电动机

轮毂电动机技术又称车轮内装式电动机技术,是一种将电动机、传动系统和制动系统融为一体的轮毂装置技术,是现阶段先进电动汽车技术研究的热点。

轮毂电动机电动汽车

从各种驱动技术的特点和发展趋势来看,采用轮毂电动机技术是电动汽车的最终驱动形式。随着电池技术、动力控制系统和整车能源管理系统等相关技术研发的不断深入,以及电动机性能的不断提高,轮毂电动机技术将在电动汽车上取得更大的成功。

**1. 轮毂电动机驱动系统**

轮毂电动机驱动系统通常由电动机、制动装置、电子控制器等组成,如图 3.28 所示。

沃尔沃轮毂电动机电动汽车

图 3.28 轮毂电动机驱动系统的组成

轮毂电动机驱动系统根据电动机的转子形式主要分为外转子式和内转子式两种。外转子式轮毂电动机采用低速外转子电动机,电动机的转速为 1000~1500r/min,无减速机构,车轮的转速与电动机的转速相等。内转子式轮毂电动机采用高速内转子电动机,配备固定传动比的减速器,为获得较高的功率密度,电动机的转速可达 10000r/min;减速机构通常采用传动比约为 10∶1 的行星齿轮减速机构,车轮的转速约为 1000r/min。

图 3.29 所示为轮毂电动机驱动系统分解示意。

外转子式轮毂电动机的优点是结构简单,轴向尺寸小,比功率高,能在很宽的速度范围内控制转矩,响应速度快,而且外转子直接和车轮相连,没有减速机构,因此效率高;缺点是要获得较大转矩,必须增大电动机的体积和质量,因而成本高,加速时效率低,噪声大。内转子式轮毂电动机的优点是具有较高的比功率,质量和体积小,效率高,噪声小,成本低;缺点是必须采用减速机构,效率降低,非簧载质量增大,电动机的最高转速

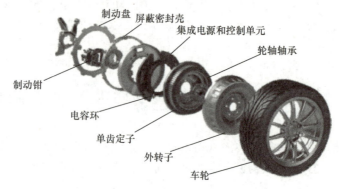

图 3.29 轮毂电动机驱动系统分解示意

受线圈损耗、摩擦损耗及变速机构的承受能力等因素的限制。这两种结构在电动汽车中都有应用,但是随着紧凑的行星齿轮变速机构的出现,内转子式轮毂电动机在功率密度方面比外转子式轮毂电动机有竞争力。

轮毂电动机驱动系统的电动机电制动容量较小,不能满足整车制动效能的要求,通常需要附加机械制动系统。轮毂电动机驱动系统中的制动器可以根据结构特点,采用鼓式或盘式制动器。由于电动机存在制动容量,因此往往可以适当减小制动器的设计容量。大多数轮毂电动机驱动系统采用风冷方式进行冷却,有时也采用水冷和油冷方式对电动机、制动器等发热部件进行散热降温,但结构比较复杂。

### 2. 轮毂电动机的应用类型

按照电动机磁场的类型,轮毂电动机驱动系统分为驱动电动机轴向磁通电动机和径向磁通电动机两类。轴向磁通电动机的结构更利于热量散发,并且它的定子不需要铁芯;径向磁通电动机的定子与转子之间受力比较均衡,磁路由硅钢片冲制、叠压而成,技术更简单、更成熟。

轮毂电动机主要有永磁式、异步式、开关磁阻式三种。

永磁轮毂电动机可采用圆柱形径向磁场结构或盘式轴向磁场结构,具有较高的功率密度和效率及较宽的调速范围,发展前景十分广阔,已应用于国内外多种电动汽车。

异步轮毂电动机结构简单,坚固耐用,成本低,运行可靠,转矩脉动小,噪声小,不需要位置传感器,转速极限高;但是驱动电路复杂,成本高,与永磁轮毂电动机相比,效率和功率密度小。

开关磁阻轮毂电动机具有结构简单,制造成本低,转速、转矩特性好等特点,适用于电动汽车驱动;但是设计和控制非常困难和精细,运行噪声大。

### 3. 轮毂电动机的驱动方式

轮毂电动机的驱动方式可以分为直接驱动和减速驱动两种基本形式。

轮毂电动机直接驱动方式如图 3.30 所示,采用低速外转子式电动机,电动机与车轮组成一个完整部件总成,电动机布置在车轮内部,直接驱动车轮带动汽车行驶。直接驱动方式的主要优点是电动机体积和质量小,成本低,系统传动效率高,结构紧凑,既有利于整车结构布置和车身设计,又便于改型设计。这种驱动方式直接将外转子安装在车轮的轮辋上驱动车轮转动。由于电动汽车起步时需要较大的转矩,因此安装在直接驱动型电动轮中的电动机必须能在低速时提供大转矩，承载大转矩时需要大电流，易损坏电池和永磁体；电动机效率峰值区域很小，负载电流超过一定值后效率急剧下降。为了使电动汽车具有较好的动力性，电动机还必须具有很宽的转矩和转速调节范围。由于电动机工作产生一定的冲击和振动，要求车轮轮辋和车轮支撑必须坚固、可靠，同时非簧载质量大，要保证电动汽车的舒适性，要求对悬架系统进行优化设计，因此该驱动方式适用于平路或负载小的场合。

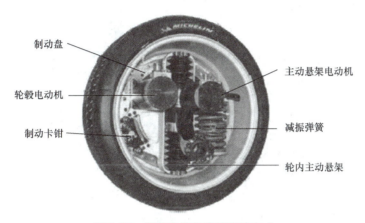

图 3.30　轮毂电动机直接驱动方式

轮毂电动机减速驱动方式如图 3.31 所示，其采用的是高速内转子电动机，适合现代高性能电动汽车的运行要求。减速机构布置在电动机与车轮之间，起减速和增矩的作用，保证电动汽车在低速时能够获得足够大的转矩。电动机输出轴通过减速机构与车轮驱动轴连接，使电动机轴承不直接承受车轮与路面的载荷作用，改善了轴承的工作条件；采用固定速比的行星齿轮减速器，使系统具有较大的调速范围和输出转矩，消除了车轮尺寸对电动机输出转矩和功率的影响。但电动机内齿轮的工作噪声比较大，并且润滑方面存在很多问题；非簧载质量也比直接驱动方式的大，对电动机及系统内部的结构方案设计要求更高。

图 3.31　轮毂电动机减速驱动方式

从电动汽车各种驱动技术的特点和发展趋势来看，轮毂电动机驱动技术将是未来电动汽车的主要驱动形式。

## 3.8 电驱动系统

图3.32所示的电驱动系统主要由电动机、电动机控制器和机械传动装置组成，它的结构形式直接影响电动汽车驱动系统的布置形式。

图3.32 电驱动系统

随着电动汽车技术的不断发展，电驱动系统集成化成为必然趋势。通过集成化，一方面车企可以简化主机厂的装配，提高产品合格率；另一方面可以大规模缩减供应商，还可以达到轻量化、节约成本等目的。

三合一电驱动系统是指将电动机、电动机控制器和减速器集为一体的电驱动系统，已成为电动汽车电驱动系统的主流。

博世、吉凯恩、采埃孚、麦格纳、大陆集团、比亚迪等公司均已推出高度集成的电驱动系统，并开始匹配量产车型。

### 1. 博世（BOSCH）公司的电驱动系统

德国博世公司的电驱动系统的产品系列按照设计可实现输出功率50～300kW、输出转矩1000～6000N·m的不同变形产品，以覆盖纯电动汽车和混合动力电动汽车对电驱动系统的不同需求，可以安装在小型乘用车、越野车甚至轻型商用车上。

图3.33所示为博世公司的三合一电驱动系统，它由永磁同步电动机、电动机控制器和二级减速器等组成。其输出功率为150kW，输出转矩为3800N·m，质量为90kg，功率密度为1.67kW/kg，可用于总质量为7.5t以内的车型上。

三合一电驱动系统将原来独立的电动机、电动机控制器和减速器集成到一个外壳中，使得整个电驱动系统成本更低、体积更小、效率更高。在生产成本降低的同时，其体积减小至原来的20%以下。

博世公司的三合一电驱动系统可安装在纯电动汽车、混合动力电动汽车上，包括前驱和后驱，包括轿车、SUV甚至是轻型商用车。

博世公司的电驱动系统具有以下特点。

（1）高度集成化。博世公司充分利用其完整的产品线，进行高度整合后将电动机、电动机控制器和减速器合三为一，体积上的大幅度减小更能支持新能源车型紧凑的动力布局。

电动汽车用电动机 第3章

图 3.33 博世公司的三合一电驱动系统

（2）简化冷却管路和功率驱动线缆。电动机和控制器的冷却管路整合，简化了管线布置。模块内部集成大功率交流驱动母线进一步降低了线缆成本。

（3）平台化设计灵活，适配不同车型。它可以适用于多种车辆，可以安装在纯电动汽车和混合动力电动汽车的前、后车轴上。

2. 吉凯恩（GKN）公司的电驱动系统

吉凯恩公司将电动机、电动机控制器和减速器置于同一个封装空间内。吉凯恩公司的三合一电驱动系统如图 3.34 所示。

吉凯恩公司的三合一电驱动系统采用轻量化设计，传动部件实现了 12.5 的传动比，可适应更高的电动机转速。该系统可提供 2000N·m 的转矩和 70kW 的功率，足以使车辆的最高速度在纯电动模式下达到 125km/h。此外，在全轮驱动模式下，纯电动模式比传统机械系统的提速能力强很多。整套装置的质量只有 20.2kg，且体积较小，长度、宽度、高度分别为 457mm、229mm、259mm，便于在有限空间内安装。

该系统采用机电驱动离合器，当不需要纯电动或混合动力驱动时，可以通过一个集成的切断装置将电动机从传动系统中断开；还对齿轮和轴承布置进行了优化，实现了更高的效率、更好的 NVH 性能和耐久性。

吉凯恩公司的同轴电驱动系统如图 3.35 所示，其属于单挡、两级减速、减速比为 10。

图 3.34 吉凯恩公司的三合一电驱动系统

图 3.35 吉凯恩公司的同轴电驱动系统

吉凯恩公司的同轴电驱动系统可安装在纯电动汽车和混合动力电动汽车上。

图 3.36 所示为吉凯恩公司的双速三合一电驱动系统。该系统为二挡、两级减速，电动机功率为 120kW，最大输出转矩为 3500N·m，每个后轮转矩可达 2000N·m。

图 3.36　吉凯恩公司的双速三合一电驱动系统

### 3. 采埃孚（ZF）公司的电驱动系统

采埃孚公司研发的适用于小型轿车和中型轿车的电驱动系统如图 3.37 所示。其驱动单元安装于车桥中部，最大输出功率为 120kW，能保证在低速情况下输出高转矩。

图 3.37　采埃孚公司的电驱动系统

图 3.38 所示为采埃孚公司的中央电驱动系统。它是采埃孚公司研发的适用于客车和卡车的中央电驱动系统，可以快速对传统客车和卡车实现电动化，取消传统发动机和变速器，放置在原变速器位置，而传动轴和后桥及整个后悬挂系统都保持不变。

采埃孚公司的三合一电驱动系统如图 3.39 所示，它把电动机、电动机控制器及减速器集为一体，适用于前驱或后驱的汽车上。

图 3.38　采埃孚公司的中央电驱动系统

图 3.39　采埃孚公司的三合一电驱动系统

### 4. 麦格纳（Magna）公司的电驱动系统

麦格纳公司的 1eDT330 电驱动系统如图 3.40 所示，主要用于纯电动汽车。其最大输出转矩为 3300N·m，最大输入转矩为 2×320N·m（两个电动机），质量（不带油液）为 150kg（包括电动机），长度、宽度、高度分别为 512mm、631mm、367mm，输入轴和输出轴的中心距都为 215mm，减速比为 5.5，适用电动机功率为 77～150kW，适用电压为 300～400V。

图 3.41 所示为麦格纳公司的高集成电驱动系统（低），主要用于纯电动汽车和混合动力电动汽车。其峰值功率为 76kW，最高转速为 13500r/min，最大输出转矩为 1600N·m，逆变器参数分别为 360V、350A。

图 3.40 麦格纳公司的 1eDT330 电驱动系统　　图 3.41 麦格纳公司的高集成电驱动系统（低）

图 3.42 所示为麦格纳公司的高集成电驱动系统（中），主要用于纯电动汽车和混合动力电动汽车。其峰值功率为 140kW，最高转速为 16500r/min，最大输出转矩为 3800N·m，逆变器参数分别为 450V、500A。

图 3.43 所示为麦格纳公司的高集成电驱动系统（高），主要用于纯电动汽车和混合动力电动汽车。其峰值功率为 253kW，最高转速为 18000r/min，最大输出转矩为 5300N·m，逆变器参数分别为 460V、960A。

图 3.42 麦格纳公司的高集成电驱动系统（中）　　图 3.43 麦格纳公司的高集成电驱动系统（高）

图 3.44 所示为麦格纳公司的 1eDT200 单挡减速器，其最大输出转矩为 2500N·m，最大输入转矩为 200N·m，质量（不带油液）为 20kg，长度、宽度、高度分别为 230mm、455mm、318mm，输入轴和输出轴的中心距都为 157.5mm，减速比为 8.61 或

9.89（二选一），适用电动机功率为15～90kW，适用电压为48～400V。

图3.44　麦格纳公司的1eDT200单挡减速器

图3.45所示为麦格纳公司的2eDT200二挡变速器，其最大输出转矩为2500N·m，最大输入转矩为200N·m，质量（不带油液）为26kg，长度、宽度、高度分别为245mm、462mm、300mm，输入轴和输出轴中心距都为188mm，减速比分别为12.06和8.61，适用电动机功率为55～90kW，适用电压为300～400V，电动机换挡。

图3.45　麦格纳公司的2eDT200二挡变速器

### 5. 大陆集团的电驱动系统

大陆集团的第三代电驱动系统如图3.46所示，它集成了电动机、减速器和逆变器，电动机采用永磁同步电动机，峰值功率为150kW，输出转矩可达2900N·m，且包含电子驻车机构，长度、宽度、高度分别为550mm、380mm、397mm，系统质量可以控制在80kg以内。

电动汽车用电动机 第3章

图3.46 大陆集团的第三代电驱动系统

6. 比亚迪的电驱动系统

比亚迪开发的三合一电驱动系统对比见表3-3。比亚迪的三合一电驱动总成系统综合效率达到88%，最高效率达到91.9%，质量下降35%，功率密度提升40%，电动机成本下降40%。

表3-3 比亚迪开发的三合一电驱动系统对比

| 项 目 | 40kW 平台 | 70kW 平台 | 120kW 平台 | 180kW 平台 |
|---|---|---|---|---|
| 实物 | | | | |
| 适用车重/t | <1.1 | 1.2~1.6 | 1.7~2.2 | 2.3~2.7 |
| 最高转速/(r/min) | 14000 | 14000 | 14000 | 14000 |
| 峰值转矩/(N·m) | 120 | 180 | 280 | 330 |
| 峰值功率/kW | 42 | 70 | 120 | 180 |
| 总成质量/kg | 53 | 63 | 80 | 92 |

集成化电驱动系统具有以下发展趋势。

(1) 电动机高速化。目前市场上电驱动系统的电动机最高转速一般为12000r/min，但是随着新技术、新材料的发展及应用，加上客户对驱动效率、加速体验的重视及追求，采用更高速的驱动电动机成为集成电驱动系统发展的必然趋势。高转速电动机能够增大功率密度，同时减小体积、降低成本，对于电动车动力性能来说优势尤为明显。现阶段，部分转速超过16000r/min的高速电动机主要应用于中高端的纯电动汽车。

(2) 多挡变速器。全球主流集成化电驱系统多采用电动机匹配单挡减速器的架构，结构简单，成本较低，但在高转速情况下，电动机的效率和转矩急速下降，从而使电动汽车达到极速后没有提升的空间，经济性不高。多挡化设计能够使电动机尽量工作在高效率的转速区间，同时兼顾其动力性能和经济性，特别是在极速状态及低负荷条件下，挡位的切

119

换能够确保驱动电动机在多数情况下处于高效率工作点。随着技术成熟度的提高和成本的降低，多挡变速器必然会成为更多集成化电驱动系统的选择。

（3）平台化设计。汽车产品平台化设计能够有效地降低研发成本，缩短上市周期。对于不同转矩、功率需求及不同级别的车型，可以规划不同的系列化平台电驱动产品。通过平台化设计集成电驱动系统，可以降低各部件的采购成本，实现技术经验共享。由于纯电动乘用车市场需要在短时间内产生规模效应、增量降本，因此集成化电驱动系统向平台化设计发展是大势所趋。

高速化、多挡化、平台化的三合一电驱动系统将是纯电动汽车产业重点研究的技术核心。

## 一、名词解释

1. 直流电动机
2. 异步电动机
3. 永磁同步电动机
4. 开关磁阻电动机
5. 电驱动系统

## 二、填空题

1. 电动汽车用驱动电动机的主要类型有_____、_____、_____和_____。
2. 在电动乘用车领域，驱动电动机主要采用_____与_____。
3. 按照永磁体在转子上位置的不同，永磁同步电动机可分为_____和_____两大类。
4. 驱动电动机的运行特性要满足电动汽车的要求，在恒转矩区，要求低速运行时具有_____，以满足电动汽车_____的要求；在恒功率区，要求低转矩时具有_____，以满足电动汽车在平坦的路面能够_____的要求。

## 三、选择题

1. 国内纯电动汽车使用最多的驱动电动机是（　　）。
   A. 直流电动机　　　　　　　　B. 感应异步电动机
   C. 永磁同步电动机　　　　　　D. 开关磁阻电动机
2. 电动机性能指标包括（　　）。
   A. 峰值功率　　　　　　　　　B. 峰值转矩
   C. 额定转速　　　　　　　　　D. 额定容量
3. 电动汽车对驱动电动机的要求有（　　）。
   A. 低速大转矩　　　　　　　　B. 能够实现能量回馈
   C. 可靠性与安全性高　　　　　D. 电动机电压高
4. 纯电动汽车常用的变速器为（　　）。
   A. 自动离合变速器　　　　　　B. 单挡变速器
   C. 两挡变速器　　　　　　　　D. 无级变速器
5. 永磁同步电动机的常用控制有（　　）。

A. 矢量控制 B. 直接转矩控制
C. 角度位置控制 D. 电压控制

**四、判断题**

1. 异步电动机主要由静止的定子和旋转的转子两大部分组成，转子与定子之间没有任何连接和接触。（　　）

2. 异步电动机的转子没有永磁体，它是靠通电产生磁场；断电后，磁场消失。（　　）

3. 永磁同步电动机绕组分为集中式绕组和分布式绕组，它们都适用于纯电动汽车的驱动电动机。（　　）

4. 驱动电动机、电动机控制器和变速器三合一电驱动系统正逐渐成为纯电动汽车的主流配置。（　　）

5. 纯电动汽车没有主减速器和差速器。（　　）

**五、问答题**

1. 电动汽车对驱动电动机有哪些要求？
2. 异步电动机有什么特点？
3. 永磁同步电动机有什么特点？
4. 为什么国内纯电动汽车用驱动电动机以永磁同步电动机为主？

**六、拓展题**

1. 分析当前热销的电动汽车驱动电动机的配置情况。
2. 分析当前热销的电动汽车驱动电动机的技术水平。

# 第4章 纯电动汽车

 教学目标

通过本章的学习,要求读者掌握纯电动汽车的基础知识,掌握纯电动汽车传动系统的参数匹配;掌握纯电动汽车的动力性、经济性;掌握纯电动汽车电池管理系统;了解纯电动汽车制动能量回收系统和纯电动汽车的仿真。

 教学要求

| 知识要点 | 能力要求 | 参考学时 |
| --- | --- | --- |
| 概述 | 掌握纯电动汽车的组成、工作原理、驱动形式、特点 | 2 |
| 纯电动汽车传动系统的参数匹配 | 掌握电动机参数、传动系统传动比、电池参数的匹配方法;能够对纯电动汽车传动系统进行匹配 | |
| 纯电动汽车的动力性 | 掌握纯电动汽车的动力性;能够对纯电动汽车的动力性进行仿真 | 2 |
| 纯电动汽车的经济性 | 掌握纯电动汽车的经济性;能够对纯电动汽车的经济性进行仿真 | |
| 纯电动汽车电池管理系统 | 掌握纯电动汽车电池管理系统的定义、组成、功能、工作模式、参数检测;了解电池SOC估算方法 | 2 |
| 纯电动汽车制动能量回收系统 | 了解纯电动汽车制动能量回收系统的结构、原理、控制策略 | |
| 纯电动汽车的仿真 | 了解MATLAB/Simulink提供的纯电动汽车的仿真 | |

纯电动汽车 第4章

**导入案例**

图4.1所示为蔚来ES6某款纯电动汽车，前电动机采用永磁同步电动机，后电动机采用交流异步电动机；动力蓄电池为三元锂离子电池；最高车速为200km/h，0～100km/h的加速时间为4.7s；NEDC综合工况下的续驶里程为430km。

图4.1 蔚来ES6某款纯电动汽车

纯电动汽车是指以车载电源为动力，用电动机驱动车轮行驶，符合道路交通、安全法规各项要求的汽车，一般以高效率充电蓄电池为动力源。由于纯电动汽车无须使用内燃机，因此，纯电动汽车的电动机相当于燃油汽车的发动机，蓄电池相当于油箱，电能是二次能源，来源可以是风能、水能、热能、太阳能等。

## 4.1 概　　述

### 4.1.1 纯电动汽车的组成

纯电动汽车主要由驱动电动机系统、电源系统、整车控制器和辅助系统等组成，如图4.2所示。

电动汽车三电系统

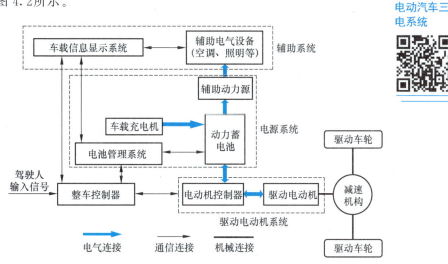

图4.2 纯电动汽车的组成

123

1. 驱动电动机系统

驱动电动机系统包括驱动电动机、电动机控制器及其工作所必需的辅助装置。

（1）驱动电动机。驱动电动机的作用是将储存在动力蓄电池中的电能高效地转换为驱动车轮的动能，并能够在汽车减速制动和下坡滑行时，将驱动车轮的动能转换为电能充入动力蓄电池。

（2）电动机控制器。电动机控制器按整车控制器的指令、驱动电动机的转速和电流反馈信号等，控制驱动电动机的转速、转矩和旋转方向。

2. 电源系统

电源系统主要包括动力蓄电池、电池管理系统、车载充电机及辅助动力源等。

（1）动力蓄电池。动力蓄电池是电动汽车的动力源，是能量的储存装置，也是制约电动汽车发展的关键因素。要使电动汽车与燃油汽车竞争，关键是开发出比能量高、比功率大、使用寿命长、成本低的动力蓄电池。

（2）电池管理系统。电池管理系统实时监控动力蓄电池的使用情况，检测动力蓄电池的端电压、内阻、温度、电解液浓度、当前电池剩余电量、放电时间、放电电流或放电深度等状态参数，并按动力蓄电池对环境温度的要求进行调温控制，通过限流控制避免动力蓄电池过充电，显示和报警有关参数，其信号流向辅助系统的车载信息显示系统，以便驾驶人随时掌握并配合操作，根据需要及时为动力蓄电池充电并进行维护、保养。

（3）车载充电机。车载充电机是把电网供电制式转换为符合动力蓄电池充电要求的制式，即把交流电转换为相应电压的直流电，并按要求控制充电电流。

（4）辅助动力源。辅助动力源是供给电动汽车其他辅助装置所需的动力电源，一般为12V或24V的直流低压电源。它主要为动力转向、制动力调节控制、照明、空调、电动门窗等辅助装置提供能源。

3. 整车控制器

整车控制器是电动汽车的"大脑"，是实现整车控制决策的核心电子控制单元。它根据驾驶人传达给加速踏板和制动踏板的信号，向电动机控制器发出相应的控制指令，对驱动电动机进行起动、加速、减速、制动控制。当电动汽车行驶时，储存在动力蓄电池中的电能通过电动机控制器输送给驱动电动机，驱动电动机高效地将电能转换为驱动车轮的动能，使驱动车轮转动。当电动汽车减速或下坡滑行时，整车控制器配合电池管理系统进行发电回馈，使动力蓄电池反向充电。与汽车行驶状况有关的速度、功率、电压、电流及有关故障诊断等信息还需传输到车载信息显示系统，进行相应的数字显示或模拟显示。

4. 辅助系统

辅助系统包括车载信息显示系统、电动转向系统、电控制动系统、电动空调系统、照明及除霜装置、刮水器和收音机等。辅助系统可以提高电动汽车的操纵性和乘员的舒适性。

## 4.1.2 纯电动汽车的工作原理

图4.3所示为某纯电动汽车的工作原理。纯电动汽车的电能由动力蓄电池提供，并通

过电网为动力蓄电池补充电能。当纯电动汽车工作时，驾驶人通过加速踏板和制动踏板控制行程，传感器将加速踏板和制动踏板机械位移的行程量转换为电信号，并输入整车控制器，经处理后向电动机控制器发出驱动信号，对驱动电动机进行起动、加速、减速、制动等控制。当纯电动汽车行驶时，动力蓄电池输出的直流电经 DC/DC 变换器、电动机控制器转换为交流电并输送给驱动电动机，驱动电动机高效地将电能转换为驱动车轮的动能，使驱动车轮转动。当汽车制动减速或下坡滑行时，驱动车轮带动驱动电动机转动，通过电动机控制器使驱动电动机变为交流发电机并产生电流，将交流电转换为直流电为动力蓄电池充电，进行制动能量回收。

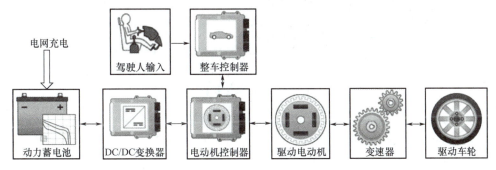

图 4.3　某纯电动汽车的工作原理

## 4.1.3　纯电动汽车的驱动形式

纯电动汽车的驱动形式有后轮驱动、前轮驱动和四轮驱动。纯电动乘用车以前轮驱动为主；动力性要求高的纯电动汽车以四轮驱动为主；纯电动商用车以后轮驱动为主，也有后轮驱动的纯电动乘用车。

1. 后轮驱动

后轮驱动的布置形式如图 4.4 所示。后轮驱动的优点是前、后负荷均匀，操纵性好。

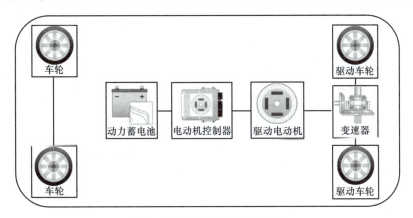

图 4.4　后轮驱动的布置形式

图 4.5 所示为纯电动货车后轮驱动系统，驱动电动机安装在驱动桥主减速器的位置。该驱动电动机的峰值功率为 180kW，峰值转矩为 1500N·m，减速比为 5∶1，整车输出转矩为 7500N·m。

图 4.5　纯电动货车后轮驱动系统

后轮驱动的纯电动载货汽车一般使用专用纯电动汽车驱动桥。

2. 前轮驱动

前轮驱动的布置形式如图 4.6 所示。前轮驱动的纯电动汽车结构紧凑，利于其他总成的安排，转向和加速时的行驶稳定性较好。前轮驱动兼转向，结构复杂，上坡时，前轮附着力减小，易打滑，适用于中级及中级以下的电动轿车。

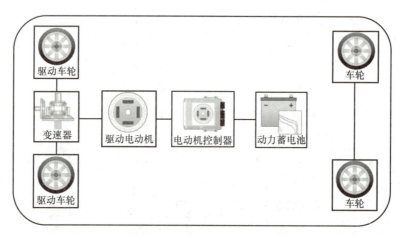

图 4.6　前轮驱动的布置形式

图 4.7 所示为北汽 EU5 某款前轮驱动的电动汽车，其电驱动系统由一台永磁同步电动机和一个单挡变速器组成，永磁同步电动机的峰值功率为 160kW，峰值转矩为 300N·m。

3. 四轮驱动

四轮驱动的布置形式如图 4.8 所示。四轮驱动适用于要求动力性强的电动跑车或 SUV 汽车，与四轮驱动燃油汽车相比，去掉了部分传动零件，提高了空间的利用率和动力的传递效率。

图 4.7 北汽 EU5 某款前轮驱动的电动汽车

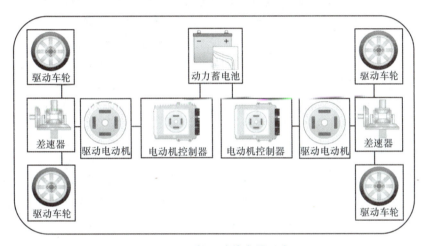

图 4.8 四轮驱动的布置形式

蔚来 ES8 某款电动汽车的双电动机四轮驱动系统如图 4.9 所示，前电动机为永磁同步电动机，后电动机为交流异步电动机；前电动机的峰值功率为 160kW，后电动机的峰值功率为 240kW；总输出功率为 400kW，总输出转矩为 725N·m；NEDC 综合工况下的续驶里程为 580km。

图 4.9 蔚来 ES8 某款电动汽车的双电动机四轮驱动系统

### 4.1.4　纯电动汽车的特点

**1. 无污染，噪声小**

纯电动汽车无燃油汽车工作时产生的废气，不产生排气污染，对环境保护十分有益，有"零污染"的美称；纯电动汽车无内燃机产生的噪声，电动机的噪声也比内燃机小。但是，使用纯电动汽车并非绝对无污染，如以铅酸蓄电池作为动力源，制造、使用过程中要接触到铅，充电时产生酸性气体，会造成一定的污染；蓄电池充电所用的电力在以煤炭为燃料时会产生 $CO$、$SO_2$、粉尘等；随着技术的发展，可以用其他电池作为纯电动汽车的电源。

**2. 能源效率高，多样化**

研究表明，纯电动汽车的能源效率已超过燃油汽车，特别是在城市道路中行驶时，汽车走走停停，行驶速度不高，纯电动汽车更加适合。纯电动汽车停车时不消耗电量，在制动过程中，电动机可自动转变为发电机，实现制动减速时的能量再利用。

另外，纯电动汽车的应用可有效减少对石油资源的依赖，可将有限的石油用于更重要的方面。为蓄电池充电的电力可以由煤炭、天然气、水力、核能、太阳能、风力、潮汐等能源转化而来。除此之外，蓄电池夜间充电可以避开用电高峰，有利于电网均衡负荷，减少费用。

**3. 结构简单，使用和维修方便**

纯电动汽车比燃油汽车结构简单，运转、传动部件少，维修和保养工作量小；当采用交流感应电动机时，电动机无须保养维护；更重要的是，纯电动汽车易操纵。

**4. 动力电源使用成本高，续驶里程短**

纯电动汽车技术不如燃油汽车技术完善，尤其是动力电源（电池）的使用寿命短，使用成本高，电池的储能量小，一次充电后续驶里程不理想；而且纯电动汽车的价格较高。但从发展的角度看，随着科技的进步，制约纯电动汽车发展的问题会逐步解决，纯电动汽车会逐渐普及，其价格和使用成本必然会降低。

## 4.2　纯电动汽车动力传动系统的参数匹配

纯电动汽车动力传动系统的参数匹配应该满足汽车对动力性能和续驶里程的要求。汽车行驶的动力性能可以用以下指标评价。

（1）起步加速性能：纯电动汽车静止起步并以最大加速度加速到某车速或在某预定的距离加速行驶所需的最短时间。

（2）最高车速稳定行驶的能力：在水平、良好的路面上，电动机提供的功率能够维持纯电动汽车以最高车速行驶的能力。

（3）额定车速稳定行驶的能力：对纯电动汽车来说，电池和电动机提供的全部功率能满足纯电动汽车以额定车速稳定行驶的能力。

(4) 最大爬坡能力：纯电动汽车提供的功率使汽车爬上最大坡度路面的能力。

除此之外，纯电动汽车的电池组能量应该能够维持其行驶一定距离。

### 4.2.1 电动机的参数匹配

电动机的参数匹配主要包括电动机的额定功率和峰值功率、最高转速和额定转速、最大转矩及额定电压等参数的匹配。

**1. 电动机的额定功率和峰值功率**

电动机是纯电动汽车行驶的动力源，对整车动力性有直接影响。电动机功率越大，整车动力性越好，但是如果功率过大，电动机的质量和体积也会增大，而且电动机的工作效率不高，不能充分利用有限的车载能源，从而使续驶里程缩短。因此，设计电动机功率参数时，通常参考汽车的最高车速、最大爬坡度和加速性能。

(1) **根据纯电动汽车最高车速确定电动机功率。**

初步选择电动机的额定功率应不小于汽车以最高车速行驶时行驶阻力消耗的功率之和，故纯电动汽车以最高车速行驶消耗的功率

$$P_{m1} = \frac{u_{\max}}{3600\eta_t}\left(mgf + \frac{C_D A u_{\max}^2}{21.15}\right) \tag{4-1}$$

式中，$m$ 为整车质量（kg）；$g$ 为重力加速度；$f$ 为滚动阻力系数；$C_D$ 为迎风阻力系数；$A$ 为迎风面积（$m^2$）；$u_{\max}$ 为最高车速（km/h）；$\eta_t$ 为机械传动系统效率。

(2) **根据纯电动汽车最大爬坡度确定电动机功率。**

纯电动汽车以某车速爬上最大坡度消耗的功率

$$P_{m2} = \frac{u_p}{3600\eta_t}\left(mgf\cos\alpha_{\max} + mg\sin\alpha_{\max} + \frac{C_D A u_p^3}{21.15}\right) \tag{4-2}$$

式中，$u_p$ 为纯电动汽车爬坡时的行驶速度（km/h）；$\alpha_{\max}$ 为最大爬坡角（°）。

(3) **根据纯电动汽车加速性能确定电动机功率。**

纯电动汽车在水平路面上加速行驶消耗的功率

$$P_{m3} = \frac{u_f}{3600\eta_t}\left(mgf + \frac{C_D A}{21.15}u_f^2 + \delta m\frac{du}{dt}\right) \tag{4-3}$$

式中，$\delta$ 为汽车旋转质量换算系数；$u_f$ 为纯电动汽车加速后达到的速度（km/h）；$\frac{du}{dt}$ 为加速度（$m/s^2$）。

电动机额定功率应满足纯电动汽车对最高车速的要求，峰值功率应能同时满足纯电动汽车对最高车速、最大爬坡度和加速度的要求。所以纯电动汽车电动机的额定功率和峰值功率分别为

$$P_e \geqslant P_{m1} \tag{4-4}$$

$$P_{e\max} \geqslant \max\{P_{m1}, P_{m2}, P_{m3}\} \tag{4-5}$$

纯电动汽车电动机的峰值功率与额定功率的关系为

$$P_{e\max} = \lambda P_e \tag{4-6}$$

式中，$P_{e\max}$ 为电动机的峰值功率（kW）；$P_e$ 为电动机的额定功率（kW）；$\lambda$ 为电动机的过载系数。

### 2. 电动机的最高转速和额定转速

纯电动汽车的电动机的最高转速与最高车速之间的关系为

$$n_{\max} = \frac{u_{\max} \sum i}{0.377 r} \tag{4-7}$$

式中，$n_{\max}$ 为电动机的最高转速（r/min）；$u_{\max}$ 为纯电动汽车的最高车速（km/h）；$\sum i$ 为传动系统的传动比，一般包括变速器传动比和主减速器传动比；$r$ 为车轮半径（m）。

电动机的额定转速

$$n_e = \frac{n_{\max}}{\beta} \tag{4-8}$$

式中，$\beta$ 为电动机扩大恒功率区系数。$\beta$ 值越大，转速越低，转矩越高，越有利于提高汽车的加速性能和爬坡性能，汽车的稳定运行性能越好，但同时功率变换器尺寸增大，因此 $\beta$ 值不宜过高，通常取 $\beta = 2 \sim 4$。

### 3. 电动机的最大转矩

电动机的最大转矩需要满足汽车起动转矩和最大爬坡度的要求，同时结合动力传动系统最大传动比确定。

$$T_{\max} \geqslant \frac{mg(f\cos\alpha_{\max} + \sin\alpha_{\max})r}{\eta_t i_{\max}} \tag{4-9}$$

式中，$i_{\max}$ 为动力传动系统的最大传动比。

### 4. 电动机的额定电压

电动机的额定电压与电动机的额定功率成正比，额定功率越大，额定电压也就越大。由于电动机额定电压的选择与纯电动汽车电池组的电压有密切关系，因此，要选择合适的电池组的电压和电流，以满足整车能源的需要。额定电压由电动机的参数决定。

## 4.2.2 动力传动系统传动比匹配

纯电动汽车动力传动系统匹配

当电动机输出特性一定时，动力传动系统的传动比取决于整车动力性指标要求，即电动汽车的传动比应该满足汽车最高车速、最大爬坡度及加速时间的要求。

### 1. 动力传动系统的传动比上限

动力传动系统的传动比上限由电动机最高转速和汽车最高车速确定。

$$\sum_{\min} i \leqslant \frac{0.377 n_{\max} r}{u_{\max}} \tag{4-10}$$

### 2. 动力传动系统的传动比下限

动力传动系统的传动比下限由下述两种方法计算出的传动系统的传动比下限的最大值确定。

由电动机最高转速对应的输出转矩和汽车最高车速对应的行驶阻力确定的动力传动系统的传动比下限

$$\sum_{\max} i \geqslant \frac{r}{\eta_t T_{u\max}}\left(mgf + \frac{C_D A u_{\max}^2}{21.15}\right) \tag{4-11}$$

式中，$T_{umax}$ 为电动机最高转速对应的输出转矩（N·m）。

由电动机的最大转矩和最大爬坡度对应的行驶阻力确定的动力传动系统的传动比下限

$$\sum_{max} i \geqslant \frac{r}{\eta_t T_{max}} \left( mgf\cos\alpha_{max} + mg\sin\alpha_{max} + \frac{C_D A u_f^2}{21.15} \right) \quad (4-12)$$

式中，$T_{max}$ 为电动机的最大转矩（N·m）。

## 4.2.3 电池的参数匹配

动力蓄电池是整车能量来源，是纯电动汽车的关键部件，整车所有能量消耗都来自动力蓄电池。因此动力蓄电池的类型、质量和各种技术参数都会影响纯电动汽车的整车性能。

**1. 动力蓄电池匹配原则**

动力蓄电池的类型要符合纯电动汽车的行驶要求，如要求动力蓄电池具有较高的比能量和比功率，以满足汽车的续驶里程和动力性的要求，同时希望其具有与汽车使用寿命相当的充放电循环寿命，拥有高效率、良好的性能价格比及免维护特性。

动力蓄电池的电压等级要与电动机电压等级一致且满足电动机电压变化的要求。同时，由于电动空调、电动真空泵和电动转向助力泵等附件消耗一定的电能，因此电池组的总电压要大于电动机的额定电压。

动力蓄电池有能量型与功率型两种，为满足纯电动汽车的行驶要求，一般采用能量型电池，匹配时主要考查电池的能量，即电池应具有较大容量，以延长汽车的续驶里程。因为电池的容量与输出功率成正比，容量越大，输出功率越大，所以输出功率能满足整车电力系统的要求。因此，主要根据汽车续驶里程确定电池容量，确定的电池容量需符合市场现有产品的标准，并通过对现有产品反复验证进行设计。

**2. 动力蓄电池组参数匹配**

（1）**动力蓄电池组类型选择**。

纯电动汽车用动力蓄电池主要有铅酸蓄电池、镍氢蓄电池、锂离子蓄电池和燃料电池。其中，锂离子蓄电池因能量高和充放电速度快等特点而得到越来越多的关注。

（2）**电池组数目的确定**。

电池组数目必须满足电动汽车行驶时所需的最大功率和续驶里程的要求。

满足纯电动汽车行驶时所需的最大功率要求的电池组数目

$$n_p = \frac{P_{emax}}{P_{bmax} \eta_e \eta_{ec} N} \quad (4-13)$$

式中，$P_{emax}$ 为电动机的峰值功率(kW)；$\eta_e$ 为电动机的工作效率；$\eta_{ec}$ 为电动机控制器的工作效率；$P_{bmax}$ 为电池的最大输出功率(kW)；$N$ 为单体电池组的电池数目。

满足纯电动汽车续驶里程要求的电池组数目

$$n_x = \frac{1000SW}{C_s V_s N} \quad (4-14)$$

式中，$S$ 为续驶里程(km)；$W$ 为电动汽车行驶 1km 消耗的能量(kW)；$C_s$ 为单体电池的容量(A·h)；$V_s$ 为单体电池的电压(V)。

电池组数目

$$n = \max\{n_p, n_x\} \tag{4-15}$$

(3) **电池的容量**。

电池的能量

$$E_B = \frac{U_m C_E}{1000} \tag{4-16}$$

式中，$E_B$ 为电池的能量(kW·h)；$U_m$ 为电池的电压(V)；$C_E$ 为电池的容量(A·h)。

电池的能量应满足

$$E_B \geqslant \frac{mgf + C_D A u_a^2/21.15}{3600 \times DOD \eta_t \eta_{mc} \eta_{dis}(1-\eta_a)} S \tag{4-17}$$

式中，$\eta_{mc}$ 为电动机效率；$\eta_{dis}$ 为电池放电效率；$\eta_a$ 为汽车附件能量消耗比例系数；DOD 为电池放电深度。

电池的容量应满足

$$C_E \geqslant \frac{mgf + C_D A u_a^2/21.15}{3.6 \times DOD \eta_t \eta_{mc} \eta_{dis}(1-\eta_a) U_m} S \tag{4-18}$$

### 4.2.4 仿真实例

纯电动汽车动力传动系统匹配所需参数见表 4-1。

表 4-1 纯电动汽车动力传动系统匹配所需参数

| 参　　数 | 参　数　值 |
| --- | --- |
| 整车质量/kg | 1500 |
| 滚动阻力系数 | 0.012 |
| 空气阻力系数 | 0.33 |
| 迎风面积/m² | 2.16 |
| 车轮半径/m | 0.281 |
| 旋转质量换算系数 | 1.05（一挡），1.27（二挡） |
| 传动系统效率 | 0.92 |
| 主减速器传动比 | 4.55 |
| 汽车质心至后轴距离/m | 1.6 |
| 汽车轴距/m | 2.8 |

纯电动汽车的设计目标如下。

(1) 最高车速不低于 120km/h。

(2) 车速为 20km/h 的最大爬坡度不小于 20°。

(3) 0~100km/h 的加速时间不超过 14s。

**1. 匹配驱动电动机参数**

利用驱动电动机功率需求数学模型，建立驱动电动机功率需求仿真模型，如图 4.10 所示。

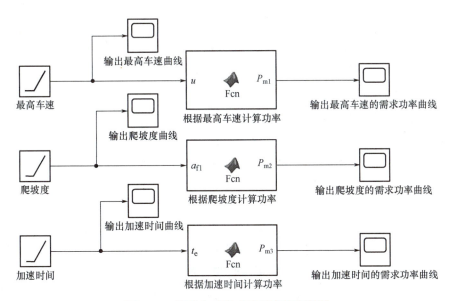

图 4.10 驱动电动机功率需求仿真模型

运用驱动电动机功率需求仿真模型，可以得到根据纯电动汽车最高车速、最大爬坡度和加速时间得到的电动机功率曲线。

图 4.11 所示为最高车速-电动机功率曲线。可以看出，最高车速越大，需求的电动机功率越大。满足最高车速 120km/h 所需的电动机功率 $P_{m1}=23.98$kW。

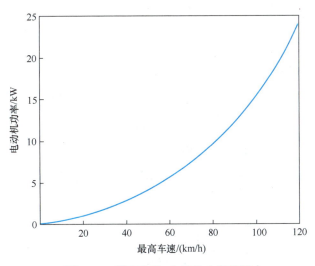

图 4.11 最高车速-电动机功率曲线

图 4.12 所示为爬坡度-电动机功率曲线。可以看出，最大爬坡度越大，需求的电动机功率越大。以 20km/h 速度爬 20°坡时，所需的电动机功率 $P_{m2}=30.34$kW。

图 4.13 所示为加速时间-电动机功率曲线。可以看出，加速时间越短，需求的电动机功率越大；满足加速时间 14s 所需的电动机功率 $P_{m3}=54.8$kW。

本实例选择的电动机为永磁同步电动机，其峰值功率为 55kW，过载系数为 2.5，额定功率为 22kW。

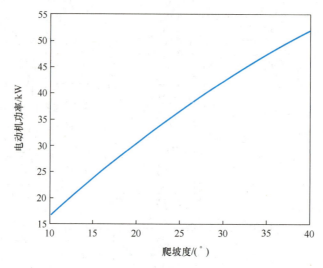

图 4.12　爬坡度-电动机功率曲线

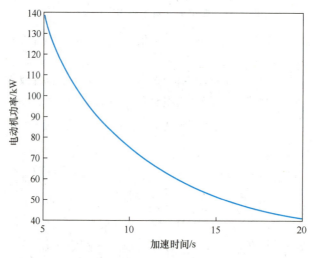

图 4.13　加速时间-电动机功率曲线

利用驱动电动机转速数学模型，建立驱动电动机最高转速仿真模型，如图 4.14 所示。

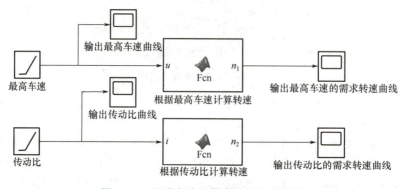

图 4.14　驱动电动机最高转速仿真模型

运用驱动电动机最高转速仿真模型，可以得到电动机最高转速与最高车速、传动比的关系曲线。

图 4.15 所示为电动机最高转速-最高车速曲线。可以看出，最高车速越大，电动机最高转速越大。

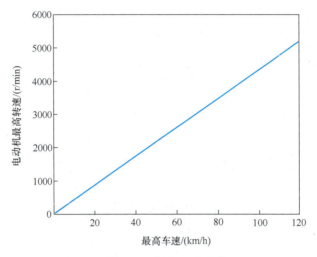

图 4.15　电动机最高转速-最高车速曲线

图 4.16 所示为电动机最高转速-传动比曲线。可以看出，传动比越大，电动机最高转速越大。

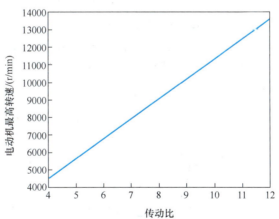

图 4.16　电动机最高转速-传动比曲线

电动机的最高转速取 8000r/min，额定转速取 3000r/min，额定转矩取 70N·m，峰值转矩取 175N·m，额定电压选择 336V。

综上所述，驱动电动机匹配参数见表 4-2。

表 4-2　驱动电动机匹配参数

| 参　　数 | 参数值 |
|---|---|
| 额定功率/kW | 22 |

续表

| 参　数 | 参　数　值 |
|---|---|
| 峰值功率/kW | 55 |
| 额定转矩/(N·m) | 70 |
| 峰值转矩/(N·m) | 175 |
| 额定转速/(r/min) | 3000 |
| 最高转速/(r/min) | 8000 |
| 额定电压/V | 336 |

### 2. 匹配二挡变速器传动比

利用变速装置传动比匹配数学模型，计算一挡传动比 $1.93 \leqslant i_{g1} \leqslant 2.26$，二挡传动比 $1.15 \leqslant i_{g2} \leqslant 1.55$，可以选择一挡传动比为 1.98，二挡传动比为 1.15。

## 4.3 纯电动汽车的动力性

纯电动汽车动力性与燃油汽车动力性的不同之处在于产生驱动力的动力源，燃油汽车的动力源是发动机，纯电动汽车的动力源是电动机。

### 4.3.1 驱动电动机的外特性

纯电动汽车中，驱动电动机的外特性曲线如图 4.17 所示。该曲线分为两个区域：恒转矩区和恒功率区。恒转矩区是从零转速到额定转速，电动机的输出转矩恒定，功率随转速的提高线性增大；恒功率区是从额定转速到最大转速，电动机的输出功率恒定，转矩随转速的提高呈双曲线逐渐下降。

电动机外特性仿真

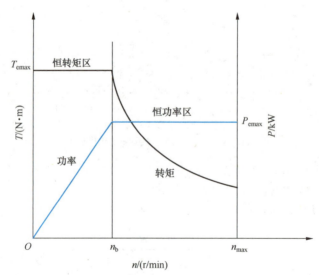

图 4.17　驱动电动机的外特性曲线

驱动电动机的输出转矩

$$T_s = \begin{cases} T_{emax}, & n \leq n_e \\ \dfrac{9549 P_{emax}}{n}, & n > n_e \end{cases} \quad (4-19)$$

式中，$T_s$ 为驱动电动机的输出转矩（N·m）。

为了建立驱动电动机外特性的数学模型，需要在专门的电动汽车动力测试平台上测试驱动电动机的外特性，采用最小二乘法对驱动电动机外特性试验数据进行拟合，建立驱动电动机外特性数学模型。驱动电动机外特性数学模型是整车动力性仿真计算的重要依据，把在电动汽车动力测试平台上测试的电动机转矩看成电动机转速的函数。

$$T_s = \sum_{i=0}^{k} A_i n^i \quad (i=0,1,\cdots,k) \quad (4-20)$$

式中，$A_i$ 为待拟合的各项系数；$k$ 为多项式的阶数，一般取 3~5。

### 4.3.2 纯电动汽车的驱动力和行驶阻力

在纯电动汽车行驶过程中，动力蓄电池储存的电能通过控制器输出给驱动电动机，驱动电动机输出功率，并且产生的转矩经动力传动系统传到驱动车轮上。

纯电动汽车的驱动力

$$F_t = \frac{T_s i_t \eta_t}{r} \quad (4-21)$$

式中，$F_t$ 为纯电动汽车的驱动力。

在恒功率区，纯电动汽车的驱动力是电动机转速的函数。

纯电动汽车的行驶阻力包括滚动阻力、空气阻力、坡度阻力和加速阻力，其表达式与燃油汽车相同，即

$$F_f = mgf\cos\alpha \quad (4-22)$$

$$F_w = \frac{C_D A v^2}{21.15} \quad (4-23)$$

$$F_i = mg\sin\alpha \quad (4-24)$$

$$F_j = \delta m \frac{dv}{dt} \quad (4-25)$$

式中，$F_f$ 为汽车滚动阻力；$F_w$ 为汽车空气阻力；$F_i$ 为汽车坡度阻力；$F_j$ 为汽车加速阻力。

### 4.3.3 纯电动汽车的动力性评价指标

纯电动汽车的动力性评价指标与燃油汽车相同，也是最高车速、加速能力和爬坡能力。

当纯电动汽车达到最高车速时，电动机处于恒功率区运行，汽车的驱动力与滚动阻力及空气阻力处于平衡状态。求出纯电动汽车驱动力与行驶阻力曲线的交点，即最高车速。

同时，取电动机调速能达到的最高转速和由式(4-7)确定汽车能达到的最高车速中的值小者。

图 4.18 所示为某具有二挡变速器的纯电动汽车的驱动力-行驶阻力平衡图。从图中可以看出，一挡、二挡驱动力曲线交点大概出现在车速 38km/h

电动汽车动力性仿真

处，当汽车从静止起步加速行驶到此车速时，为了获得最大驱动力，汽车应该从一挡换入二挡。行驶阻力曲线与二挡驱动力曲线存在交点，汽车的最高车速接近110km/h。

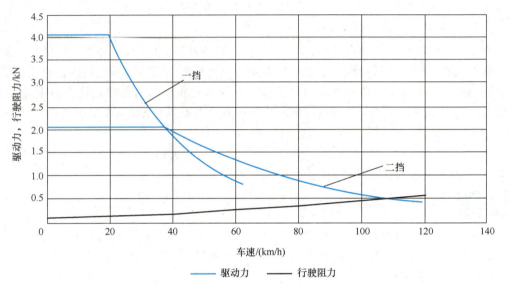

图 4.18　某具有二挡变速器的纯电动汽车的驱动力-行驶阻力平衡图

纯电动汽车行驶加速度

$$a_j = \frac{F_t - (F_f + F_w)}{\delta m} \qquad (4-26)$$

式中，$a_j$ 为纯电动汽车行驶加速度。

纯电动汽车从静止起步全力加速至速度 $v_a$ 的加速时间

$$t = \int_0^{v_a} \frac{\delta m}{3.6[F_t - (F_f + F_w)]} dv \qquad (4-27)$$

图 4.19 所示为某具有二挡变速器的纯电动汽车车速-时间曲线。从图中可知，0~50km/h 的加速时间约为 7.3s，在国家标准规定的 10s 之内；50~80km/h 的加速时间约为 7.5s，在国家标准规定的 15s 之内。

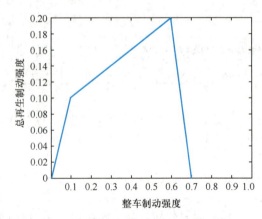

图 4.19　某具有二挡变速器的纯电动汽车车速-时间曲线

纯电动汽车的爬坡能力与驱动电动机的外特性密切相关。纯电动汽车的最大动力因数

$$D_{\max}=\frac{F_t-F_w}{mg}=\frac{\dfrac{T_{\mathrm{smax}}i_t\eta_t}{r}-\dfrac{C_DAv^2}{21.15}}{mg} \qquad (4-28)$$

式中，$D_{\max}$ 为纯动电汽车的最大动力因数；$T_{\mathrm{smax}}$ 为驱动电动机的最大输出转矩。

纯电动汽车最大爬坡度

$$i_{\max}=\tan\left(\arcsin\frac{D_{\max}-f\sqrt{1-D_{\max}^2+f^2}}{1+f^2}\right) \qquad (4-29)$$

式中，$i_{\max}$ 为最大爬坡度。

图 4.20 所示为某具有二挡变速器的纯电动汽车爬坡度曲线。由图可知，汽车最大爬坡度大于 20% 满足国家标准。汽车通过 4% 爬坡度的行驶车速接近 70km/h，高于国家标准规定的 60km/h；通过 12% 爬坡度的行驶车速约为 36km/h，高于国家标准规定的 30km/h。

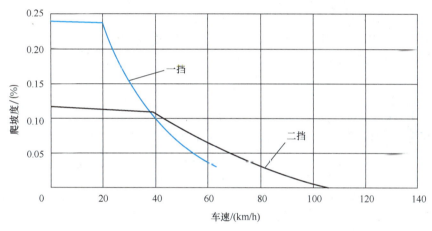

图 4.20 某具有二挡变速器的纯电动汽车爬坡度曲线

纯电动汽车驱动电动机的外特性是低速区恒转矩输出，高速区恒功率输出。电动机本身具有很宽的工作范围，基本不需要通过变速机构提供汽车正常行驶所需的动力性。因此，纯电动汽车驱动力-行驶阻力平衡图、车速-时间曲线及爬坡度曲线比燃油汽车的简单。

## 4.3.4 仿真实例

纯电动汽车动力性仿真所需参数见表 4-3。

表 4-3 纯电动汽车动力性仿真所需参数

| 参　　数 | 参 数 值 |
| --- | --- |
| 整车质量/kg | 1575 |
| 车轮滚动半径/m | 0.318 |
| 迎风面积/$m^2$ | 2.5 |

续表

| 参　　数 | 参　数　值 |
| --- | --- |
| 总传动比 | 8.3 |
| 峰值功率/kW | 70 |
| 峰值转矩/（N·m） | 210 |
| 额定功率/kW | 35 |
| 额定转矩/（N·m） | 105 |
| 传动系统效率 | 0.9 |
| 空气阻力系数 | 0.3 |
| 滚动阻力系数 | 0.012 |
| 旋转质量换算系数 | 1.1 |

### 1. 建立电动汽车动力性仿真模型

根据表 4-3 中的相关数据，可求得电动机额定转速约为 3183r/min。

电动汽车动力性仿真模型如图 4.21 所示。

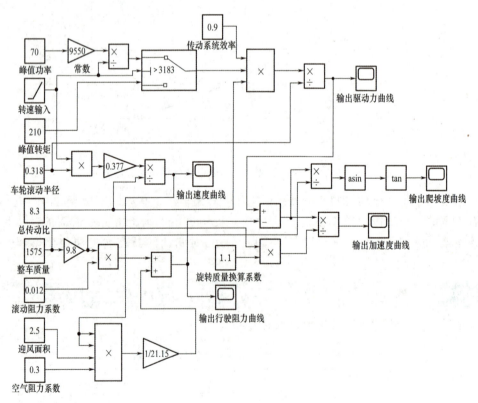

图 4.21　电动汽车动力性仿真模型

## 2. 绘制电动汽车动力性仿真曲线

运行电动汽车动力性仿真模型,得到电动汽车驱动力/行驶阻力曲线,如图 4.22 所示。驱动力曲线和行驶阻力曲线的交点对应的车速为最高车速,约为 176km/h。

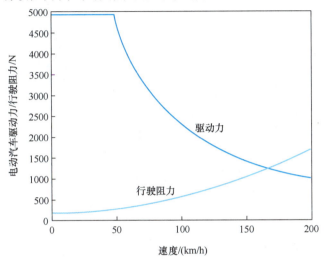

图 4.22　电动汽车驱动力/行驶阻力曲线

电动汽车加速度曲线如图 4.23 所示。

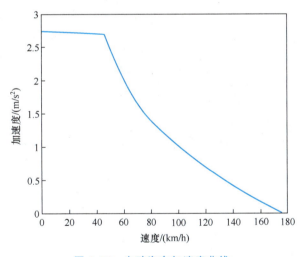

图 4.23　电动汽车加速度曲线

电动汽车爬坡度曲线如图 4.24 所示。可以看出,最大爬坡度约为 32.3%。

假设电动汽车改用二挡变速器,其中,一挡传动比为 1.824,二挡传动比为 1,主减速器传动比为 4.55,其他参数不变,则将电动汽车动力性仿真模型中的总传动比改为 [8.3,4.55]。

运行修改后的电动汽车动力性仿真模型,可以得到二挡变速器电动汽车驱动力/行驶阻力曲线(图 4.25)、二挡变速器电动汽车加速度曲线(图 4.26)、二挡变速器电动汽车爬坡度曲线(图 4.27)。

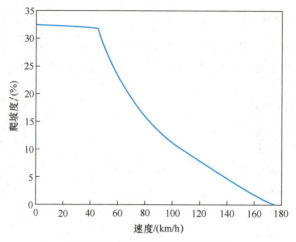

图 4.24　电动汽车爬坡度曲线

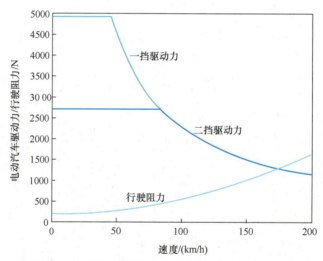

图 4.25　二挡变速器电动汽车驱动力/行驶阻力曲线

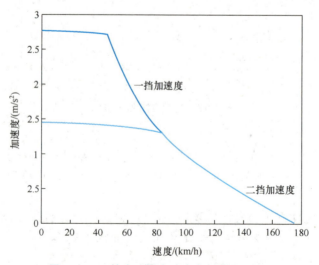

图 4.26　二挡变速器电动汽车加速度曲线

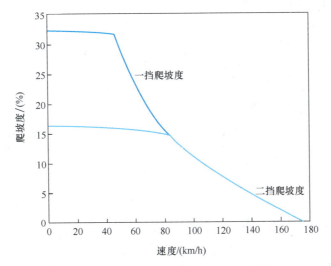

图 4.27　二挡变速器电动汽车爬坡度曲线

## 4.4　纯电动汽车的经济性

由于纯电动汽车与燃油汽车在驱动系统、动力源方面存在质的差别,因此两种汽车在经济性评价指标、评价方法上存在很大差异。动力蓄电池作为纯电动汽车的唯一动力源,能量储存密度不能达到燃油的水平,致使汽车续驶里程短,因此降低能量消耗率、提高能耗经济性对纯电动汽车更加重要。

### 4.4.1　纯电动汽车的经济性评价指标

纯电动汽车经济性常用的评价指标是以一定的速度或循环行驶工况为基础,衡量汽车行驶一定里程的能量消耗量,主要有续驶里程和单位里程能量消耗率。

续驶里程是纯电动汽车动力蓄电池充满电后可连续行驶的里程,可以分为等速续驶里程和循环工况续驶里程。此项指标对综合评价纯电动汽车电池、电动机及传动效率、纯电动汽车实用性有积极意义,与纯电动汽车电池组装车容量及电池水平有关,在不同车型和装配不同容量电池的同种车型间不具有可比性。即使装配相同容量同种电池的同一车型,续驶里程也因受到电池组状态、天气、环境等因素的影响而出现一定的波动。

单位里程能量消耗率可分为单位里程电网交流电能量消耗率和电池组直流电能量消耗率。其中,电网交流电能量消耗率受不同类型充电设备的效率影响;直流电能量消耗率仅以车载电池组的能量状态为标准,脱离了充电机的影响,可以比较直接地反映纯电动汽车的实际性能。

电网交流电能量消耗率是指纯电动汽车经过规定的试验循环后对动力电池重新充电至试验前的容量,从电网上得到的电能除以续驶里程所得的值,即

$$E_i = \frac{E_d}{S} \tag{4-30}$$

式中，$E_i$ 为纯电动汽车交流电能量消耗率（W·h/km）；$E_d$ 为动力电池在充电期间来自电网的能量（W·h）。

循环工况续驶里程是指纯电动汽车充满电后，基于一定的运动工况需求行驶所能实现的最大续驶里程。其运动工况主要有 NEDC 循环工况和 60km/h 工况。

纯电动汽车 NEDC 循环工况由四个市区循环工况和一个市郊循环工况组成，理论试验距离为 11.022km，试验时间为 19′40″，如图 4.28 所示。

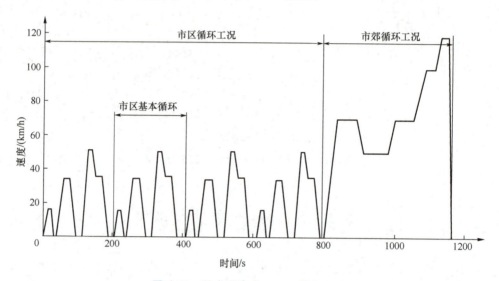

图 4.28 纯电动汽车 NEDC 循环工况

市区循环工况如图 4.29 所示。

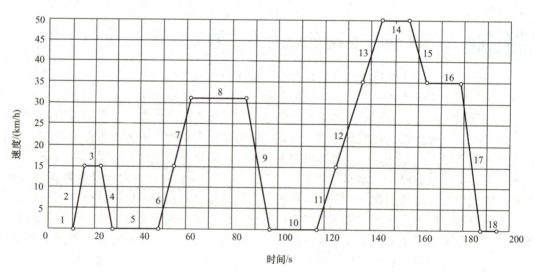

图 4.29 市区循环工况

市区循环试验参数见表 4-4。

一个市区循环工况的时间是 195s，其中停车 60s，占 30.77%；加速 42s，占 21.54%；等速 59s，占 30.26%；减速 34s，占 17.44%。一个市区循环工况的理论行驶距离是1017m,平均速度为18.78km/h。

表 4-4 市区循环试验参数

| 运转次序 | 操作状态 | 工况序号 | 加速度/(m/s²) | 速度/(km/h) | 操作时间/s | 工况时间/s | 累计时间/s |
|---|---|---|---|---|---|---|---|
| 1 | 停车 | 1 | 0.00 | 0 | 11 | 11 | 11 |
| 2 | 加速 | 2 | 1.04 | 0→15 | 4 | 4 | 15 |
| 3 | 等速 | 3 | 0.00 | 15 | 8 | 8 | 23 |
| 4 | 减速 | 4 | -0.83 | 15→0 | 5 | 5 | 28 |
| 5 | 停车 | 5 | 0.00 | 0 | 21 | 21 | 49 |
| 6 | 加速 | 6 | 0.69 | 0→15 | 6 | 12 | 55 |
| 7 | 加速 | | 0.79 | 15→32 | 6 | | 61 |
| 8 | 等速 | 7 | 0.00 | 32 | 24 | 24 | 85 |
| 9 | 减速 | 8 | -0.81 | 32→0 | 11 | 11 | 96 |
| 10 | 停车 | 9 | 0.00 | 0 | 21 | 21 | 117 |
| 11 | 加速 | 10 | 0.69 | 0→15 | 6 | 26 | 123 |
| 12 | 加速 | | 0.51 | 15→35 | 11 | | 134 |
| 13 | 加速 | | 0.46 | 35→50 | 9 | | 143 |
| 14 | 等速 | 11 | 0.00 | 50 | 12 | 12 | 155 |
| 15 | 减速 | 12 | -0.52 | 50→35 | 8 | 8 | 163 |
| 16 | 等速 | 13 | 0.00 | 35 | 15 | 15 | 178 |
| 17 | 减速 | 14 | -0.97 | 35→0 | 10 | 10 | 188 |
| 18 | 停车 | 15 | 0.00 | 0 | 7 | 7 | 195 |

市郊循环工况如图 4.30 所示。

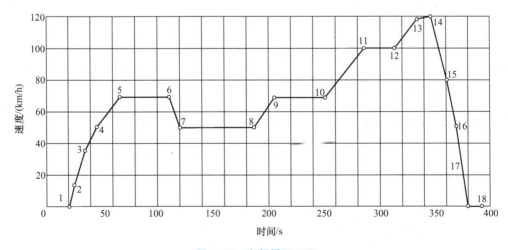

图 4.30 市郊循环工况

市郊循环试验参数见表 4-5。

表 4-5 市郊循环试验参数

| 运转次序 | 操作状态 | 工况序号 | 加速度/(m/s²) | 速度/(km/h) | 操作时间/s | 工况时间/s | 累计时间/s |
| --- | --- | --- | --- | --- | --- | --- | --- |
| 1 | 停车 | 1 | 0.00 | 0 | 20 | 20 | 20 |
| 2 | 加速 | 2 | 0.69 | 0→15 | 6 | 41 | 26 |
| 3 | 加速 |  | 0.51 | 15→35 | 11 |  | 37 |
| 4 | 加速 |  | 0.42 | 35→50 | 10 |  | 47 |
| 5 | 加速 |  | 0.40 | 50→70 | 14 |  | 61 |
| 6 | 等速 | 3 | 0.00 | 70 | 50 | 50 | 111 |
| 7 | 减速 | 4 | −0.69 | 70→50 | 8 | 8 | 119 |
| 8 | 等速 | 5 | 0.00 | 50 | 69 | 69 | 188 |
| 9 | 加速 | 6 | 0.43 | 50→70 | 13 | 13 | 201 |
| 10 | 等速 | 7 | 0.00 | 70 | 50 | 50 | 251 |
| 11 | 加速 | 8 | 0.24 | 70→100 | 35 | 35 | 286 |
| 12 | 等速 | 9 | 0.00 | 100 | 30 | 30 | 316 |
| 13 | 加速 | 10 | 0.28 | 100→120 | 20 | 20 | 336 |
| 14 | 等速 | 11 | 0.00 | 120 | 10 | 10 | 346 |
| 15 | 减速 | 12 | −0.69 | 120→80 | 16 | 34 | 362 |
| 16 | 减速 |  | −1.04 | 80→50 | 8 |  | 370 |
| 17 | 减速 |  | −1.39 | 50→0 | 10 |  | 380 |
| 18 | 停车 | 13 | 0.00 | 0 | 20 | 20 | 400 |

一个市郊循环工况的时间是 400s，其中停车 40s，占 10%；加速 109s，占 27.25%；等速 209s，占 52.25%；减速 42s，占 10.50%。一个市郊循环工况的理论行驶距离是 6956m，平均速度为 62.60km/h。

### 4.4.2 纯电动汽车的经济性计算方法

由于电网交流电能量消耗率评价指标不仅与纯电动汽车本身的经济性有关，还受电网、充电设备等的影响，因此，可以选择以动力蓄电池组的直流电能量消耗率作为评价指标。

纯电动汽车单位里程能量消耗率

$$E_p = \frac{\int_0^{t_i} P_{ei} \, dt}{S_i} \tag{4-31}$$

式中，$E_p$ 为纯电动汽车直流电能量消耗率（kW·h/km）；$P_{ei}$ 为汽车工况行驶的功率需求

(kW); $t_i$ 为工况行驶的时间（h）; $S_i$ 为工况行驶的距离（km）。

对于加速工况，汽车行驶的功率需求

$$P_j = \frac{v(t)}{3600\eta_t}\left[mgf + mgi + \frac{C_D A v^2(t)}{21.15} + \delta m a_j\right] \tag{4-32}$$

式中，$P_j$ 为汽车加速行驶的功率需求（kW）; $v(t)$ 为汽车某时刻的行驶速度（km/h）; $i$ 为坡度; $a_j$ 为加（减）速度（m/s²）。

汽车某时刻的行驶速度

$$v(t) = v_0 + 3.6 a_j t \tag{4-33}$$

式中，$v_0$ 为加速起始速度（km/h）。

汽车加速工况行驶的距离

$$S_j = \frac{v_j^2 - v_0^2}{25920 a_j} \tag{4-34}$$

式中，$S_j$ 为汽车加速工况行驶的距离（km）; $v_j$ 为加速终了速度（km/h）。

汽车加速时间

$$t_0 = \frac{v_j - v_0}{3.6 a_j} \tag{4-35}$$

将式(4-32)至式(4-35)代入式(4-31)，可得纯电动汽车加速工况单位里程能量消耗率

$$E_j = \frac{1}{\eta_t}\left[mgf + mgi + \frac{C_D A}{2 \times 21.15}(v_j^2 + v_0^2) + \delta m a_j\right] \tag{4-36}$$

式中，$E_j$ 为纯电动汽车加速工况单位里程能量消耗率。

可以看出，在加速工况下，纯电动汽车单位里程能量消耗率是加速段起始速度和终了速度平方和的函数，在平均速度相等的情况下，加速段起始速度和终了速度平方和小的能耗低。提高起始速度，增大速度间隔，都将会增加汽车单位里程的能耗。

对于等速工况，汽车行驶功率需求

$$P_d = \frac{v_d}{3600\eta_t}\left(mgf + mgi + \frac{C_D A v_d^2}{21.15}\right) \tag{4-37}$$

式中，$P_d$ 为汽车等速行驶的功率需求（kW）; $v_d$ 为汽车等速行驶速度（km/h）。

汽车等速行驶距离

$$S_d = \frac{v_d t_d}{3600} \tag{4-38}$$

式中，$S_d$ 为汽车等速行驶距离（km）; $t_d$ 为等速行驶时间（s）。

将式(4-37)和式(4-38)代入式(4-31)，可得纯电动汽车等速工况单位里程能量消耗率

$$E_d = \frac{1}{\eta_t}\left(mgf + mgi + \frac{C_D A v_d^2}{21.15}\right) \tag{4-39}$$

式中，$E_d$ 为纯电动汽车等速工况单位里程能量消耗率。

可以看出，在等速工况下，纯电动汽车单位里程能量消耗率是速度平方的函数，提高行驶速度，单位里程能耗将增加。

在减速工况下，纯电动汽车减速行驶包含如下两种情况：一种是滑行减速或无再生制动功能下的制动减速，驱动电动机处于关断状态，电能输出为零，纯电动汽车单位里程能

量消耗率为零；另一种是有再生制动功能下的制动减速，车轮拖动电动机，电动机处于发电机工作状态，纯电动汽车能量消耗为负，即动力电池处于充电工作状态。

在驻车工况下，驱动电动机处于关断状态，纯电动汽车单位里程能量消耗率为零。

综上所述，纯电动汽车能量消耗主要发生在加速工况和等速工况，减速工况和驻车工况的能量消耗可忽略不计。

汽车减速工况行驶距离

$$S_b = \frac{v_{b0}^2 - v_{bj}^2}{25920 a_j} \tag{4-40}$$

式中，$S_b$ 为汽车减速工况行驶距离（km）；$v_{b0}$ 为减速初始速度（km/h）；$v_{bj}$ 为减速终了速度（km/h）。

纯电动汽车整个循环的能量消耗率

$$E = \frac{\sum E_i S_i}{\sum S_i} \tag{4-41}$$

式中，$E$ 为纯电动汽车整个循环的能量消耗率（kW·h/km）；$E_i$ 为某工况下的单位里程能量消耗率（kW·h/km）；$S_i$ 为某工况下的续驶里程（km）。

### 4.4.3 纯电动汽车的续驶里程

电动汽车等速工况续驶里程仿真

汽车在良好的水平路面上一次充电后，等速行驶直至消耗掉全部携带的电能为止行驶的里程，称为等速行驶的续驶里程，是纯电动汽车的经济性指标之一。

电池携带的额定总能量

$$E_m = C_m U_m = M_m q \tag{4-42}$$

式中，$E_m$ 为电池携带的额定总能量（W·h）；$C_m$ 为电池的额定容量（A·h）；$U_m$ 为电池的端电压（V）；$M_m$ 为纯电动汽车携带的电池总质量（kg）；$q$ 为电池比能量（W·h/kg）。

等速工况续驶里程为

$$S_{d0} = \frac{E_m v}{P_{md}} \eta_d \tag{4-43}$$

式中，$S_{d0}$ 为汽车等速工况续驶里程（km）。

多工况续驶里程

$$S = \sum_{i=1}^{k} S_i \tag{4-44}$$

式中，$S$ 为多工况续驶里程（km）；$S_i$ 为每个状态的行驶距离（km）；$k$ 为汽车能够完成的状态总数。

纯电动汽车续驶里程的影响因素较复杂，其中最重要的因素是动力蓄电池。续驶里程与纯电动汽车在行驶过程中消耗的能量密切相关，影响因素主要来自纯电动汽车行驶的外部条件和纯电动汽车本身的结构条件。

**1. 滚动阻力系数对续驶里程的影响**

因为轮胎的滚动阻力系数越小，续驶里程越大，所以，减小轮胎滚动阻力系数可明显延长电动汽车的续驶里程，特别是对低速、整车质量较大的纯电动汽车。采用滚动阻力系数小的子午线轮胎、增大轮胎气压等是延长纯电动汽车续驶里程的重要途径。

#### 2. 空气阻力系数对续驶里程的影响

空气阻力系数越小，续驶里程越大；速度越高，空气阻力系数对纯电动汽车续驶里程的影响越明显。通过对纯电动汽车采取进行流线型设计，底部制成光滑表面，同时取消散热器罩等，可以减小空气阻力系数。

#### 3. 机械效率对续驶里程的影响

提高纯电动汽车动力传动系统的机械效率，能有效地延长纯电动汽车的续驶里程。纯电动汽车的整车质量越小，行驶速度越低，机械效率对续驶里程的影响越大。

#### 4. 整车质量对续驶里程的影响

整车质量越大，续驶里程越小；并且行驶速度不同，汽车的续驶里程不同。为了减小整车总质量，可采用轻质材料。

#### 5. 电池参数对电动汽车续驶里程的影响

电池参数有很多，下面主要从电池的放电深度、电池比能量、电池箱串联电池数、电池箱并联电池组数、电池的自行放电率五个方面进行分析。

(1) 电池的放电深度。电池的放电深度越大，纯电动汽车的续驶里程越大；速度和负荷对续驶里程的影响也很明显。

(2) 电池比能量。当纯电动汽车携带的电池总量一定时，电池参数中电池的比能量对续驶里程影响最大，可见提高电池的比能量对延长纯电动汽车的续驶里程意义重大。

(3) 电池箱串联电池数。在每个电池箱增加串联电池数，可以明显延长纯电动汽车的续驶里程。一方面，由于增加了电池，可以增加电池组的总能量储备；另一方面，由于电池组的电压增大，在电池放电效率相同的情况下，减小了电池的放电电流，可以增大电池组的有效容量。每个电池箱电池增加，都会增大电池组的电压，使纯电动汽车的动力性提高。但是，在增加电池的同时，增大了纯电动汽车的总质量，从而增加了电动汽车的能量消耗，缩短了纯电动汽车的续驶里程。因此，纯电动汽车动力传动系统的匹配应兼顾纯电动汽车的动力性和续驶里程。

(4) 电池箱并联电池组数。在保持电池组总电压的情况下，增加并联电池箱可显著延长纯电动汽车的续驶里程。一方面，增加了电池，可增加电池组的总能量储备；另一方面，由于并联支路增加，在各并联支路电池箱不超过额定放电电流的情况下，可以增大电池组总的放电电流，从而增大电池组的额定容量。增加电池箱并联电池组可提高电池组的放电功率，使纯电动汽车的动力性显著提高。因此，增加电池箱并联电池组可提高纯电动汽车的动力性和续驶里程。但是，随着电池的增加，电池占整车质量的比重和纯电动汽车的总质量增大，将增大纯电动汽车的能量消耗，缩短纯电动汽车的续驶里程。

(5) 电池的自行放电率。电池的自行放电率是指电池存放期间容量的下降率，即电池无负荷时自身放电使容量损失的速度。显然，自放电率越大，电池存放期间的容量损失就越大，能量的无用损耗越多，相应的纯电动汽车的续驶里程也就越短。

6. 续驶里程其他影响因素的分析

(1) 行驶工况。行驶工况对电动汽车的续驶里程影响很大。对于恒速行驶，电流随速度的增大而增大，每千米消耗的电能随速度的升高而增大，电池的放电容量随速度的升高而减小，故其续驶里程随行驶速度的升高而减小。

(2) 行驶环境。在相同的汽车条件下，纯电动汽车行驶的道路情况与环境对纯电动汽车的续驶里程有很大影响。例如，气温一方面对电池的有效容量有很大影响；另一方面会影响电动汽车的总效率（电动机效率、机械传动效率和电器元件的效率等），以及通风、冷却、空调所消耗的能量。另外，风力的方向与大小，道路的种类（摩擦系数、坡度、平整性）及交通拥挤状况都会使汽车的能量消耗有所不同，从而使纯电动汽车的续驶里程有显著的差别。

(3) 辅助系统和低电压电器系统。纯电动汽车上制动系统的空气压缩机、转向系统的油泵需辅助电动机驱动，照明、音响、空调、通风、取暖等电器都需要消耗电池的能量。辅助系统和低电压系统的功率越大，消耗的电能越大，纯电动汽车的续驶里程就越小，汽车的动力性会受到一定的影响。

由此可见，影响纯电动汽车续驶里程的因素很多，在实际设计中，应尽可能综合考虑各种因素的影响，提高纯电动汽车的续驶里程。

### 4.4.4 仿真实例

纯电动汽车经济性仿真所需参数见表 4-6。

表 4-6 纯电动汽车经济性仿真所需参数

| 参　　数 | 参 数 值 |
| --- | --- |
| 整车质量/kg | 1200 |
| 滚动阻力系数 | 0.012 |
| 空气阻力系数 | 0.28 |
| 迎风面积/m² | 2.0 |
| 车轮半径/m | 0.3 |
| 电动机效率 | 0.9 |
| 机械传动效率 | 0.92 |
| 电池放电效率 | 0.95 |
| 旋转质量换算系数 | 1.1 |
| 电池组容量/(A·h) | 100 |
| 电池组额定电压/V | 320 |

1. 电动汽车能量消耗仿真

(1) 等速工况百公里能量消耗量。等速工况百公里能量消耗量仿真模型如图 4.31 所示。

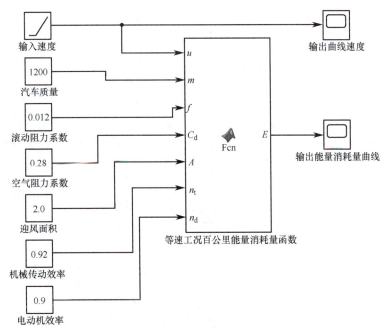

图 4.31　等速工况百公里能量消耗量仿真模型

运行等速工况百公里能量消耗量仿真模型，可以得到电动汽车等速工况百公里能量消耗量曲线，如图 4.32 所示。

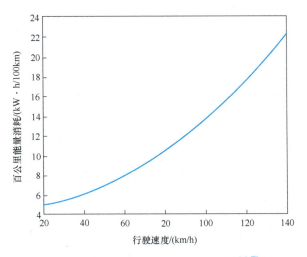

图 4.32　电动汽车等速工况百公里能量消耗量曲线

（2）循环工况百公里能量消耗量。循环工况百公里能量消耗量仿真模型如图 4.33 所示。

运行循环工况百公里能量消耗量仿真模型，输出结果 E1＝12.97，即该电动汽车 NEDC 循环工况百公里能量消耗量为 12.97kW·h/100km。

**2. 电动汽车续驶里程仿真**

（1）等速工况电动汽车续驶里程仿真和影响因素分析。

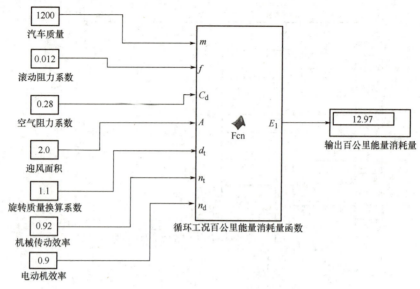

图 4.33　循环工况百公里能量消耗量仿真模型

① 电池组容量的影响。等速工况续驶里程仿真模型如图 4.34 所示。

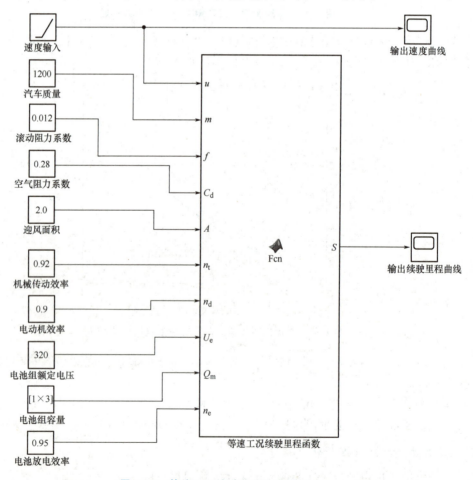

图 4.34　等速工况续驶里程仿真模型

运行等速工况电动汽车续驶里程仿真模型,可以得到不同电池组容量下的电动汽车等速工况续驶里程曲线,如图 4.35 所示。可以看出,电池容量越大,续驶里程越长;车速越高,续驶里程越短。

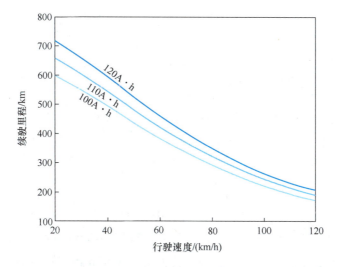

图 4.35　不同电池组容量下的电动汽车等速工况续驶里程曲线

② 汽车质量的影响。在等速工况电动汽车续驶里程仿真模型中,修改汽车质量和电池组容量,运行等速工况电动汽车续驶里程仿真模型,可以得到不同汽车质量下的电动汽车等速工况续驶里程曲线,如图 4.36 所示。可以看出,电动汽车整车质量越小,续驶里程越长。因此,应该采用轻量化技术,减小整车质量,延长续驶里程。

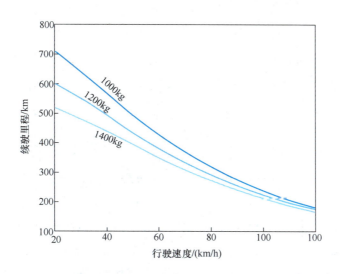

图 4.36　不同汽车质量下的电动汽车等速工况续驶里程曲线

③ 滚动阻力系数的影响。在等速工况电动汽车续驶里程仿真模型中,修改滚动阻力系数和电池组容量,运行等速工况电动汽车续驶里程仿真模型,可以得到不同滚动阻力系

数下的电动汽车等速工况续驶里程曲线，如图 4.37 所示。可以看出，滚动阻力系数越小，续驶里程越长。因此，应该采用滚动阻力系数小的轮胎，延长续驶里程。

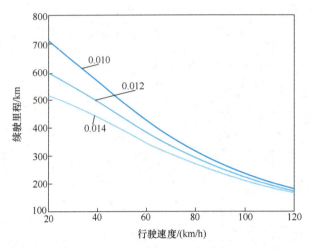

图 4.37　不同滚动阻力系数下的电动汽车等速工况续驶里程曲线

④ 空气阻力系数的影响。在等速工况电动汽车续驶里程仿真模型中，修改空气阻力系数和电池组容量，运行等速工况电动汽车续驶里程仿真模型，可以得到不同空气阻力系数下的电动汽车等速工况续驶里程曲线，如图 4.38 所示。可以看出，空气阻力系数越小，续驶里程越长。因此，应该优化电动汽车造型设计，减小空气阻力系数，延长续驶里程。

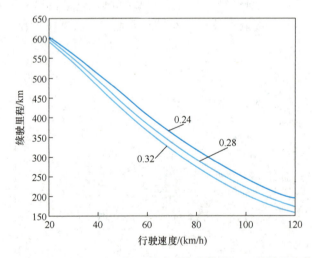

图 4.38　不同空气阻力系数下的电动汽车等速工况续驶里程曲线

⑤ 电动机效率的影响。在等速工况电动汽车续驶里程仿真模型中，修改电动机效率和电池组容量，运行等速工况电动汽车续驶里程仿真模型，可以得到不同电动机效率下的电动汽车等速工况续驶里程曲线，如图 4.39 所示。可以看出，电动机效率越高，续驶里程越长。因此，应该提高电动机效率，延长续驶里程。

⑥ 机械传动效率的影响。在等速工况电动汽车续驶里程仿真模型中，修改机械传动

效率和电池组容量，运行等速工况电动汽车续驶里程仿真模型，可以得到不同机械传动效率下的电动汽车等速工况续驶里程曲线，如图4.40所示。可以看出，机械传动效率越高，续驶里程越长。因此，应该提高机械传动效率，延长续驶里程。

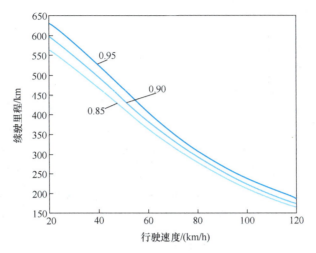

图4.39　不同电动机效率下的电动汽车等速工况续驶里程曲线

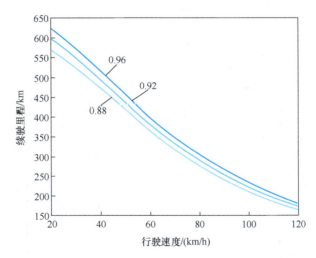

图4.40　不同机械传动效率下的电动汽车等速工况续驶里程曲线

⑦ 电池放电效率的影响。在等速工况电动汽车续驶里程仿真模型中，修改电池放电效率和电池组容量，运行等速工况电动汽车续驶里程仿真模型，可以得到不同电池放电效率下的电动汽车等速工况续驶里程曲线，如图4.41所示。可以看出，电池放电效率越高，续驶里程越长。因此，应该提高电池放电效率，延长续驶里程。

（2）循环工况电动汽车续驶里程仿真和影响因素分析。

① 汽车质量的影响。循环工况续驶里程仿真模型如图4.42所示。

运行循环工况电动汽车续驶里程仿真模型，可以得到续驶里程与汽车质量的关系曲线，如图4.43所示。可以看出，整车质量越大，续驶里程越短，可采用轻量化技术减小整车质量，延长续驶里程。

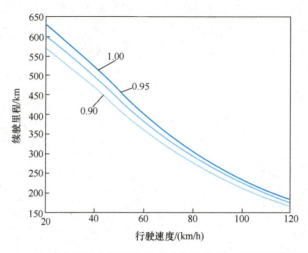

图 4.41　不同电池放电效率下的电动汽车等速工况续驶里程曲线

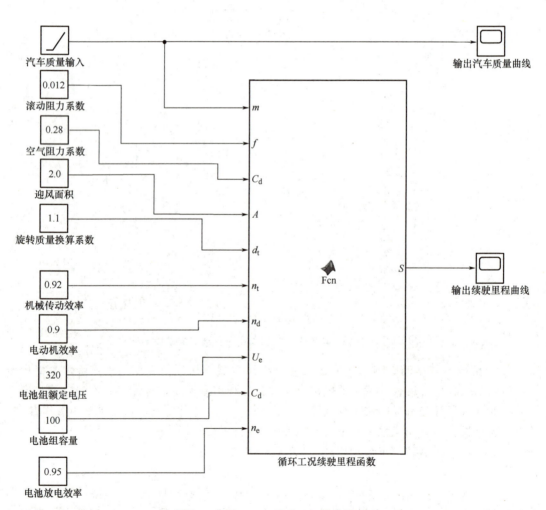

图 4.42　循环工况续驶里程仿真模型

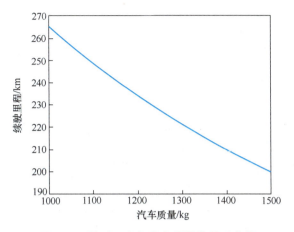

图 4.43 续驶里程与汽车质量的关系曲线

② 滚动阻力系数的影响。在循环工况电动汽车续驶里程仿真模型中,修改汽车质量和滚动阻力系数,运行循环工况电动汽车续驶里程仿真模型,可以得到续驶里程与滚动阻力系数的关系曲线,如图 4.44 所示。可以看出,滚动阻力系数越小,续驶里程越长。因此,应该采用滚动阻力系数小的轮胎,延长续驶里程。

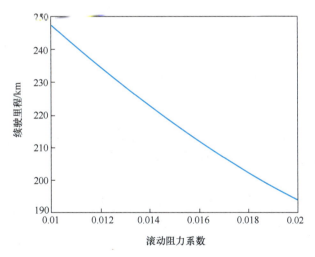

图 4.44 续驶里程与滚动阻力系数的关系曲线

③ 空气阻力系数的影响。在循环工况电动汽车续驶里程仿真模型中,修改汽车质量和空气阻力系数,运行循环工况电动汽车续驶里程仿真模型,可以得到续驶里程与空气阻力系数的关系曲线,如图 4.45 所示。可以看出,空气阻力系数越小,续驶里程越长。因此,应该优化电动汽车造型设计,减小空气阻力系数,延长续驶里程。

④ 机械传动效率的影响。在循环工况电动汽车续驶里程仿真模型中,修改汽车质量和机械传动效率,运行循环工况电动汽车续驶里程仿真模型,可以得到续驶里程与机械传动效率的关系曲线,如图 4.46 所示。可以看出,机械传动效率越高,续驶里程越长。

⑤ 电动机效率的影响。在循环工况电动汽车续驶里程仿真模型中,修改汽车质量和电动机效率,运行循环工况电动汽车续驶里程仿真模型,可以得到续驶里程与电动机效率的关系曲线,如图 4.47 所示。可以看出,电动机效率越高,续驶里程越长。

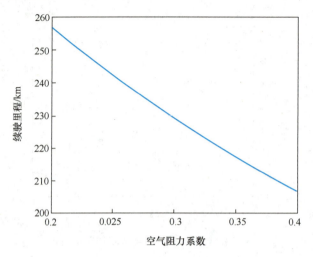

图 4.45　续驶里程与空气阻力系数的关系曲线

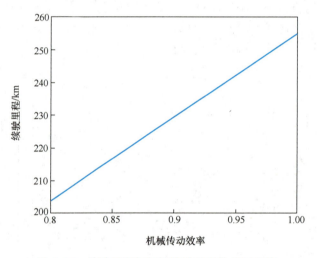

图 4.46　续驶里程与机械传动效率的关系曲线

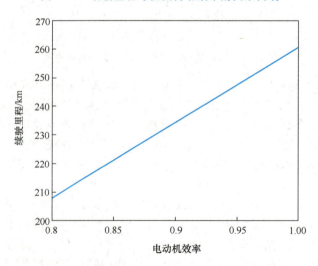

图 4.47　续驶里程与电动机效率的关系曲线

⑥ 电池放电效率的影响。在循环工况电动汽车续驶里程仿真模型中,修改汽车质量和电池放电效率,运行循环工况电动汽车续驶里程仿真模型,可以得到续驶里程与电池放电效率的关系曲线,如图 4.48 所示。可以看出,电池放电效率越高,续驶里程越长。

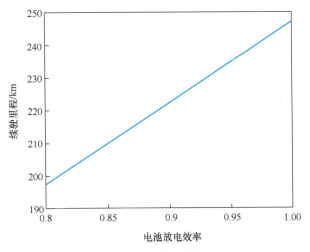

图 4.48　续驶里程与电池放电效率的关系曲线

⑦ 电池容量的影响。在循环工况电动汽车续驶里程仿真模型中,修改汽车质量和电池容量,运行循环工况电动汽车续驶里程仿真模型,可以得到续驶里程与电池容量的关系曲线,如图 4.49 所示。可以看出,电池容量越大,续驶里程越长。

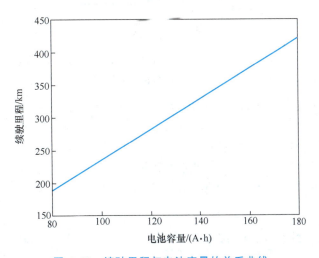

图 4.49　续驶里程与电池容量的关系曲线

综上所述,改变电动汽车参数,使用该仿真模型,可以对任意电动汽车的续驶里程进行仿真分析。

## 4.5 纯电动汽车电池管理系统

### 4.5.1 电池管理系统的定义

电池管理系统（battery management system，BMS）是指监视蓄电池的状态（电压、电流、温度、荷电状态等），可以为蓄电池提供通信、安全、电芯均衡及管理控制，并提供与应用设备通信接口的系统。电池管理系统通过控制电池的充放电过程，实现对电池的保护，提高电池的综合性能。电池管理系统在电动汽车上的位置如图 4.50 所示。

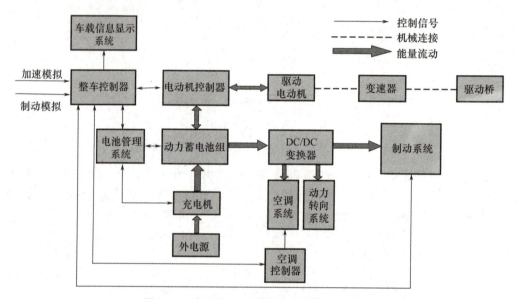

图 4.50 电池管理系统在电动汽车上的位置

电池管理系统和动力蓄电池组组成电池包，与电池管理系统有通信关系的两个部件分别是整车控制器和充电机。电池管理系统向上通过控制器局域网络（controller area network，CAN）总线与整车控制器通信，上报电池包的状态参数，接收整车控制器的指令，配合整车需要，确定功率输出；向下监控整个电池包的运行状态，使电池包不受过放电、过热等非正常运行状态的侵害。在电池充电过程中，电池管理系统与充电机交互，管理充电参数，监控充电过程正常完成。

### 4.5.2 电池管理系统的组成

电池管理系统的基本组成如图 4.51 所示，主要有检测模块、均衡电源模块和控制模块三部分。

**1. 检测模块**

检测模块能够准确、实时检测电池组中各单体电池的电压、电流、温度等关键状态参数，并通过串行外设接口（serial peripheral interface，SPI）总线上报给控制模块。

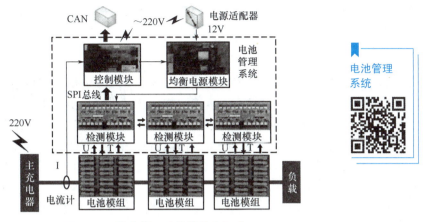

图 4.51 电池管理系统的基本组成

### 2. 均衡电源模块

均衡电源模块能够平衡单体电池间的电压差异，解决电池组的"短板效应"。

### 3. 控制模块

控制模块能够根据既定策略完成控制功能，实现荷电状态（state of charge，SOC）估计，同时将电池状态数据通过 CAN 总线发送给其他电子单元。

## 4.5.3 电池管理系统的功能

电池管理系统一般具备以下功能。

### 1. 电池参数检测

电池参数检测包括总电压，总电流，单体电池电压检测（防止出现过充电、过放电甚至反极现象），温度检测（最好每串电池、关键电缆接头等均有温度传感器），烟雾探测（监测电解液泄漏等），绝缘检测（监测漏电），碰撞检测等。

### 2. 电池状态估计

电池状态估计包括荷电状态或放电深度（depth of discharge，DOD）、健康状态（state of health，SOH）、功能状态（state of function，SOF）、能量状态（state of energy，SOE）、安全状态（state of safety，SOS）等。

### 3. 充电控制

电池管理系统中有一个充电管理模块，能够根据电池的特性、温度及充电机的功率等级控制充电机，给电池进行安全充电。

### 4. 热管理

根据电池组内的温度分布信息及充放电需求，决定电池主动加热/散热的强度，使得电池尽可能工作在最适合的温度，充分发挥电池的性能。

### 5. 电池均衡

不一致性使得电池组的容量小于组中最小单体电池的容量。电池均衡是指根据单体电池信息，采用主动或被动、耗散或非耗散等均衡方式，尽可能使电池组容量接近最小单体电池的容量。

### 6. 在线故障诊断

在线故障诊断包括故障检测、故障类型判断、故障定位、故障信息输出等。故障检测是指通过采集到的传感器信号，采用诊断算法诊断故障类型，并进行早期预警。电池故障是指电池组、高压电回路、热管理等子系统的传感器故障，执行器故障（如接触器、风扇、泵、加热器等），以及网络故障、各种控制器软硬件故障等。电池组本身故障是指过电压（过充电）、欠电压（过放电）、过电流、超高温、内短路故障、接头松动、电解液泄漏、绝缘性能降低等。

### 7. 电池安全控制与报警

电池安全控制与报警包括热系统控制、高压电安全控制。电池管理系统诊断到故障后，通过网络通知整车控制器，并要求整车控制器进行有效处理（超过一定阈值时，电池管理系统也可以切断主回路电源），以防止高温、低温、过充电、过放电、过电流、漏电等对电池和人身造成伤害。

### 8. 网络通信

电池管理系统需要与整车控制器等网络节点通信；同时，电池管理系统在车辆上拆卸不方便，需要在不拆壳的情况下进行在线标定、监控、自动代码生成和在线程序下载（程序更新而不拆卸产品）等，一般的车载网络均采用CAN总线技术。

### 9. 信息存储

信息存储用于存储关键数据，如荷电状态、健康状态、功能状态、能量状态、累积充放电量数、故障码和一致性等。车辆中的真实电池管理系统可能只有上面提到的部分硬件和软件。每个电池单元至少应有一个电池电压传感器和一个温度传感器。对于有几十个电池的电池组系统，可能只有一个电池管理系统控制器，或者将电池管理系统功能集成到车辆的主控制器中。对于有数百个电池单元的电池组系统，可能有一个主控制器和多个仅管理一个电池模块的从属控制器。对于由数十个电池单元组成的电池模块，可能存在一些模块电路接触器和平衡模块，并且控制器像测量电压和电流一样管理电池模块、控制接触器、均衡电池单元并与主控制器通信。根据报告的数据，主控制器将执行电池状态估计、故障诊断、热管理等。

### 10. 电磁兼容

由于电动汽车使用环境恶劣，因此要求电池管理系统具有好的抗电磁干扰性能，同时要求电池管理系统对外辐射小。

电池管理系统的功能结构如图4.52所示。在功能上，电池管理系统通过采用与动力电池紧密结合的传感器，对单体电池与整包电池的电压、电流、温度进行实时检测，将采集到的数据输入控制器，利用状态估计算法估计剩余荷电状态、健康状态等，同时进行漏电检测、热管理、均衡管理、故障诊断，还可以根据电池状态控制最大输出功率，尽可能延长续驶里程，控制充电机在最佳充电状态下充电，通过CAN总线接口与整车控制器、电动机控制器、能量控制系统、车载显示系统等实时通信。

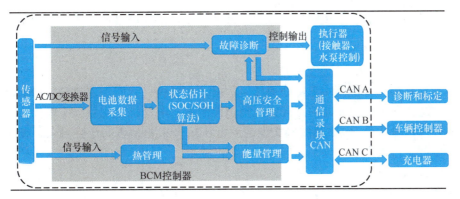

图 4.52 电池管理系统的功能结构

锂离子蓄电池具有能量与功率密度高、使用寿命长、无污染、无记忆性等优势，是电动汽车的主流动力蓄电池。但锂离子蓄电池存在如下关键问题：在单体层面，其对运行温度、电流和电压区间要求苛刻，安全性较差且成本较高；在电池组层面，其状态与参数的不一致在后期加速恶化，严重影响电池包的使用性能、循环寿命及安全性，需要由电池管理系统监控单体电池的状态，确保其工作在最佳区间内，同时利用均衡等手段保证单体电池间的状态一致性。

电池均衡的分类如图 4.53 所示。目前采用的均衡方案大多为被动均衡，而不是主动均衡，因为在当前技术条件和商业模式下，主动均衡的成本优势和必要性不突出。电池模组的主动均衡管理不仅需要主动均衡电路，而且需要采用合适的主动均衡算法。均衡算法主要是以单体电池的电压和荷电状态等较直观的量为均衡对象，但是这些算法对电池包使用寿命及一致性演变趋势的改变效果有待检验，管理方案需要能够针对单体电池的使用寿命状态分布，采用合适的均衡策略，从根本上改善电池组的循环寿命和一致性，实现真正的主动式管理。

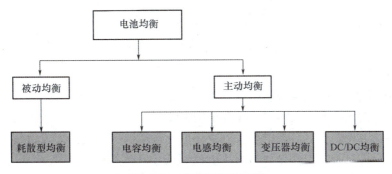

图 4.53 电池均衡的分类

## 4.5.4 电池管理系统的工作模式

电池管理系统的工作模式有下电模式、待机模式、放电模式、充电模式、故障模式等。

### 1. 下电模式

下电模式是指整个系统的低压与高压部分处于不工作状态的模式。在下电模式下，电池管理系统控制的所有高压接触器均处于断开状态，低压控制电源处于不供电的状态。下电模式属于省电模式。

2. 待机模式

电池管理系统在待机模式下不处理任何数据，能耗极低，能快速启动；所有接触器均处于未吸合状态；可接受外界的点火锁、整车控制器、电动机控制器、充电插头开关等部件发出的硬线信号或受 CAN 总线报文控制的低压信号来驱动各高压接触器，使电池管理系统进入所需工作模式。

3. 放电模式

电池管理系统在待机模式下检测到放电唤醒信号后，接收车辆控制器（vehicle control unit，VCU）传输的动力蓄电池运行状态指令和接触器的动作指令，并执行相关指令，完成电池管理系统上电及预充电流程，进入放电模式。

4. 充电模式

当检测充电唤醒信号时，电池管理系统进入充电模式。在该模式下，主正、主负继电器闭合，同时为保证低压控制电源持续供电，DC/DC 变换器需处于工作状态。

5. 故障模式

电池管理系统在任何模式下检测到故障，均进入故障模式，同时上报车辆控制器故障状态和相关故障代码。故障模式是控制系统中常出现的模式。由于车用电池的使用关系到用户的人身安全，因而系统对于各种相应模式总是采取"安全第一"的原则。电池管理系统对故障的响应还需根据故障等级而定，当故障级别较低时，电池管理系统可采取报错或发出轻微报警信号的方式告知驾驶人；当故障级别较高，甚至伴随危险时，电池管理系统采取直接断开高压接触器的控制策略。

### 4.5.5 电池管理系统的参数检测

电池管理系统的参数检测主要包括电压检测、电流检测和温度检测。

1. 电压检测

电压检测方式有单体电池模拟数字转换器（analog to digital converter，ADC）方式、共模检测方式、差模检测方式和专用芯片检测方式。

（1）单体电池模拟数字转换器方式。单体电池模拟数字转换器方式就是为每个单体电池配置一个前端芯片，对单体电池的电压进行转换，并把转换后的数据信息通过 CAN 总线发送给主芯片（BCU），如图 4.54 所示。这种方式存在两个缺点，一是为每个单体电池配置专用电路板的成本过高；二是检测过于分散，难以保证数据同步。

（2）共模检测方式。共模检测方式就是相对同一参考点，利用精密电阻分压衰减测量各点电压，依次相减，得到各电池电压。随着串联电池的增加，共模电压成倍增大，因此这种方法适用于串联电池不多的场合。为保证分压后采样值均为 0~3V，需要为不同的分压回路选择不同的电阻值。共模检测方式如图 4.55 所示，其中有 4 个被检测的电池；$R_1 \sim R_8$ 为 8 个不同电阻值的电阻；$AD1 \sim AD4$ 为 4 个模拟数字转换器；MCU 为主芯片。

共模检测方式实现起来成本较低，且同步性可控；但其测量精度较低，而且由于分压

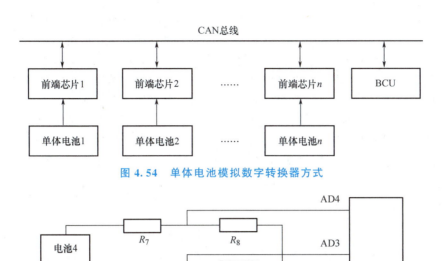

图 4.54　单体电池模拟数字转换器方式

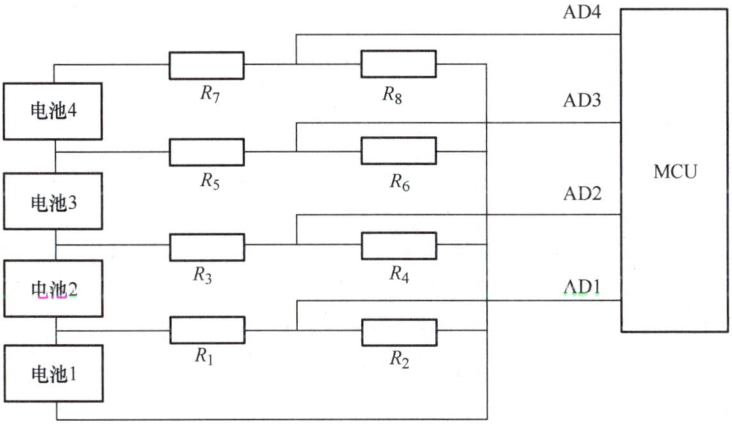

图 4.55　共模检测方式

回路电阻值不一致,因此每个单体电池电压检测精度不一致。同时,分压回路在不同程度上不断地消耗动力电池的电量,将在一定程度上导致单体电池的不均衡。

(3) 差模检测方式。差模检测方式就是采用电子元件或电气元件消除电池两端的共模电压,完成对电池电压的采样。选用差模检测方式,当串联电池增加时,其误差不会积累,测量精度比较高。常用的差模检测方式是采样基于继电器及共享 A/D 芯片的轮流检测方式,如图 4.56 所示。图中,$B_1$、$B_2$、$B_{N-1}$、$B_N$ 为被检测的电池,为每个电池配备两个继电器,分别连接到模拟数字转换器的两端,每个继电器的闭合由单片机控制,在一次电压检测周期内,单片机依次控制每个继电器的闭合,从而使动力电池的电压依次通过模拟数字转换器转换为数字信号,再输入给 MCU 进行处理。

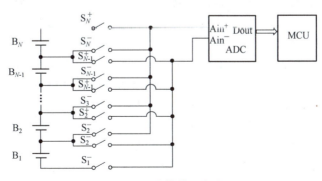

图 4.56　差模检测方式

差模检测方式成本更加合理，精度较高，而且不会造成电池额外的消耗和每个单体电池电压检测精度不一致；但需要用到大量继电器，使电路板的体积增大。

（4）专用芯片检测方式。前面介绍的电压检测方式都是通过将采样得到的单体电池或模块电池电压后，送到模拟数字转换器进行转换测量的，测量精度和速度受模拟数字转换芯片、采样电路的精度和速度的限制。因此，许多大型半导体器件生产企业面向电动汽车电池管理系统开发专用芯片，用于检测电池电压、电流、温度、电量等。

专用芯片检测方式省去了大量继电器，可以减小电路板的体积；但电压检测的成本和精度完全取决于专用芯片本身的能力。电池管理系统的大多参数检测采用专用芯片检测方式。

### 2. 电流检测

由于串联电路中各处的电流均相等，因此没有必要像测量电压一样测量串联电池组中的每个单体电池的电流，只需测量串联后的总电流即可。

电流检测方式主要有基于串联电阻的电流检测方式和基于霍尔电流传感器的电流检测方式。

（1）基于串联电阻的电流检测方式。电压是可以直接地被测量，一般模拟数字转换芯片都是针对电压信号的，因此，在电流检测时常需要把电流信号转换为电压信号，其中一种转换方法就是在电动汽车的主回路上串联一个分流器，如图4.57所示。分流器实际上就是一个阻值很小的电阻，其精度较高且温度漂移小，当电流流过分流器时，可以通过测量其两端的电压降计算出电流。

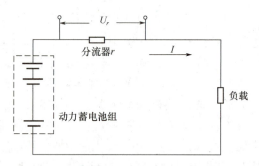

**图 4.57　基于串联电阻的电流检测方式**

采样分流器的优点是响应时间短、精度高、线性度高，小电流采集也能确保精度，与总电压的同步性很高；缺点是不隔离，对接口电路设计要求高，需要标定校准，并考虑大电流温升带来的影响。

（2）基于霍尔电流传感器的电流检测方式。霍尔电流传感器是利用霍尔效应检测电流的一种电子元件，可以测量各种类型的电流，如从直流电到几万赫兹的交流电。霍尔电流传感器是利用电磁感应原理测量电流信号的，通过电磁感应得到的电压信号通常较小，一般只有几毫伏，而一般的模拟数字转换器对输入端电压的要求是几伏，因此需要增加放大电路。为了方便用户使用及提高抗干扰能力，霍尔电流传感器一般将放大电路内嵌传感器内部，使得霍尔电流传感器的输出信号可以直接使用。

需要根据电动汽车的实际工况选择霍尔电流传感器的量程。例如，某电动汽车的电流检测范围为 −400～400A，而模拟数字芯片的输入范围为 0～4V，则选择霍尔电流传感器及进行电流检测电路设计时,尽可能使得最大工作电流对应最大电压输出值,即电流为400A时,输出电压为4V;电流为-400A时,输出电压为0V,此时对电流检测的分辨率最高。

霍尔电流传感器的优点是器件本身隔离,结构紧凑,体积小,功率损耗小,接口电路简单,无须校准;缺点是响应时间长、精度低、线性度差,小电流范围内受零点漂移影响。

**3. 温度检测**

在电池管理系统中,除了针对电池本身进行温度检测,还应对环境温度、电池箱的温度进行检测,对电池的剩余容量的评估、安全防护等具有非常重要的意义。

温度检测方式主要有热敏电阻检测方式、温度传感器检测方式和专用一体化芯片检测方式。

(1) 热敏电阻检测方式。热敏电阻是最常用的采集温度的方式,其电阻值几乎随着温度线性地变化,如果把它与另一个已知阻值的电阻串联,就可以通过检测两个电阻之间的电压差来判断温度。

(2) 温度传感器检测方式。可以采样专用的温度传感器测量温度,例如,DS18B20是一种常用的芯片级的温度传感器,采用CAN总线能够使一个MCU同时连接多个传感器,节省了MCU的引脚,也降低了连线的复杂度。

(3) 专用一体化芯片检测方式。有些专门针对电池管理系统设计的芯片,同时集成了电压、电流、温度的采集功能,如MAXIM公司的DS2782芯片,芯片外壁的某个区域能够感知温度,并保存到芯片的寄存器中,等候上位机MCU读取。

## 4.5.6 动力蓄电池荷电状态(SOC)估算方法

动力蓄电池荷电状态(SOC)不是一个可以直接测量的值,而是需要通过电压、电流、温度等的实时测量值,运用设计的算法间接估算的值。动力蓄电池SOC估算方法主要有开路电压法、内阻法、安时法、负载电压法、卡尔曼滤波法、神经网络法和模糊推理法等。

**1. 开路电压法**

开路电压与SOC值在一定条件下呈比例关系。开路电压法就是通过实验得出的比例关系估算SOC值。开路电压法的优点是对SOC值的估算精度高,且简单易行;缺点是只能准确估算电池静置0.5~1.5h后的SOC值,一般不在电池管理系统中单独应用,常用来对其他算法进行补充。

**2. 内阻法**

电池的内阻与剩余电量之间存在一定的数学关系,在充电过程中,随着电池电量的增大,电池内阻也会增大;在放电过程中,电池内阻会随着电量的减小而减小。通过观测电池内阻值估算当前电池SOC值的方法就是内阻法。虽然内阻法没有电池只有静置一段时间才能准确估算SOC值的限制,但是电池内部结构十分复杂,很难进行准确的测量,电池内阻的应用受到了限制。比如在一些外界工作环境很复杂的情况下无法应用内阻法,在电动汽车的电池管理系统中一般不使用内阻法。

### 3. 安时法

安时法就是把电流对时间进行积分，对电池容量的改变进行检测，继而估算 SOC 值的一种方法。电流在时间上的积分实际上就是充入或释放的电量，如果把电池看作一个封闭的系统，只要累积计算进出电池的电量，然后把计算结果与电池满电状态电量进行比较，就能够获得电池的剩余电量。因为大部分外界条件都不会对安时法造成影响，所以其易实现。

### 4. 负载电压法

当电池从静置状态转为放电状态时，测量到的电池端电压会变为负载电压。当电池的放电电流恒定时，SOC 值与电池负载电压之间的数学关系很大程度上类似于 SOC 值与电池开路电压之间的数学关系。负载电压法的优点很多，如恒流放电时估算精度很高，克服了开路电压法只能静置测量的缺点，可以对电池组的 SOC 值进行实时估算。但是由于电动汽车行驶时工况复杂，电池不可能长期处于恒流放电的工况，因此一般不会把负载电压法当成主要算法，而是用来判断结束电池充放电的时刻。

### 5. 卡尔曼滤波法

卡尔曼滤波法解决了一个古老的问题：如何从不准确的数据中得到准确的信息。更确切地说，就是当输入的数据不准确时，如何选取一个最好的数据作为输入系统的最新状态来更新系统数据。这种方法非常适合应用于电动汽车上，动力蓄电池的 SOC 值受多种因素的影响，并且会随着用户驾驶模式的改变而不断发生变化。卡尔曼滤波法的目的是从数据流中去除噪声干扰，预测新的状态及其不确定性，然后用新的测量值校准预测值估算 SOC 值。理论上，卡尔曼滤波法能够在估算过程中保持非常高的精度，而且可以很有效地修正误差。卡尔曼滤波法的缺点是需要进行大量运算和具备准确的电池数学模型来确保 SOC 估算的精确性。

### 6. 神经网络法和模糊推理法

神经网络法和模糊推理法是人工智能领域发展出来的两个分支。神经网络是一种模拟人脑神经元系统的互联模式而建模的计算机体系结构，它能模仿人脑信息处理、记忆和学习的过程，产生一个具有自动识别能力的系统。使用神经网络法进行 SOC 估算实际上是通过大量数据训练分析当前 SOC 值。模糊推理是从含糊、模棱两可或者不精确的信息中提炼出确切结论的方法，与神经网络法结合可以较准确地估算 SOC 值。由于很多因素都会对电池的剩余电量产生影响，因此对估算电池剩余电量建立的数学模型非常庞大、复杂，神经网络法和模糊推理法越来越受到重视。

这些 SOC 估算方法主要用于估算单体电池的 SOC 值，但是在实际应用过程中，电池组由多个单体电池串联或并联组成，单体电池在受到电池本身不利因素影响的同时，受到外界环境条件变化的影响和电池组充放电过程中不一致性的影响，导致很难实时估算 SOC 值。所以，通常在估算电池 SOC 值时，不会只使用一种方法，而是使用 2～3 种基本的 SOC 估算方法，结合不同估算方法的优点，弥补单独使用一种估算方法的缺点，得到的 SOC 值往往更准确。

## 4.6 纯电动汽车制动能量回收系统

制动能量回收是把汽车制动时的一部分动能转换为其他形式的能量储存起来,在减速或制动的同时达到回收制动能量的目的,然后在汽车起步或加速时释放储存的能量。制动能量回收对提高纯电动汽车的能量利用率有重要意义。有关研究表明,在存在较频繁的制动与起动的城市工况运行条件下,有效地回收制动能量,可使纯电动汽车的能量消耗降低约15%,续驶里程延长10%~30%。

下面以四轮轮毂电动机驱动的纯电动汽车为例,介绍制动能量回收系统。

### 4.6.1 纯电动汽车制动能量回收系统的结构

纯电动汽车制动能量回收系统主要由两部分组成:电机再生制动部分和传统液压摩擦制动部分。

虽然再生制动可以回收制动能量并向车轮提供部分制动力,但是无法使车轮完全停止转动,制动效果受电动机、电池和车速等条件的限制,在紧急制动和高强度制动条件下不能独立完成制动要求。因此,为了保证汽车的制动安全性能,在采用电机再生制动的同时,以传统的液压摩擦制动作为辅助,以达到既保证汽车的制动安全性,又回收可观能量的目的。

纯电动汽车再生制动是利用电动机/发电机可逆性原理实现的。当纯电动汽车需要减速或者滑行时,可以利用驱动电动机的控制电路实现电动机的发电运行,使减速制动时的能量转换为对蓄电池充电的电流,从而达到再生利用。由于摩擦制动一般采用液压形式,因此机电复合制动系统常称为再生-液压混合制动系统。从保证制动安全和提高能量利用率的角度考虑,再生-液压混合制动系统是较适合纯电动汽车的综合制动系统。

纯电动汽车的制动系统为双回路液压制动系统+电动真空助力+电机再生制动。

纯电动汽车的制动助力为电动真空助力,保证踏板力与驾驶人习惯力相符,并且具有一定的制动脚感。同时,由于前、后车轮均采用盘式制动器,因此需要加装驻车制动器。

在制动过程中,制动控制器根据制动踏板的开度(实际为主缸压力)判断整车制动强度,确定相应的摩擦制动和再生制动的分配关系。前、后轴的摩擦制动分配关系由液压系统对前、后车轮的分配关系实现;制动控制器根据制动强度和电池的SOC值确定可以输出的制动转矩,并对前、后轴进行分配,然后通过电机控制器控制电动机进行再生制动。在整个制动过程中,要保证纯电动汽车的制动稳定性、平稳性,并尽可能多地回收制动能量,延长汽车续驶里程。

### 4.6.2 纯电动汽车制动能量回收系统的原理

纯电动汽车制动能量回收系统的原理如图4.58所示。纯电动汽车的制动过程是由液压摩擦制动与电动机再生制动协调完成的。再生制动系统主要是由轮毂电动机、电动机控制器、逆变器、制动控制器、动力蓄电池及能量管理系统等组成的。当汽车制动时,制动控制器根据不同的制动工况发出不同的指令,通过电动机控制器控制轮毂电动机进行再生制动。

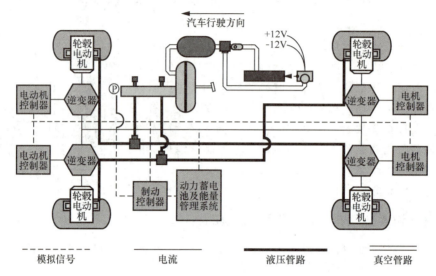

图 4.58　纯电动汽车制动能量回收系统的原理

制动能量回收的实现过程如下。

(1) 在制动开始时,能量管理系统将电池 SOC 值传输给制动控制器。当 SOC>80%时,取消能量回收;当 70%≤SOC≤80%时,制动能量回收受电池允许的最大充电电流制约;当 SOC<70%时,制动能量回收不受电池允许的最大充电电流制约。

(2) 制动控制器接收由压力变送器传输的主缸压力信号,并计算出需求的电动机再生制动强度上限。

(3) 制动控制器根据电动机转速,计算电动机实际能够提供的制动强度。

(4) 比较需求的电动机再生制动强度上限和电动机实际能够提供的制动强度,并将结果作为电信号传输给电动机控制器。

(5) 当电动机工作在发电机状态下时,可以提供电压恒定流向的电流,再通过逆变器限制电动机产生的最高电压并升压,以便满足电流输出要求,充入动力蓄电池组。

(6) 为了保护电池,能量管理系统需要时刻监测电池温度,若温度过高,则停止制动能量回收。

## 4.6.3　纯电动汽车制动能量回收控制策略

### 1. 常见的制动能量回收控制策略

由于纯电动汽车主要采取前轮驱动的形式,因此相应的制动能量回收的控制策略主要关注前、后车轮制动器提供的制动力和前轮电动机提供的再生制动力三部分之间的关系。由此得到的基于电动机再生制动的能量回收控制策略主要有以下三种:前、后轴制动力理想分配时的控制策略,前、后轴制动力比例分配时的控制策略和最优能量回收控制策略。

(1) 前、后轴制动力理想分配时的控制策略。当减速度要求较小时,仅电动机再生制动系统工作。随着制动减速度逐渐增大,前、后轴制动力将被控制在理想制动力分配曲线上,且前轴制动力等于再生制动力和机械制动力的总和。当控制系统得到驾驶人的减速度要求时,根据制动电动机的特性和车载能量存储系统的 SOC 值决定驱动轴制动力是由电动机再生制动系统单独提供,还是由机械制动系统和再生制动系统共同提供。

(2) 前、后轴制动力比例分配时的控制策略。当需要的总制动力较小时,全部由电动机再生制动系统提供;当需要的制动减速度增大时,再生制动力所占的比率逐渐减小;机械制动系统开始起作用;当总制动力大于一定值时,意味着这是一个紧急制动,再生制动力减小到零,机械制动系统提供所有制动力;当需要的制动减速度在两者之间时,再生制动系统与机械制动系统共同作用。

(3) 最优能量回收控制策略。当总制动力需求小于能提供的最大再生制动力时,仅电动机再生制动系统起作用;当总制动力大于能提供的最大再生制动力时,总制动力减去最大再生制动力就是应该提供的机械制动力,剩余的需提供的机械制动力将分配为前轮机械制动力和后轮机械制动力。前、后车轮机械制动力的分配应尽量使总的前、后轮制动力接近理想制动力曲线。

三种制动控制策略的比较见表 4-7。

表 4-7 三种制动控制策略的比较

| 控制策略 | 硬件组成的复杂程度 | 制动稳定性 | 制动能量回收效率 |
| --- | --- | --- | --- |
| 前、后轴制动力理想分配时的控制策略 | 较复杂,需专门的制动力控制系统 | 较高 | 较高 |
| 前、后轴制动力比例分配时的控制策略 | 一般,改动较小 | 中等 | 中等 |
| 最优能量回收控制策略 | 较复杂,需专门的制动力控制系统 | 较低 | 最高 |

可以看出,三种制动控制策略各有优缺点,其中,前、后轴制动力比例分配时的控制策略不但能保证一定的能量回收效率,制动稳定性较理想,而且结构较简单,是比较好的选择。

### 2. 四轮驱动下的制动能量回收控制策略

在已经进行的制动能量回收研究中,大多纯电动汽车采用单电动机前轮驱动,制动能量回收只集中在电动机驱动的前轮上。当纯电动汽车采用四轮驱动的形式时,前、后车轮都是由轮毂电动机直接驱动的,所以制动能量回收在前轮和后轮同时存在。

基于上述分析,四轮驱动下的制动能量回收控制策略主要考虑三部分内容:一是摩擦制动力与电动机再生制动力的分配关系;二是前、后轴摩擦制动力的分配关系;三是前、后轴电动机再生制动力的分配关系。

结合对已存在的制动能量回收控制策略的分析,提出一种前、后轴制动力比例分配时的控制策略的改进策略,同时包含前、后车轮再生制动。四轮驱动下的制动能量回收控制策略逻辑如图 4.59 所示。

在该逻辑中,主要根据由液压制动压力反映的制动强度进行逻辑控制。当需求的制动强度 $z \leqslant 0.1$ 时,仅由电动机再生制动系统提供整车制动所需的力;随着需求的制动强度的增大,液压制动系统逐渐起作用,再生制动力所占比率逐渐减小,即当 $0.1 < z < 0.7$

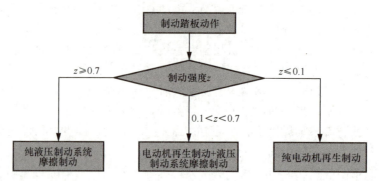

图 4.59　四轮驱动下的制动能量回收控制策略逻辑

时，整车的制动力由摩擦制动力与再生制动力共同组成；当需求的制动强度 $z \geqslant 0.7$ 时，汽车进行紧急制动，为了保证制动安全性，制动力完全由液压制动系统提供。

基于以上控制逻辑建立的四轮驱动下的整车制动能量回收控制策略如图 4.60 所示。

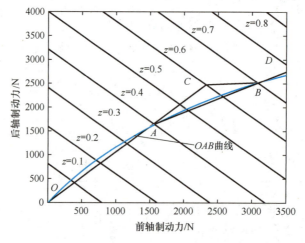

图 4.60　四轮驱动下的整车制动能量回收控制策略

图 4.60 中，$OAB$ 曲线为纯液压系统摩擦制动时前、后轴制动力的分配曲线；$OACBD$ 曲线为再生-液压制动系统的前、后轴制动力的分配曲线，前、后轴的摩擦制动力分配是按照一定的比例进行的。

在再生-液压制动系统中，总再生制动强度与整车制动强度的关系如图 4.61 所示。总再生制动强度是指的再生制动力与整车质量的比值。由于四个轮毂电动机是完全相同的，可以认为它们的再生制动工况是相同的，即四个轮毂电动机平均分配整车的再生制动力。

结合前面对研究制动控制策略三个方面的讨论，建立相应的控制算法，如图 4.62 所示。控制算法的总输入量为总制动力，由制动踏板力传感器得到。总再生制动力及前、后轴再生制动力由制动控制器中的再生制动力曲线得到，前、后车轮摩擦制动力分配由制动回路中的高速开关阀实现。控制算法的输出量为前轮再生制动力、后车轮再生制动力、前轮摩擦制动力和后轮摩擦制动力。所有再生制动力都由电机控制器控制。

纯电动汽车 第4章

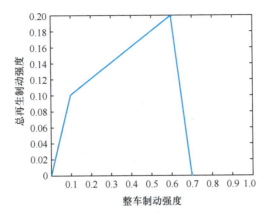

图 4.61 总再生制动强度与整车制动强度的关系

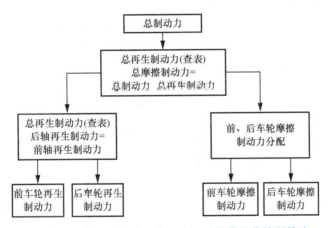

图 4.62 四轮驱动下的汽车再生制动能量回收控制算法

## 4.7 纯电动汽车的仿真

MATLAB 提供的纯电动汽车仿真模型可以进行纯电动汽车的在环测试、部件选择、性能评价和控制参数优化等，可用于纯电动汽车的产品开发。

用于仿真的纯电动汽车动力传动系统配置如图 4.63 所示，主要有驱动电动机、动力蓄电池和变速器等。在默认情况下，驱动电动机为永磁同步电动机，动力蓄电池为锂离子蓄电池。

在 MATLAB 2019b 命令窗口中输入 autoblkEvStart，得到图 4.64 所示的纯电动汽

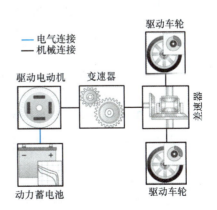

图 4.63 用于仿真的纯电动汽车动力传动系统配置

173

车仿真模型，它主要由驱动循环模块、环境模块、纵向驱动模块、控制器模块、车辆模块和可视化模块等组成。

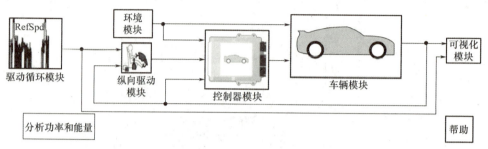

图 4.64　纯电动汽车仿真模型

（1）驱动循环模块。驱动循环模块主要用于设置车辆测试循环工况，可以采用美国的 FTP-75 标准循环测试工况，也可以采用 NEDC 循环工况或 WLTC 循环工况。

（2）环境模块。环境模块用于创建环境变量，包括路面坡度、风速、温度和大气压力。

（3）纵向驱动模块。纵向驱动模块主要产生驾驶人的驱动或制动命令。

（4）控制器模块。控制器模块可以实现一个带有再生制动、电动机转矩仲裁和功率管理的动力系统控制模块。

（5）车辆模块。车辆模块用于建立驱动电动机、变速器等的车辆模型。

（6）可视化模块。可视化模块可以显示循环工况曲线、电动机转速曲线、电动机转矩曲线、动力蓄电池电流曲线、动力蓄电池 SOC 曲线和等效燃油消耗量曲线。

图 4.65 所示为 FTP-75 标准循环测试工况的理论速度和实际速度曲线，可以看出，二者基本是一致的。

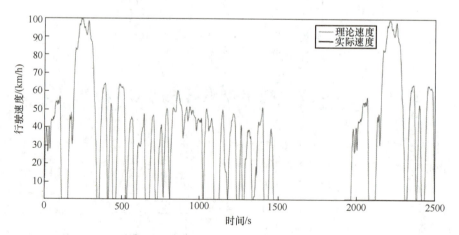

图 4.65　FTP-75 标准循环测试工况的理论速度和实际速度曲线

图 4.66 所示为纯电动汽车电动机转速曲线。可以看出，电动机转速变化与车速变化是一致的。

图 4.67 所示为纯电动汽车电动机转矩曲线。

图 4.68 所示为纯电动汽车动力蓄电池电流曲线。可以看出，动力蓄电池电流曲线变化与电动机转矩曲线变化是一致的。

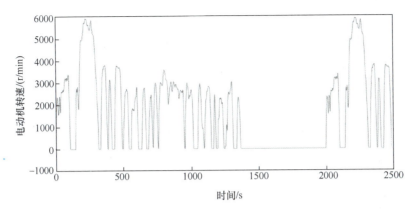

图 4.66 纯电动汽车电动机转速曲线

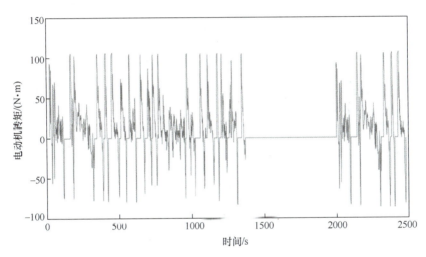

图 4.67 纯电动汽车电动机转矩曲线

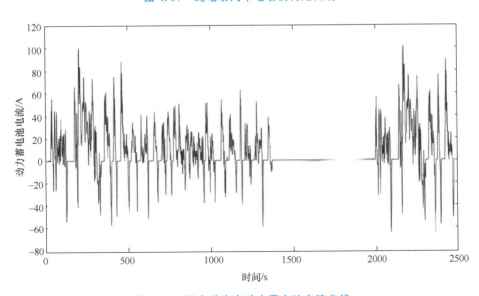

图 4.68 纯电动汽车动力蓄电池电流曲线

图 4.69 所示为纯电动汽车动力蓄电池 SOC 曲线。可以看出，动力蓄电池初始 SOC 约为 80%，循环结束时约为 71.6%。

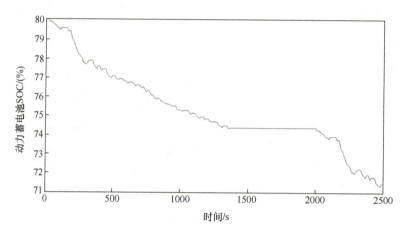

图 4.69　纯电动汽车动力蓄电池 SOC 曲线

图 4.70 所示为纯电动汽车当量燃油消耗量曲线。可以看出，该车的当量燃油消耗量约为 1.3L/100km，该值是将电能消耗量折算为当量燃油消耗量，详见 GB/T 37340—2019《电动汽车能耗折算方法》。

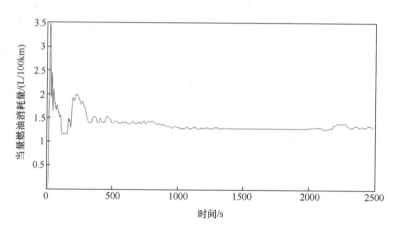

图 4.70　纯电动汽车当量燃油消耗量曲线

## 思考题

一、名词解释

1. 等速工况电动汽车续驶里程
2. 循环工况电动汽车续驶里程
3. 电网交流电能量消耗量
4. 电池管理系统
5. 制动能量回收

## 二、填空题

1. 纯电动汽车主要由_____、_____、_____和_____等组成。
2. 纯电动汽车电源系统主要包括_____、_____、_____及_____等。
3. 电动汽车的驱动形式主要有_____、_____和_____。电动乘用车以_____为主，商用电动车以_____为主，越野电动车以_____为主。
4. 电池 SOC 的估算方法有_____、_____、_____、_____、_____等。
5. 电池管理系统的工作模式主要有_____、_____、_____、_____、_____。

## 三、选择题

1. 电动机参数设计应考虑的主要因素有（　　）。
   A. 最高车速　　　B. 最大爬坡度　　　C. 加速性能　　　D. 续驶里程
2. 动力蓄电池参数设计应考虑的主要因素有（　　）。
   A. 最高车速　　　B. 最大爬坡度　　　C. 加速性能　　　D. 续驶里程
3. 传动系统传动比设计应考虑的主要因素有（　　）。
   A. 最高车速　　　B. 最大爬坡度　　　C. 电动机最高转速　　　D. 续驶里程
4. 影响纯电动汽车续驶里程的主要因素有（　　）。
   A. 滚动阻力　　　B. 空气阻力　　　C. 电动机功率　　　D. 动力电池能量
5. 电池管理系统的参数检测包括（　　）。
   A. 电流检测　　　B. 电压检测　　　C. 温度检测　　　D. 电阻检测

## 四、判断题

1. 整车控制器根据驾驶人输入的加速踏板和制动踏板的输入信号，向电动机控制器发出相应的控制指令，对电动机进行启动、加速、减速、制动控制等。（　　）
2. 前轮驱动纯电动汽车结构紧凑，有利于其他总成的安排，转向和加速时行驶稳定性较好，适合中级及中级以下的电动轿车。（　　）
3. 纯电动汽车动力传动系统的设计只需满足汽车动力性的要求即可。（　　）
4. 纯电动汽车动力性评价指标与燃油汽车动力性评价指标完全相同。（　　）
5. 制动能量回收系统在任何工况下都起作用。（　　）

## 五、问答题

1. 纯电动汽车的工作原理是怎样的？
2. 纯电动汽车动力性评价指标主要有哪些？
3. 纯电动汽车经济性评价指标主要有哪些？
4. 纯电动汽车电池管理系统主要有哪些功能？
5. 影响纯电动汽车续驶里程的因素主要有哪些？

## 六、拓展题

1. 基于 NEDC 工况的纯电动汽车传动系统匹配仿真，完成以下任务。
   (1) 基于工况法匹配驱动电动机参数。
   (2) 基于工况法匹配动力电池参数。
   (3) 利用 MATLAB/Simulink 仿真电动汽车动力性。
   (4) 利用 MATLAB/Simulink 仿真电动汽车循环工况续驶里程。

2. 基于NEDC工况的纯电动汽车动力传动系统匹配仿真所需参数见表4-7。

表4-7 基于NEDC工况的纯电动汽车动力传动系统匹配仿真所需参数

| 参　　数 | 参 数 值 |
| --- | --- |
| 整车质量/kg | 1300 |
| 滚动阻力系数 | 0.013 |
| 空气阻力系数 | 0.32 |
| 迎风面积/$m^2$ | 2.1 |
| 轮胎滚动半径/m | 0.285 |
| 旋转质量换算系数 | 1.02 |
| 传动系统效率 | 0.95 |
| 电池放电效率 | 0.95 |
| 传动系传动比 | 5.3 |
| 电池组端电压/V | 320 |

纯电动汽车的设计目标如下。

(1) 最高车速不低于120km/h。

(2) 续驶里程不小于300km。

(3) 0～100km/h的加速时间不大于22s。

(4) 以40km/h行驶通过的最大爬坡度不小于20%。

# 第 5 章 增程式电动汽车

## 教学目标

通过本章的学习,要求读者掌握增程式电动汽车的结构、工作模式、特点,掌握增程式电动汽车动力传动系统的参数匹配;了解增程式电动汽车的控制策略和动力系统建模与仿真。

## 教学要求

| 知识要点 | 能力要求 | 参考学时 |
| --- | --- | --- |
| 概述 | 掌握增程式电动汽车的结构、工作模式、特点 | 2 |
| 增程式电动汽车动力传动系统的参数匹配 | 掌握增程式电动汽车的电动机参数、动力电池参数和增程器参数的匹配方法;了解动力传动系统的参数优化方法 | |
| 增程式电动汽车的控制策略 | 了解增程式电动汽车的控制策略和控制策略设计方法 | 2 |
| 增程式电动汽车的动力系统建模与仿真 | 了解增程式电动汽车的动力系统建模与仿真 | |

> **导入案例**
>
> 广汽传祺 GA5 增程式电动汽车如图 5.1 所示，它搭载了永磁同步电动机，输出峰值功率为 94kW，峰值转矩为 225N·m，纯电动模式下的续驶里程为 80km。当电池容量不足时，配备的 1.0L 发动机将通过发电机为动力蓄电池供电，发动机不参与动力驱动。新车最大续驶里程超过 600km。
>
>
>
> 图 5.1 广汽传祺 GA5 增程式电动汽车
>
> 增程式电动汽车的结构是怎样的？如何匹配增程式电动汽车动力传动系统参数？通过本章的学习，读者可以得到答案。

增程式电动汽车

增程式电动汽车是以动力蓄电池为主动力源，以发动机为辅助动力源的一种电动汽车。在日常行驶中，增程式电动汽车类似于纯电动汽车，发动机完全关闭，处于纯电动模式，完全可以满足城市日常上下班行驶需求。当动力蓄电池荷电状态水平较低时，发动机启动，作为主动力源，补充汽车行驶所需的电能，用多余的电能为动力蓄电池充电。

## 5.1 概 述

### 5.1.1 增程式电动汽车的结构

增程式电动汽车中存在三种能量源：一是动力蓄电池，为增程式电动汽车主要能量源，负责纯电动状态行驶中的能量供给；二是增程器，为增程式电动汽车的备用能量源，负责动力蓄电池及驱动电动机的能量补给；三是驱动电动机，为增程式电动汽车的回收能量源，是指在制动能量回馈过程中驱动电动机回馈的能量。

增程式电动汽车动力传动系统的组成如图 5.2 所示，主要有驱动电动机系统、电源管理系统、增程器和整车控制器。与纯电动汽车相比，增加了增程器。增程器由发动机、发电机及其控制器组成，当动力蓄电池电量不足时，增程器发电，为驱动电动机提供电能，延长续驶里程。

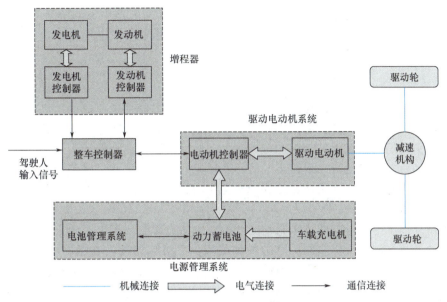

图 5.2 增程式电动汽车动力传动系统的组成

1. 驱动电动机系统

增程式电动汽车的驱动电动机系统与纯电动汽车的类似,也是由驱动电动机及其控制器组成的。区别在于,驱动电动机能量来源除动力蓄电池外,还有增程器。发动机与驱动电动机之间没有机械连接,发电机发电,将发动机释放的机械能转换为电能,电动机控制器根据车辆工况的需求将电能分配给驱动电动机,如果有多余的电能,则储存到动力蓄电池中。

增程式电动汽车驱动电动机应该具有较高的功率密度,而且在较宽的转速范围和转矩范围内具有较好的效率特性;同时,驱动电动机控制器能实现双向控制,以实现对制动能量的回收。

增程式电动汽车驱动电动机参数匹配方法与纯电动汽车相同,也是根据整车动力性匹配驱动电动机的峰值功率。在满足动力性的前提下,为提高驱动电动机工作效率并减小质量,尽量选择峰值功率较小及转速高的电动机。

2. 电源管理系统

增程式电动汽车的电源管理系统与纯电动汽车的类似,也是由动力蓄电池、电池管理系统、车载充电机等组成的。区别在于,动力蓄电池的要求需兼顾纯电动和混合动力电动两种模式,具体要求如下:在深度放电的情况下,使用寿命依然较长;在 SOC 值较低的状态下,可输出大功率电能,以使增程式电动汽车在低 SOC 值下加速性能仍然良好;在高 SOC 值下,可以接受大电流充电,以保证制动能量回收的效率不受 SOC 值的影响;在保持高 SOC 值的情况下,可延长使用寿命;能量密度及比能量高,以减小电池组的体积和质量;安全性好。

动力蓄电池是整车驱动的主要能量源,是能量储存装置,应具有良好的充放电性能,以保证车辆的动力性和再生制动回收的能力;容量应能够满足增程式电动汽车性能要求的纯电动续驶里程;电压等级应与电力系统电压等级和变化范围一致;充放电功率应能够满足整车驱动和电器负载的功率要求。

由于增程式电动汽车纯电动模式的续驶里程较短，因此要求动力蓄电池容量比纯电动汽车低。

#### 3. 增程器

发动机、发电机及其控制器共同组成了增程器。增程器是增程式电动汽车动力传动系统的关键组件，发动机/发电机系统与驱动车轮在机械上是分离的，发动机的转速和转矩与速度和牵引转矩的需求无关，因此可控制发动机运行在转速—转矩平面上的任意点。通常应控制发动机，使其运行在最佳工况区，发动机的油耗和排放量降到最低，由于发动机和驱动车轮没有机械连接，因此最佳发动机运行状态可以实现，与驱动电动机系统的运行模式和控制策略密切相关。

增程器只提供电能，电能用来驱动电动机或为动力蓄电池充电，延长电动汽车的续驶里程，发动机与驱动电动机之间的动力传动路线没有机械连接，电能可以用于驱动车辆，不经过动力蓄电池的充放电过程，降低了从增程器到动力蓄电池的能量传递损失。

增程器根据电能来源的不同分为发动机/发电机组、燃料电池和超级电容等，其中发动机/发电机组应用较多、技术较成熟。增程器用发动机主要有往复式发动机和转子式发动机。往复式发动机属于传统发动机，是常见的一种发动机。转子式发动机的燃烧效率较低，但具有旋转顺畅、利于小型化的优点，符合增程器的设计要求；由于增程器上的转子式发动机是在一定条件下启动的，因此不比往复式发动机逊色。

增程器用发动机与发电机的连接方式主要有两种：弹性联轴器结构连接和直接刚性连接件连接。前者轴线尺寸较大，对定位安装工艺要求高；后者发电机惯量及动态加载会给轴系带来冲击，存在动力过载损坏轴系的危险。

增程器要稳定可靠，且可以立刻启动并进入正常工作状态。为了实现效率高、排放少的要求，要求系统在最优工作点工作，因此控制器非常关键，通过控制策略和优化措施，在保证整车动力性的前提下，提高经济性和效率。

#### 4. 整车控制器

整车控制器通过CAN总线与发动机控制器、发电机控制器、驱动电动机控制器及电池管理系统进行信息交互，实现对电动汽车增程的控制。增程器、驱动电动机、动力蓄电池之间通过整车控制器进行电能交互，实现能量的最优分配。同时，动力蓄电池通过车载充电机充电，保证增程式电动汽车在纯电动模式下的行驶。

### 5.1.2　增程式电动汽车的工作模式

增程式电动汽车的动力传动系统在组成上与串联插电式混合动力电动汽车的动力传动系统相似。特殊之处在于，增程式电动汽车的能量传递路线体现出两种动力系统，但是只有一种驱动方式——电动机驱动，该驱动方式不需要非常复杂的电能与化学能的耦合。在结构上，增程式电动汽车是在纯电动汽车的基础上开发的，增程器的布置对原有车辆的动力传动结构影响较小。之所以称为增程式电动汽车，是因为增加了增程器，而增加增程器的目的是进一步延长续驶里程，尽量避免频繁地停车充电。

如果严格按照增程式电动汽车的定义，增程器不能单独驱动车辆，但技术路线已经发生改变，增程器是可以单独驱动车辆的。增程式电动汽车有五种工作模式，即纯电动模式、增程器单独驱动模式、混合驱动模式、制动模式和停车充电模式。

### 1. 纯电动模式

当动力蓄电池能量充足时，使用纯电动模式。纯电动模式的能量传递路线如图 5.3 所示，在纯电动模式下，增程器处于关闭状态，动力蓄电池是唯一动力源，此时汽车相当于一辆纯电动汽车。不同之处在于，增程式电动汽车的纯电动续驶里程可以设置得较小，不必装备大量动力蓄电池，既降低了成本，又减小了整车质量。动力蓄电池的能量应能够满足车辆起步、加速、爬坡、怠速，以及驱动汽车空调等附件的功率需求。

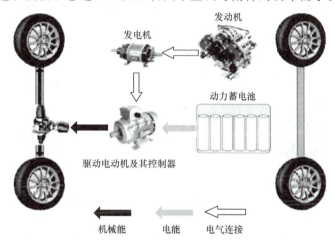

图 5.3 纯电动模式的能量传递路线

### 2. 增程器单独驱动模式

当动力蓄电池能量不足时，使用增程器单独驱动模式。增程器单独驱动模式的能量传递路线如图 5.4 所示。在动力蓄电池 SOC 值降至设定的阈值 $SOC_{min}$ 时，增程器启动，发动机根据制定的控制策略运行在最佳状态，使发电机发电，一部分用于驱动车辆行驶，另一部分为动力蓄电池充电。

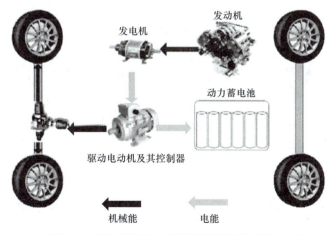

图 5.4 增程器单独驱动模式的能量传递路线

当动力蓄电池的电量恢复至充足时，发动机停止工作，继续由动力蓄电池驱动电动机,提供整车功率需求。

### 3. 混合驱动模式

当路面需求功率较大、动力蓄电池供能不足时,增程器启动,发动机-发电机组与动力蓄电池一起工作,提供整车行驶需要的动力。混合驱动模式的能量传递路线如图 5.5 所示。

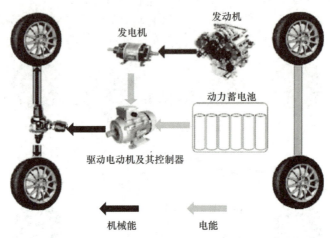

图 5.5　混合驱动模式的能量传递路线

增程器单独驱动模式和混合驱动模式都属于增程驱动模式。增程驱动模式的发动机可以有多种工作方式,根据控制策略的不同,分为发动机恒功率模式、功率跟随模式、恒功率与功率跟随结合模式,此外,还有智能控制策略和优化算法控制策略等复杂控制策略模式。当车辆停止时,可以利用市电为动力蓄电池充电。

### 4. 制动模式

当车辆行驶过程中发生减速、制动请求时,驾驶人需要踩下制动踏板。当满足一定的条件时,整车进入制动模式;当制动强度较低、制动较缓和、制动请求功率较小时,采用电动机单独制动;当发生急减速或紧急制动时,一旦车辆的制动负载功率超出电动机再生制动功率的上限,为了保护动力蓄电池、限制输入功率,摩擦制动器参与工作,与电动机

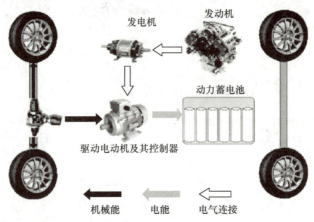

图 5.6　制动模式的能量传递路线

再生制动协同提供车辆的制动功率需求。制动模式的能量传递路线如图 5.6 所示。再生制动可以将车辆的动能转换为电能并储存在动力蓄电池中,以供驱动车辆使用,从而提高整车能量利用率。在再生制动情况下,电动机以发电状态工作,回收的制动能量储存在动力蓄电池中。

#### 5. 停车充电模式

停车充电模式的能量传递路线如图 5.7 所示。当汽车停车时,动力传动系统全部停止工作,通过车载充电机连接外接电网为动力蓄电池充电,以备下次行车使用。此模式是保证车辆大部分为纯电动行驶的基础,可以减少燃料发动机的使用频次,显著降低车辆的行驶成本及车辆的污染物排放量。

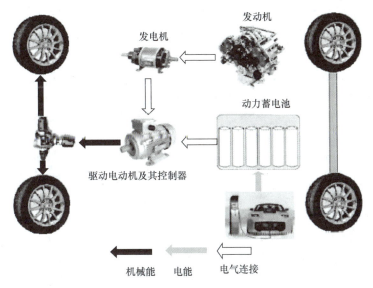

图 5.7 停车充电模式的能量传递路线

### 5.1.3 增程式电动汽车的特点

增程式电动汽车与燃油汽车相比,短距离行驶时不启动发动机,不排放污染物;长距离行驶时油耗较低,在大部分情况下发动机不启动,噪声小。增程式电动汽车发动机/发电机启动时,工作于最佳工作范围内,大大提高了发动机的工作效率。

增程式电动汽车与纯电动汽车相比,最大优点是续驶里程显著延长。纯电动汽车由于完全使用价格高昂的动力蓄电池,附加成本高,而且即使采用最新的电池技术,续驶里程也有限;一旦电池能量消耗尽,汽车就无法行驶,只能停车充电。增程式电动汽车可以随时在加油站加油;在相同续驶里程条件下,增程式电动汽车的电池组比较小,电池容量为纯电动汽车的 30%~40%,无须配备大容量的动力蓄电池,制造成本大幅度降低;当电池组 SOC 值降低到一定限值时,转至增程模式运行,避免了电池组过放电,电池使用寿命延长;不需要周转电池,可在停车场进行市电充电,不需要建立充电站,不需要大量换电设施和工作人员。

增程式电动汽车与插电式混合动力电动汽车的最大区别在于,由于动力蓄电池的容量增大及驱动系统设计不同,增程式电动汽车在电能充足的条件下行驶时,发动机不参与工作，因此，增程式电动汽车不需要像插电式混合动力电动汽车一样对工作模式进行特定说明。增程式电动汽车用动力蓄电池、驱动电动机及动力系统的用电功率都必须以满足整车性能要求为目的进行设计，汽车搭载的动力蓄电池及其容量也必须从满足纯电动汽车整车性能需要的角度考虑。增程式电动汽车的工作模式看上去与早期的纯电动型插电式混合动力电动汽车相似，然而在电池电量充足的情况下，增程式电动汽车必须在所有工作模式下维持纯电驱动模式。由于增程式电动汽车不需要为了速度和功率的需求而启动发动机，因此，在电池电量充足的情况下，不需要像早期的纯电动型插电式混合动力电动汽车一样转至混合驱动模式行驶。在增程器设计方面，增程式电动汽车允许显著降低发动机的功率，发动机提供的动力不需要达到汽车动力性能所需的峰值功率，只需满足汽车行驶所需的持续动力需求即可。

增程式电动汽车与混合动力电动汽车相比，由于混合动力电动汽车采用了复杂的机械动力混合结构，发动机和电动机复合驱动，电池能量很小，因此只起到辅助驱动和制动能量回收的作用。增程式电动汽车采用电池扩容的方式解决了电池驱动的续驶能力问题，虽然成本略有提高，但是在正常的运行工况下，有了电能补充装置的作用，电池在良性平台充放电，保证了使用寿命，减少了维护成本；电能补充装置使电量补充一直处于最佳工作状态，保证了发动机的最佳工作状态。而且增程式电动汽车能外接充电，可以尽可能利用晚间低谷电或午间驾乘人员的休整间隙充电，进一步提高了能源利用率。

增程式电动汽车与燃料电池电动汽车相比，电池成本更低，技术更成熟，燃料电池转换效率更高，对环境无污染，随着燃料电池技术的进步和配套设施的成熟，开发和使用成本也会相应降低。

增程式电动汽车能够有效提高燃油利用率，主要原因如下。①发动机不直接与机械系统连接，发动机的工作状态相对独立，可将发动机设定于最佳效率点工作。②在电量保持模式下，主要由发动机驱动整车行驶。当需求功率较小时，发动机关闭，由动力蓄电池驱动整车行驶；当需求功率较大时，动力蓄电池提供发动机功率不足的部分，可避免发动机的工作点波动，保证发动机工作于最佳效率点。③当汽车制动时，电池组能有效回收制动能量。

综上所述，增程式电动汽车是一种可延长续驶里程的纯电动汽车，兼具混合动力电动汽车和纯电动汽车的特征，是现阶段解决新能源汽车技术问题的切实可行的方案。增程式电动汽车的特点如下。

（1）在电量消耗模式下，发动机不启动，由动力蓄电池驱动整车行驶，可减小整车对石油的依赖，缓解石油危机。

（2）当电池电量不足时，为了保证汽车性能和电池组的安全性，汽车切换至电量保持模式，由动力蓄电池和发动机联合驱动整车行驶。

（3）整车纯电动续驶里程可以满足大部分人每天续驶里程的要求，可利用晚间低谷电为动力蓄电池充电，缓解供电压力。

（4）整车大多在电量消耗模式下行驶，能达到零排放和低噪声的效果。

（5）发动机不与机械系统直接连接，可工作于最佳效率点，大大提高了整车燃油效率。

鉴于增程器工作条件的特殊性，对电动汽车的增程系统提出了以下要求。

（1）增程系统要稳定可靠，可以立刻启动并进入正常工作状态。当长时间不用时，要定期运转发动机，以使各个部件得到良好的润滑和维护。

（2）由于工况复杂，为了实现高效率和低排放的要求，要求系统在最优工作点工作，因此控制器非常关键，通过控制策略和优化措施，在保证整车动力性的前提下，提高经济性和效率。

## 5.2 增程式电动汽车动力传动系统的参数匹配

增程式电动汽车动力传动系统的参数匹配原则是根据整车动力总成的结构特点和整车设计指标（动力性、经济性、续驶里程等），对整车动力总成的参数进行匹配。下面主要介绍驱动电动机的参数匹配、动力蓄电池的参数匹配和增程器的参数匹配。

### 5.2.1 驱动电动机的参数匹配

由于增程式电动汽车对电力驱动系统要求严格，因此选取的驱动电动机应该具备较高的功率密度，而且在较宽的转速范围和转矩范围内具备较好的效率特性；同时，驱动电动机控制器能双向控制，以实现制动能量回收。

驱动电动机是增程式电动汽车行驶的动力源。增程式电动汽车要求驱动电动机在爬坡或低速行驶时提供较大转矩，在加速时提供较大功率，同时需要比较宽的调速范围。其中，电动机峰值转矩应满足整车爬坡度的要求，在减速比、车轮半径等参数固定的情况下，电动机转矩决定了爬坡性能。

驱动电动机的转矩/功率-转速特性曲线如图5.8所示。

需要确定的主要特性参数包括驱动电动机的最高转速和额定转速、峰值功率和额定功率（功率匹配）等。

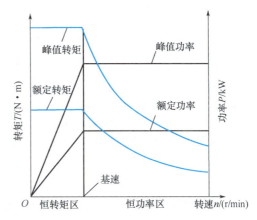

图 5.8 驱动电动机的转矩/功率-转速特性曲线

#### 1. 最高转速和额定转速

电动汽车最高车速与驱动电动机最高转速之间的关系为

$$n_{max} = \frac{u_{max} i_0}{0.377 r} \tag{5-1}$$

式中，$n_{max}$ 为驱动电动机的最高转速；$u_{max}$ 为电动汽车的最高车速；$i_0$ 为主减速器传动比；$r$ 为车轮半径。

驱动电动机的最高转速与额定转速之比称为扩大恒功率区系数，一般用 $\beta$ 表示。$\beta$ 值越大，转速越低，转矩越大，越有利于提高汽车的加速性能和爬坡性能，汽车的稳定运行性能越好，功率变换器尺寸越大，因此 $\beta$ 值不宜过大，通常取 2~4。

#### 2. 功率匹配

驱动电动机的功率直接影响整车动力性，电动机功率越大，整车运行时的后备功率越大,加速性能及爬坡性能越强,但同时会增大电动机本身的体积和质量,进而影响整车质量。驱动电动机的额定功率一般由最高车速确定,峰值功率由整车设计目标确定。峰值功率应该达到最高车速、爬坡性能及加速时间分别对应的最大功率需求。

(1) **根据最高车速确定驱动电动机功率**。最高车速对应的驱动电动机功率需求为平坦路面满载运行时所需的驱动电动机功率,其表达式为

$$P_{m1} = \frac{u_{max}}{3600\eta_t}\left(mgf + \frac{C_D A u_{max}^2}{21.15}\right) \tag{5-2}$$

式中, $P_{m1}$ 为最高车速所需的驱动电动机功率; $m$ 为汽车质量; $\eta_t$ 为传动系统效率; $g$ 为重力加速度; $f$ 为轮胎滚动阻力系数; $C_D$ 为风阻系数; $A$ 为迎风面积。

(2) **根据最大爬坡度确定驱动电动机功率**。最大爬坡度所需的驱动电动机功率的表达式为

$$P_{m2} = \frac{u_p}{3600\eta_t}\left(mgf\cos\alpha_{max} + mg\sin\alpha_{max} + \frac{C_D A u_p^2}{21.15}\right) \tag{5-3}$$

式中, $P_{m2}$ 为最大爬坡度所需的驱动电动机功率; $\alpha_{max}$ 为最大爬坡角; $u_p$ 为爬坡时的车速,可以取 30km/h。

(3) **根据最短加速时间确定驱动电动机功率**。加速时间所需的驱动电动机功率完全由汽车的加速性能、电动机特性和传输特性确定。

$$P_{m3} = \frac{1}{1000\eta_t}\left[\frac{2}{3}mgfu_f + \frac{1}{5}\rho_a C_D A u_f^3 + \frac{\delta m}{2t_a}(u_f^2 + u_b^2)\right] \tag{5-4}$$

式中, $P_{m3}$ 为最短加速时间所需的驱动电动机功率; $\delta$ 为旋转质量转换系数; $u_f$ 为加速结束后的最终车速; $u_b$ 为驱动电动机额定转速对应的车速; $t_a$ 为预期的加速时间。

式(5-4)中等号右边中括号内的第一项和第二项分别代表克服轮胎的滚动阻力和空气阻力的平均功率,第三项代表用来加速汽车质量的能力。

综合考虑动力性各项指标,驱动电动机的额定功率和峰值功率分别为

$$P_e \geq P_{m1}$$
$$P_{emax} \geq \max(P_{m1}, P_{m2}, P_{m3})$$

驱动电动机的峰值功率与额定功率的关系为

$$P_{emax} = \lambda P_e \tag{5-5}$$

式中, $P_{emax}$ 为驱动电动机的峰值功率; $P_e$ 为驱动电动机的额定功率; $\lambda$ 为驱动电动机的过载系数。

驱动电动机的额定转矩和峰值转矩分别为

$$T_e = \frac{P_e \times 9550}{n_e} \tag{5-6}$$

$$T_{emax} = \frac{P_{emax} \times 9550}{n_e} \tag{5-7}$$

式中, $T_{emax}$ 为驱动电动机的峰值转矩; $T_e$ 为驱动电动机的额定转矩; $n_e$ 为驱动电动机的额定转速。

初步确定驱动电动机参数后,还须验证是否满足一定车速下的最大爬坡度和汽车最高车速的要求,即

$$\frac{mg}{T_{emax}\eta_t}\left(f\cos\alpha_{max} + \sin\alpha_{max} + \frac{C_D A u_p^2}{21.15mg}\right) \leq \frac{i_0}{r} \leq \frac{0.377 n_{max}}{u_{max}} \tag{5-8}$$

## 5.2.2 动力蓄电池的参数匹配

电动汽车用动力蓄电池是整车的主要能量源。动力蓄电池的参数匹配包括电池类型的选择、电池组电压、单体电池数量和能量的匹配。增程式电动汽车的增程系统具有特殊性,要求电池的电压等级与驱动电动机的电压等级一致,并且符合驱动电动机电压变化的要求。

### 1. 能量需求

在能量方面,要求在现有技术条件下,电池具有较高的比能量和比功率、充放电循环寿命,以及良好的安全性和稳定性。

电池能量

$$E_B = \frac{U_m C_E}{1000} \tag{5-9}$$

式中,$E_B$ 为电池能量;$U_m$ 为电池端电压;$C_E$ 为满足能量需求的电池容量。

电池能量应满足以下条件:

$$E_B \geq \frac{mgf + C_D A u_a^2 / 21.15}{3600 \times \text{DOD} \eta_t \eta_{mc} \eta_{dis} (1-\eta_a)} S_1 \tag{5-10}$$

式中,DOD 为电池放电深度,$\eta_{mc}$ 为驱动电动机效率;$\eta_{dis}$ 为电池放电效率;$\eta_a$ 为汽车附件能量消耗比例系数;$S_1$ 为纯电动续驶里程。

或者电池容量满足以下条件:

$$C_E \geq \frac{mgf + C_D A u_a^2 / 21.15}{3.6 \times \text{DOD} \eta_t \eta_{mc} \eta_{dis} (1-\eta_a) U_m} S_1 \tag{5-11}$$

### 2. 功率要求

电池最大放电功率需满足

$$P_{bat\_max} \geq \frac{P_{max}}{\eta_{mc}} + P_A \tag{5-12}$$

式中,$P_{bat\_max}$ 为电池最大放电功率;$P_A$ 为汽车附件功率。

或者满足容量要求,即

$$C_P \geq \frac{1000}{kU_m} \left( \frac{P_{bat\_max}}{\eta_{mc}} + P_A \right) \tag{5-13}$$

式中,$C_P$ 为满足功率需求的电池容量;$k$ 为电池最大放电率。

电池容量取值规则为

$$C = \min_{k^* = \min(k)} \{ \max[C_P(k), C_E(k)] \} \tag{5-14}$$

式中,$k^*$ 为电池最大放电率。

## 5.2.3 增程器的参数匹配

增程器采用车载式,与纯电动汽车的动力传动系统固定在一起,形式简单,用于为驱动电动机提供冗余功率,当电池 SOC 值低于设定值或电池出现故障时,应保证汽车以平均行驶速度匀速行驶。在增程模式下,发动机提供源动力,要求具有相当的动力性,需要匹配发动机/发电机的参数。

发动机功率的选择对增程式电动汽车动力传动系统的设计至关重要。在发动机选型设计中，常按照汽车的最高车速初步选择发动机功率（因为汽车的加速性能和爬坡性能可以由汽车最高车速体现），即满足

$$P_{RE} = \frac{1}{3600\eta_t}\left(mgfu_{max} + \frac{C_D A u_{max}^3}{21.15}\right) \quad (5-15)$$

发动机额定功率应大于上述计算的理论值，以承载连续的非牵引负载，如灯光、娱乐、空调、动力转向装置和制动增压等。

根据发动机的燃油消耗 MAP 图，计算满足增程式电动汽车增程续驶里程所需的油箱容积

$$V = \frac{S_2 f_c}{u_a} \quad (5-16)$$

式中，$S_2$ 为增程续驶里程；$f_c$ 为发动机高效工作点处油耗。

永磁同步电动机的转子为永磁体，效率高，功率密度大，一般发电机选择永磁同步电动机。

发电机的工作电压应与电池组匹配，发电机的功率应与发动机的功率匹配。要求发动机在发电机工作时，具有较低的燃油消耗率和较好的排放性能。

### 5.2.4　设计实例

增程式电动汽车动力传动系统的参数设计与系统零部件之间参数的匹配是按照设计初期的目标完成的。某纯电动汽车的整备质量为 1430kg，满载质量为 1700kg，空气阻力系数为 0.29，主减速比为 6.058，滚动阻力系数为 0.015，滚动半径为 0.334m，迎风面积为 1.97m²，传动系统效率为 0.95。

增程式电动汽车的设计目标如下。

（1）最高车速为 120km/h。

（2）0～100km/h 的加速时间为 14s。

（3）最大爬坡度为 30%。

（4）纯电动续驶里程：城市工况下大于 60km，90km/h 的续驶里程大于 60km。

（5）总续驶里程不小于 300km。

据统计，国内 55% 的用户的平均日续驶里程不超过 42km，若将增程式电动汽车纯电动模式下的续驶里程的设计目标定为 60km，则大于 67% 的用户日常出行仅靠纯电动模式就可以满足每天的续驶需求；对于日续驶里程大于 60km 的用户，也能降低大部分油耗，仅有超出 60km 的续驶里程以增程模式行驶。

根据式（5-1）至式（5-14），可以对增程式电动汽车动力传动系统的参数进行匹配，计算结果如下。

**1. 驱动电动机参数**

驱动电动机选择永磁同步电动机，峰值功率为 103kW，额定功率为 42kW，最高转速为 7000r/min，额定转速为 3000r/min，峰值转矩为 328N·m，额定转矩为 134N·m。

**2. 动力蓄电池参数**

动力蓄电池选择磷酸铁锂电池，有 90 个单体电池，额定电压为 288V，容量为 63A·h，

SOC=30%～100%,最大放电率为5C,最大充电率为3C。

### 3. 增程器参数

发动机选择直列四缸汽油发动机,功率为43kW,转速为4000r/min,排量为1.3L。满足增程式电动汽车增程续驶里程所需的油箱容积为14L。发电机选择永磁同步电动机,额定输出功率为32kW,额定工作转速为4000r/min,额定电压为288V。

## 5.2.5 动力传动系统的参数优化方法

如果对动力传动系统的参数匹配不满意,可以进行优化。下面基于遗传算法,对易控制且对整车动力性和经济性有显著影响的参数进行优化设计。

对于只有一档主减速比的增程式电动汽车来说,影响整车动力性和经济性的动力传动系统参数有发动机功率、驱动电动机功率、电池数量、蓄电池充放电 SOC 最高值和最低值。

### 1. 约束条件

为了锁定搜索范围,对动力性中的加速性能和爬坡性能进行约束处理。一般情况下,若汽车的加速性能和爬坡性能满足设计要求,则最高车速也能满足设计要求,只对爬坡度和加速度时间进行分析。

汽车爬坡度

$$\alpha = \arcsin\left(\frac{F_t - F_f}{mg\sqrt{1+f^2}}\right) - \arctan f \tag{5-17}$$

式中,$F_t$ 为驱动力;$F_f$ 为滚动阻力;$f$ 为滚动阻力系数。

设汽车在水平良好路面上加速行驶,其受到的坡度阻力为零,则有

$$\frac{du}{dt} = \frac{F_t - (F_f + F_w)}{\delta m} \tag{5-18}$$

对式(5-18)两边进行积分变换,推导出电动汽车的加速时间

$$T = \int_{u_0}^{u_a} \frac{\delta m}{F_t - (F_f + F_w)} du \tag{5-19}$$

根据式(5-17)和式(5-18),得出动力性约束

$$g_1 = -\arcsin\left(\frac{F_t - F_f}{mg\sqrt{1+f^2}}\right) - \arctan f + \arctan i_{max} \leqslant 0 \tag{5-20}$$

$$g_2 = \int_0^{100} \frac{\delta m}{F_t - (F_f + F_w)} du - t \leqslant 0 \tag{5-21}$$

式中,$t$ 为电动汽车 0～100km/h 的加速时间。

### 2. 优化目标

以增程式电动汽车的总耗电百分比和燃油消耗之和为目标函数,两者之和越小,汽车续驶里程越长,性能越好。

整车能量损耗

$$W_{ci} = \frac{1000 P_i t_i}{\eta} \tag{5-22}$$

$$P_i = \frac{u_i}{3600}\left(mgf + mgi + \frac{C_D A}{21.15}u_i^2 + \delta m \frac{du}{dt}\right) \quad (5-23)$$

式中，$P_i$ 为汽车每个状态消耗的功率；$t_i$ 为汽车每个状态行驶的时间；$\eta$ 为汽车总的传动效率；$u_i$ 为汽车每个状态的行驶速度。

电池储存的总能量

$$W = C_e U_e N \text{ DOD} \quad (5-24)$$

式中，$C_e$ 为单体电池的容量；$U_e$ 为单体电池的电压；$N$ 为单体电池数量；DOD 为电池放电深度。

遗传算法的目标函数

$$P_{er} = \frac{\sum W_{ci}}{W} \quad (5-25)$$

当汽车在增程模式下行驶时，驱动力由发动机提供，根据万有特性曲线的发动机最优工作曲线，可以计算发动机在一定功率时的最低燃油消耗率，从而计算出该车速对应的瞬时单位时间内的燃油消耗量

$$Q_t = \frac{P_e b}{367.1 \rho g} \quad (5-26)$$

式中，$Q_t$ 为发动机单位时间内的燃油消耗量；$P_e$ 为发动机功率；$b$ 为发动机燃油消耗率；$\rho$ 为燃油的密度。

等效折算成百公里燃油消耗量(L/100km)

$$Q_s = \frac{P_e b}{1.02 u_a \rho g} \quad (5-27)$$

运用加权法，将多目标优化问题简化为单一目标，优化目标为

$$\min f(x) = a_1 P_{er} + a_2 Q_s \quad (5-28)$$

式中，$x$ 为包含增程式电动汽车动力传动系统参数的向量；$a_1$ 和 $a_2$ 分别为耗电百分比和燃油消耗量的加权系数。

利用 MATLAB 遗传算法工具箱，在编程器中编写遗传算法的适应度函数，将编辑好的适应度函数导入图形用户界面，并设置初始值，可以对设计变量进行优化。

## 5.3　增程式电动汽车的控制策略

在增程式电动汽车各动力部件的参数满足整车动力性的前提下，整个动力传动系统中机械部件和电气部件的协调工作是影响整车经济性的关键因素。为使整个动力传动系统中机械部件和电气部件协调工作，以及满足增程式电动汽车在不同工作模式下的切换，制定简洁、高效的控制策略是非常重要的。

基于增程式电动汽车的结构，将增程式电动汽车的工作模式分为纯电动模式和增程模式，采用基于逻辑门限值的控制策略切换两种工作模式。在增程模式下，采用将恒功率和功率跟随控制策略结合起来的控制方法，在不同的工作模式下分别体现出两种控制模式的优点。将增程模式工作区域划分为六种工作状态，与纯电动模式和制动能量回收模式一起构成八种工作模式。

### 5.3.1 增程式电动汽车的控制策略概述

增程式电动汽车的控制策略是服务于汽车控制器的一种算法，汽车控制器接收驾驶人的指令，并采集当前汽车行驶工况信息，以当前汽车状态为反馈条件，如电池 SOC 值，并根据预设的算法指令，确定发动机/发电机组和电池的能量分配关系，从而通过控制器决定汽车的运行状态。

基于增程式电动汽车的特殊运行模式，在纯电动模式下，仅靠电池的能量驱动汽车行驶；在增程模式下，发动机/发电机组为驱动电动机提供驱动电能，多余电量为电池充电。能量管理控制策略不但直接影响整车的动力性和经济性，而且直接影响新车型的设计研发。增程模式下的主要控制策略有恒功率控制策略、功率跟随控制策略、恒功率与功率跟随结合的控制策略、优化算法控制策略和智能控制策略等。下面着重介绍恒功率控制策略、功率跟随控制策略、瞬时优化控制策略、自适应控制策略和模糊控制策略。

#### 1. 恒功率控制策略

恒功率控制策略又称单点控制策略。增程器启动后，发动机在预设的工作点按恒定功率输出，输出功率不随工况的变化而变化。该工作点可以是最佳功率点，也可以是保证动力性前提下的最低油耗点。工作点的选取应兼顾发动机的燃油消耗、功率及转速。在恒功率控制策略下，发动机的输出功率优先驱动汽车行驶，当汽车驱动需求功率较小时，剩余的发动机输出功率为电池充电。此外，为了在电池 SOC 值最低的情况下提供足够的电能，满足各种行驶工况的需要，要求发动机在较高转速下工作，发动机恒功率运行的工作过程应持续到使电池组充电的 SOC 值最高，再关闭增程器或使发动机怠速运行。

恒功率控制策略的优点是发动机可以在低油耗区或者高效率区工作，可以提高整车的燃油经济性；缺点是电池放电电流会随着工况的频繁变化而产生较大波动，使电池经常处于深度充放电循环状态。虽然这种控制策略简单，但会缩短电池的使用寿命。

#### 2. 功率跟随控制策略

功率跟随控制策略分为发动机在三个功率点运行的三点功率跟随控制策略和发动机沿固定曲线段运行的曲线功率跟随控制策略。

三点功率跟随控制策略，即预先选定三个最优工作区域的发动机功率值，可以根据不同的工况环境及驾驶意图确定相应的工作点，发动机的工作点增加，与恒功率控制策略相比，有如下两个优点：第一，大部分发动机功率可以经过动力传递路线传输给驱动电动机，驱动汽车行驶，不仅减少了化学能—电能—化学能—电能的多级转换，而且降低了电动机的功率损失，提高了整车效率；第二，电池的充放电波动小，有效避免了电池过放电，提高了电池的使用寿命和使用稳定性。

曲线功率跟随控制策略，即发动机的运行沿着固定曲线变化，可以连续改变发动机的功率值，一般选择最佳燃油经济性时的发动机功率曲线为目标跟随曲线。该控制策略是由汽车行驶工况决定的，若已知发动机的特性，汽车在某个时刻工况下的需求功率决定了在该功率下的最低燃油消耗率点的数值。因此，当电池 SOC 值达到最低限值时，发动机/发电机组启动，沿着最低燃油消耗率曲线运行。在该控制策略下，发动机能够提供给电池充电的功率很少，降低了化学能与电能之间的二级转换，极大地提高了汽车的动力性和燃油经济性。但是采用这种控制策略，发动机的工作区间增大，怠速时发动机的能量利用率低。

### 3. 瞬时优化控制策略

瞬时优化控制策略多用于混合动力电动汽车中以消耗燃油为主的动力传动系统。燃油消耗是电池电能间接消耗燃油与发动机直接消耗燃油之和，计算时，将电池消耗的电能等效为燃油消耗量。该控制策略可以有效结合燃油消耗和排放，正确评估电能和燃油消耗，但是通过计算过程可以看出，该控制策略的计算量大，当计算等效燃油消耗时准确性差，并且系统复杂，成本高。

### 4. 自适应控制策略

自适应控制策略的目标是统一整车燃油消耗量和排放量，定义权重系数，突出降低整车燃油消耗量和排放量两种控制目标。控制的因子为加速时间，百公里油耗，HC、CO、PM 及 $NO_x$ 化合物，根据汽车的行驶工况环境确定各因子的权值。

自适应控制策略的优点是驾驶人灵活性较好，即驾驶人可以根据环境或者自己的意愿调整驾驶目标；由于该控制策略同时将动力性和燃油经济性作为影响因子，综合考虑了发动机、电动机的最佳工作点，因此，汽车的综合性能较好。该控制策略的缺点是没有考虑电动机驱动的影响，在应用这种控制策略前，要将电动机的电量消耗等效折算为燃油消耗量和排放量。

### 5. 模糊控制策略

模糊控制策略的工程化较强，以发动机最高效率区域和最低燃油消耗为目标，由模糊控制器和处理器组成，模糊控制器驱动发动机工作。模糊控制器由模糊化接口、反模糊化接口、模糊推理、知识库四部分组成。

模糊控制策略的优点是不需要建立明确的数学模型，而是通过实验数据分析和处理，对采集到的信号数据进行模糊化处理，并作为模糊计算的输入数据，根据预设的推理方法和知识规则，得出模糊结论；缺点是要有大量工程实验数据作为模糊计算的参考依据，基于实验得到的数据处理模糊算法规则非常有限，不同配置的汽车发动机，建立规则非常困难，处于技术不成熟阶段，不能制定有效的、复杂的、系统的控制策略。

## 5.3.2 增程式电动汽车的控制策略设计

由于恒功率模式具有较高的工作效率，而功率跟随模式具有更好的燃油经济性和动力性，因此，在不同的汽车运行模式下，分别选择更加适合当前功率的控制策略，在两者之间切换，充分发挥两种控制策略的优势。

增程模式下的控制策略结合了恒功率控制策略和最佳燃油消耗曲线的功率跟随控制策略，充分利用增程器和电池的相对高效工作区域。当汽车行驶需求功率大于一定值时，采用功率跟随模式控制策略，避免电池的频繁启停和过放电；当汽车行驶需求功率较小时，根据电池 SOC 值划分不同的工作模式。

设定电池 SOC 门限值作为纯电动模式和增程模式的切换点。当汽车运行在增程模式下时，发动机、电动机为电池充电，使电池 SOC 值增大，当 SOC 值未达到最大值时，不会启用纯电动运行模式，而是将多余的电量储存在电池中，直到电池 SOC 值达到最大值，发动机再次关闭，汽车进入纯电动模式。增程式电动汽车的总体运行模式如图 5.9 所示。

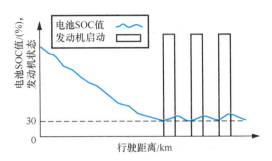

图 5.9 增程式电动汽车的总体运行模式

**1. 增程式电动汽车的控制策略要求**

增程式电动汽车主要以电能为驱动能源,增加了发动机/发电机组作为增程器,当电池 SOC 值达到最低值时,增程器启动,在最佳状况下工作,多余的电能为电池充电,具有低排放甚至零排放的特点;当汽车在城市道路上行驶时,几乎不需要启动发动机,电能可以满足驾驶人的出行需求。因此,增程式电动汽车的控制策略可以分为两部分:一部分与纯电动汽车相同,为纯电动行驶时的控制策略;另一部分是增程模式下的控制策略,此时要最大限度地降低能量转换带来的能量损耗,在保证动力性的前提下,达到燃油经济性最佳的目标,提高能量利用率,同时兼顾电池的充放电和使用寿命,提高整车工作效率。

为了使两种能源得到最佳组合和协调运行,应在保证动力性和驾驶性的基础上,使燃油经济性最佳及排放量最小,故应采用合适的能源管理控制策略。在汽车行驶过程中,工况是多变的、不可预测的,控制策略应能根据不同的路况及汽车的行驶需求,适时、合理地分配能量流并作出合理的反应。对增程式电动汽车的控制策略要求如下。

(1) 纯电动模式和增程模式的切换控制要合理,充分利用电池驱动,实现零排放。

(2) 防止对电池过充电和过放电,避免频繁充放电,延长电池的使用寿命。

(3) 增程模式运行后,发动机的启停控制要合理。当发动机为电池充电的电量达到一定值时,关闭发动机/发电机组,继续用电能驱动,多级转换损失的能量非常多。但是如果发动机启动后提供给电池的电量比较小,就会切换到纯电动模式运行,需要频繁启动发动机,必然使发动机的使用寿命受到影响,也不利于降低排放量的设计要求。

(4) 发动机长期不用时,要设置电池 SOC 值最小时也能运行的特殊控制模式,以使长期不用的发动机/发电机组得到维护和保养。

**2. 纯电驱动模式控制策略**

增程式电动汽车行驶按照电池的状态分为两种模式,一种是电量消耗(charge depleting,CD)模式,另一种是电量保持(charge sustaining,CS)模式,如图 5.10 所示。汽车行驶初期,电池系统的荷电状态处于最高值状态,在汽车行驶过程中,电池是唯一动力源,驱动电动机的功率完全由电池提供,该状态为纯电动模式。因为电池 SOC 值不断降低,而发动机/发电机组完全关闭,所以将电池 SOC 值的最大值定为 90%,防止过充电对电池造成损害。当电池 SOC 值降低到最低值时,发动机/发电机组启动,切换到电量保持模式,此阶段电池的 SOC 值不是一个固定值,而是在某个范围内的值。

为了有效防止电池过充电和过放电,应设置电池 SOC 值的最高值和最低值。

电量消耗模式代表电池电能耗尽后的增程模式。在该模式下，若发动机/发电机组产生的能量有剩余，则会为电池提供电量，使电池处于充电状态，电池 SOC 值是一个变化值。如图 5.10 所示，在电量消耗模式下，发动机/发电机组为电池充电，当电池 SOC 值最高时，发动机关闭，转为纯电动模式，仍为电量消耗模式，一旦电池 SOC 值小于最低值，系统进入电量保持模式后，控制系统就不会回到电量消耗模式。在电量消耗模式下，当需求功率小于或等于零时，设置为制动能量回收模式，将部分能量回馈给电池。电量消耗模式下的驱动功率分配如图 5.11 所示，横坐标以上区域是电池为汽车提供行驶动力，横坐标以下区域是制动能量回收模式。

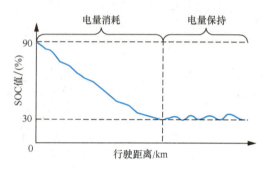

图 5.10　增程式电动汽车行驶的两种模式

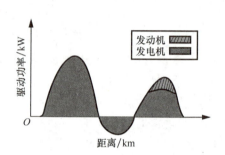

图 5.11　电量消耗模式下的驱动功率分配

### 3. 增程模式控制策略

汽车在纯电动模式下行驶，当电池 SOC 值降低到最低值时，增程系统启动，进入增程模式，在功率跟随模式下，发动机工作在最低燃油消耗率区域。此时包括两条能量传递路线，一条为发动机—发电机—动力传动系统—驱动电动机；另一条为发动机—发电机—电池—驱动电动机，该路线是经过电池环节的能量传递。为了比较两条能量传递路线的动力性和燃油经济性，设在动力传动系统的末端驱动电动机的需求功率都为 $P_{req}$，发动机的输入功率分别为 $P_{e1}$ 和 $P_{e2}$，按照第一条能量传递路线，需求功率经过发电机的转换后传递给驱动电动机，经过能量转换的发动机能量利用率较高，发动机输入功率

$$P_{e1} = \frac{P_{req}}{\eta_{mc} \eta_g} \quad (5-29)$$

式中，$\eta_g$ 为发动机到发电机的效率。

第二条能量传递路线是以发动机为动力源且有剩余功率时，剩余的能量转换为电能并储存在电池中。这种情况下，发动机/发电机组提供的电能非常充足，即发动机提供的功率可以满足所有工况需求，当汽车行驶所需的功率或者转矩较小时，发动机的多余能量为电池充电，发动机输入功率

$$P_{e2} = \frac{P_{req}}{\eta_{mc} \eta_g \eta_{dis} \eta_{ch}} \quad (5-30)$$

式中，$\eta_{dis}$ 为电池放电效率；$\eta_{ch}$ 为电池充电效率。

可以看出，在发动机输出功率一定的情况下，第一条能量传递路线的燃油经济性更好。由于电池的充放电效率较低，因此第二条能量传递路线的能量损耗较大。从整车运行工况来看，如果只采用第一条能量传递路线，则其对应的发动机运行状态与传统发动机相同，能量利用率非常低。所以应根据不同的工况分析两条能量传递路线。

电池放电效率和电池放电功率与电池内部储存的功率有关。根据发动机的万有特性曲线，标记出发动机燃油经济性的最佳工作区域，并计算电池的充电效率和放电效率。电池放电效率

$$\eta_{dis} = \frac{P_{dis}}{P_{store}} \quad (5-31)$$

式中，$P_{dis}$ 为电池放电功率；$P_{store}$ 为电池内部储存功率。

电池放电功率

$$P_{dis} = \frac{P_{req}}{\eta_t \eta_{mc}} \quad (5-32)$$

式中，$P_{req}$ 为汽车需求功率。

电池充电效率

$$\eta_{ch} = \frac{P_{store}}{P_{ch}} = \frac{P_{dis} + I_{dis}^2 R_{dis}}{P_{store} + I_{ch}^2 R_{ch}} \quad (5-33)$$

式中，$P_{ch}$ 为电池充电功率；$I_{dis}$ 为电池放电电流；$I_{ch}$ 为电池充电电流；$R_{dis}$ 为电池放电内阻；$R_{ch}$ 为电池充电内阻。

放电电流

$$I_{dis} = \frac{P_{dis}}{U_{dis}} \quad (5-34)$$

式中，$U_{dis}$ 为电池放电电压。

充电电流

$$I_{ch} = \frac{P_{store}}{U_{ch}} \quad (5-35)$$

式中，$U_{ch}$ 为电池充电电压。

电动机转速

$$n_m(t) = \frac{1000Vk(t)}{2\pi \cdot 60r} \quad (5-36)$$

式中，$k(t)$ 为汽车的传动比。

电动机转矩

$$T_m(t) = \frac{9550P_{req}}{n_m(t)} \quad (5-37)$$

由于电量保持模式下的电池 SOC 值变化不大，因此不同工况对 $U_{dis}$、$U_{ch}$ 和 $R_{dis}$、$R_{ch}$ 等参数值的变化影响很小，为了计算简便，将这四个参数看作常量。

通过上述计算公式，结合匹配的部件参数，得出两种能量传递路线的发动机临界值为 5.4kW，发动机高效工作区域为 2000～4000r/min，发动机最佳工作区域为 16.7～41.8kW。

因为电池 SOC 值为 33%～80%是高效放电区域，所以将该区域设定为工作区域。为了减少电池的充放电损失，提高能量转换效率，电池的工作区域应该为充放电时内阻较小的区域。另外，使电池电量保持在高效放电区域内，可有效延长电池使用寿命。为了保证汽车行驶时电池随时高效地输出和接收电能以及电池的安全性，能量管理策略需要维持电池荷电状态的平衡。电池内阻随电池 SOC 值变化的工作范围和充放电区域如图 5.12 所示，图中内阻为单体蓄电池模块的内阻。

通过划分发动机工作区域及电池最佳充放电 SOC 区域值，将增程模式下的工作状态分为六个区域，见表 5-1。此外，将需求功率小于零的状态定义为制动能量回收阶段。

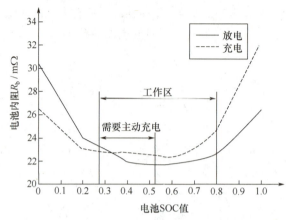

图 5.12 电池内阻随电池 SOC 值变化的工作范围和充放电区域

表 5-1 增程模式下的工作状态

| 工作状态 | 电池 SOC 值 | 需求功率 $P_{req}$/kW |
|---|---|---|
| 电池单独工作 | 0.33<SOC<0.8 | $P_{req}$>0 |
| 电池单独工作 | 0.27<SOC<0.33 | $P_{req}$<5.4 |
| 发动机单独工作 | 0.27<SOC<0.33 | 5.4≤$P_{req}$<41.8 |
| 发动机和电池联合驱动 | 0.27<SOC<0.33 | $P_{req}$≥41.8 |
| 发动机驱动发电 | SOC<0.27 | $P_{req}$<41.8 |
| 发动机单独驱动 | SOC<0.27 | $P_{req}$>41.8 |

根据表 5-1 中的工作状态划分，得出增程式电动汽车的控制流程状态转换逻辑框图，如图 5.13 所示。

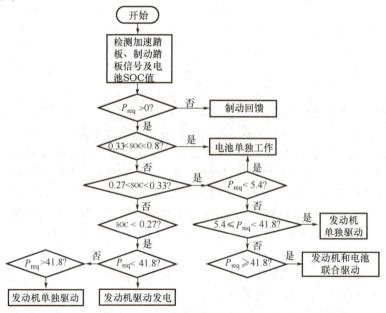

注：$P_{req}$ 的单位为 kW。

图 5.13 增程式电动汽车的控制流程状态转换逻辑框图

## 5.4 增程式电动汽车的动力系统建模与仿真

通过建模仿真模拟增程式电动汽车的实际运行工况，预测汽车在各种条件下的动力性，既能够方便地对参数进行合理优化，调整设计方案，又能减少研发时间。Cruise 软件可以方便地建立多种汽车模型，用来模拟汽车的动力性、燃油消耗量、排放性、制动性，在软件中建立的模型可以非常直观地表示部件的结构布置，计算过程快速、准确。Cruise 软件的典型应用是在汽车开发过程中研究动力传动系统，预测汽车的动力性、燃油消耗量、排放性、制动性等。

### 5.4.1 Cruise 软件整车建模

根据匹配的动力传动系统数据及已知的整车参数，在 Cruise 软件中建立整车模型，如图 5.14 所示。

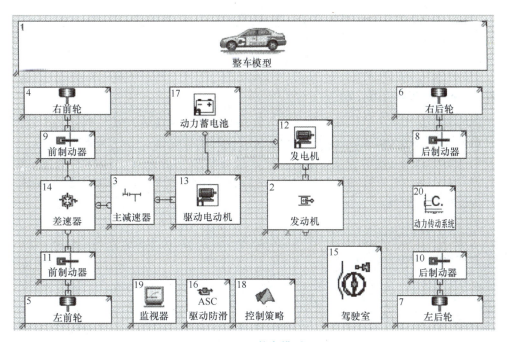

图 5.14 整车模型

整车结构采用前置前驱方案，整车模型包括整车模块、发动机模块、发电机模块、动力蓄电池模块、驱动电动机模块、主减速器、差速器、制动器，用于实时监测和仿真整车动力性、燃油消耗量、排放性、制动性，还可以评价虚拟的主观平顺性。

**1. 模块参数设计**

模块参数是根据设计的动力传动系统部件和已有车型确定的。对各部件进行设置，以准确实现对匹配参数的仿真分析，包括基本参数和性能参数的输入。模型的输入可以采用手工输入、从已有模型中调入数据、从已有数据文件中导入数据和通过复制与粘贴方式输入数据四种方式。

由于在 Cruise 软件中搭建的模型较难实现增程式电动汽车各种工作模式之间的转换，因此模型中添加了 MATLAB 控制模块，通过信号接口接收驾驶人的输入信息、发动机信号、转速、制动信号等。控制模块接口如图 5.15 所示，Simulink 控制模型及 Stateflow 状态转化模型中的参数定义都是与这些接口模块匹配的。

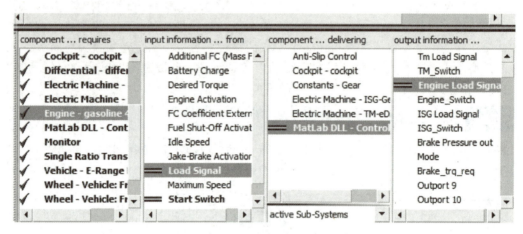

图 5.15 控制模块接口

## 2. 部件间的信息连接

部件间的信息连接包括机械连接、电气连接和总线信息连接。模型中实现的是整车系统中的机械连接和总线信息连接，其中机械连接又称物理连接；电气连接实现了发电机与电池及电池与电动机之间的连接；总线信息连接如图 5.16 所示，通过控制模块对发动机进行起停控制，采集信号并传输到控制模块输入端口，控制模块根据控制策略进行判断，对发动机进行起停控制。

MatLab DLL - Control Strategy

Description of Data Bus

| Data Bus Channel | Description | Unit | Connection |
|---|---|---|---|
| Inport 0 | Cockpit Load Signal | | optional |
| Inport 1 | Brake Pressure | bar | optional |
| Inport 2 | Velocity | km/h | optional |
| Inport 3 | SOC | % | optional |
| Inport 4 | Start Switch | | optional |
| Inport 5 | Net Voltage | V | optional |
| Inport 6 | Battery Current | A | optional |
| Inport 7 | Battery Temperature | C | optional |
| Inport 8 | Velocity_req | km/h | optional |

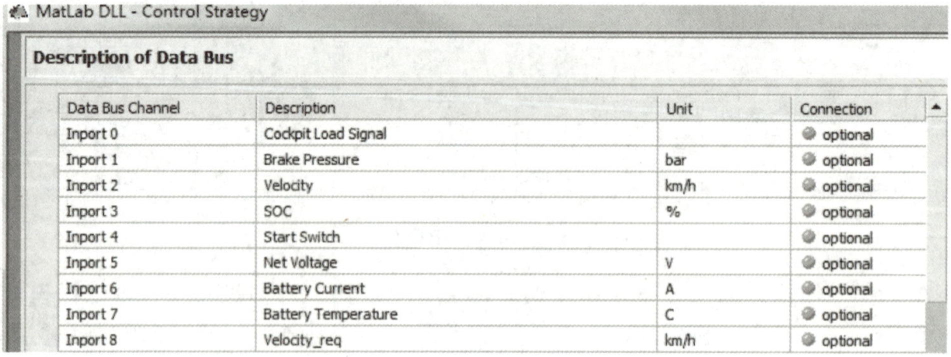

图 5.16 总线信息连接

总线信息连接中的第一栏列出的是需要从其他零部件获得信息的部件，如发动机。第二栏定义了这个部件中所有需要的参数值，如节气门位置。第三栏列出了可以传递这种参数或变量信息的部件，如驾驶室，驾驶室是可以传递节气门位置的唯一部件，因为节气门位置的开度是由驾驶人操作实现的。第四栏为可以传递信息的部件，如节气门。在 Cruise

软件中,预先设定好总线信息连接,这些部件就可以采集和传递汽车信息。例如,由驾驶室向发动机控制模块传递节气门位置信息,再由控制器决定发动机的输出转矩。

## 5.4.2 联合仿真模块

MATLAB 接口模块用于实现与 Cruise 软件的联合仿真。Cruise 软件与 MATLAB 的接口允许客户自定义模型元件及相关控制策略,便于客户进行复杂的控制。Cruise 软件与 MATLAB 有三种连接方式。①Cruise Interface:Cruise 软件与 MATLAB 的联合仿真分析(MATLAB 在前台,而 Cruise 软件处于被调用状态);②MATLAB API:Cruise 软件与 MATLAB 的联合仿真分析(Cruise 软件在前台,而 MATLAB 处于被调用状态);③MATLAB DLL:通过 Simulink 模型生成的动态链接库(Dynamic Link Library,DLL)与 Cruise 软件进行耦合仿真。由于 Cruise 模型是非常完整的模型,因此采用第③种连接方式,通过生成 MATLAB/Simulink 的 DLL 文件实现与 Cruise 软件的联合仿真,如图 5.17 所示。

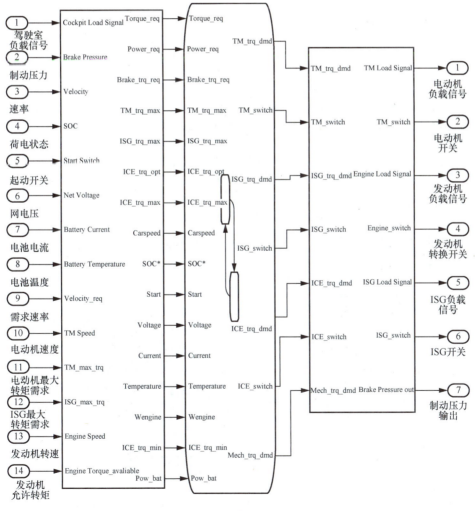

图 5.17 第③种连接方式

图 5.17 中最左边一列为整车模型中 MATLAB 控制模块的 14 个接口，实现与 MATLAB 的连接和接口识别。该列为子系统参数模型，定义了从 Cruise 软件中采集的接口参数与其他参数之间的关系。其中，发动机的转矩曲线需要从 Cruise 软件中整车系统采集的数组模型中获得。最右边一列为对应 Cruise 软件中模型参数的 7 个输出接口：电动机负载信号、电动机开关、发动机负载信号、发动机转换开关、ISG 负载信号、ISG 开关和制动压力输出。

发动机的 Simulink 模型如图 5.18 所示。需要获得或输入的信息有发动机输出转矩、发动机最大转矩、发动机最小转矩和由软件采集到的发动机转矩信息。

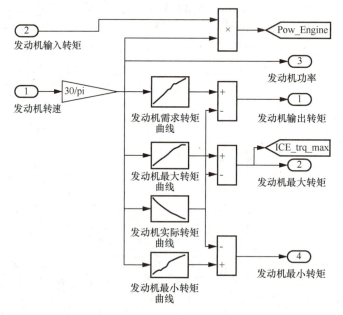

图 5.18　发动机的 Simulink 模型

图 5.17 的中间部分为不同工作模式状态转换条件 Stateflow 模型，转换过程如图 5.19 所示。

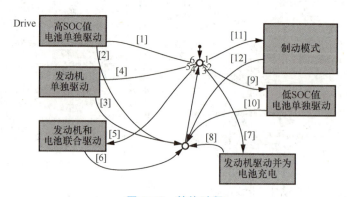

图 5.19　转换过程

Stateflow 模型由图形对象和非图形对象构成，用方块表示系统的工作模式，带方向箭头的线表示状态转换的流向，每个工作模式状态都有执行条件和跳出条件，分别注写在带方向箭头的线上。Stateflow 模型工作模式的状态转换条件见表 5-2，表中加入了汽车起停状态控制和制动能量回收模块。

表 5-2 Stateflow 模型工作模式的状态转换条件

| 序号 | 工作模式状态 | 电池 SOC 值 | 需求功率/kW |
|---|---|---|---|
| 1 | 转换到电池单独驱动 | 0.33＜SOC＜0.8 | $P_{req}$＞0 |
| 2 | 跳出状态 1 | SOC≤0.33 | $P_{req}$＞0 |
| 3 | 发动机单独驱动 | 0.27＜SOC＜0.33 | 5.4＜$P_{req}$＜41.8 |
| 4 | 跳出状态 3 | SOC≤0.27 ‖ SOC≥0.33 | $P_{req}$≥41.8 ‖ $P_{req}$≤5.4 |
| 5 | 发动机和电池联合驱动 | 0.27＜SOC＜0.33 | $P_{req}$＞41.8 |
| 6 | 跳出状态 5 | SOC≤0.27 ‖ SOC≥0.33 | $P_{req}$≤41.8 |
| 7 | 发动机驱动并为电池充电 | SOC＜0.27 | $P_{req}$＜41.8 |
| 8 | 跳出状态 7 | SOC≥0.27 | $P_{req}$≥41.8 |
| 9 | 电池单独驱动 | 0.27＜SOC＜0.33 | $P_{req}$＜5.4 |
| 10 | 跳出状态 9 | SOC≤0.27 ‖ SOC≥0.33 | $P_{req}$≥5.4 |
| 11 | 制动 | SOC＜0.8 | $P_{req}$＜0 |
| 12 | 跳出状态 11 | SOC≤0.8 | $P_{req}$＞0 |

开关信号及制动力矩模型如图 5.20 所示，其中制动力矩与 Cruise 软件中的汽车模型对应，以实现不同软件的信号识别。

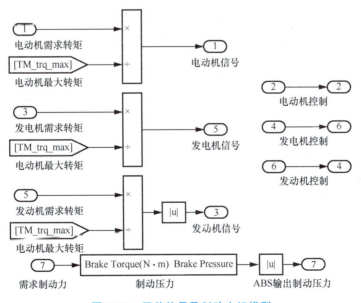

图 5.20 开关信号及制动力矩模型

## 5.4.3 仿真结果

为了更加准确地仿真增程式电动汽车的动力性、燃油消耗量、排放性、制动性等，对以下工况进行仿真分析：①NEDC 循环行驶工况仿真，分别设置一个循环工况和多个循环工况下的燃油消耗量与排放性试验仿真；②爬坡性能仿真；③满载加速性能仿真；④最高车速性能仿真。

选择 NEDC 工况做轻型车认证测试循环。NEDC 工况下的车速和电动机功率分别如图 5.21 和图 5.22 所示。NEDC 工况，又称 28（13＋15）工况，由 X 挡加速、减速和匀速等 28 个工况组成，有四个市区循环(4×195s)和一个市郊循环(400s)。

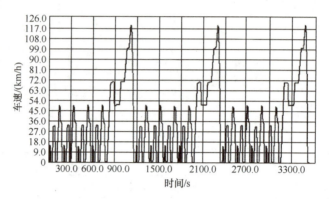

图 5.21　NEDC 工况下的车速

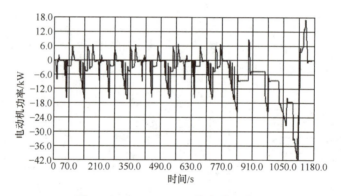

图 5.22　NEDC 工况下的电动机功率

仿真可以看作由两部分组成，前面为四个市区循环工况，后面为一个市郊循环工况。一个 NEDC 工况的总时间为 1180s，运行距离为 117.2km。

由于 NEPC 工况的运行距离为 117.2km，为纯电动行驶阶段，发动机和发电机起动，电池 SOC 值下降较小（从 80% 下降到 72%），因此可得纯电动行驶里程约为 70km，满足最初的设计目标。

从图 5.22 可以看出，电动机功率跟随工况的变化情况，由于 NEDC 工况前面为多变的四个市区循环工况，电动机的功率变化较大，因此当功率为负时是功率消耗区，负的功率为制动能量回收所增大的功率。可以看出，在车速下降制动减速到零的过程中，功率是由制动能量回收得到的。由 Cruise 软件中的 result 文件可以读取燃油消耗量和排放量都为零，由于循环工况结束时 SOC 值为 72%，因此此循环工况为纯电动行驶，发动机和发电机不起动。

为了更好地观测纯电动行驶和增程模式的整个工况过程，选定三个 NEDC 工况并循环试验，检测燃油消耗量、排放性等指标。图 5.23 所示为三个 NEDC 工况的目标车速，仿真结果（电动机功率、发动机功率和转速、电池 SOC 值）如图 5.24 至图 5.26 所示。

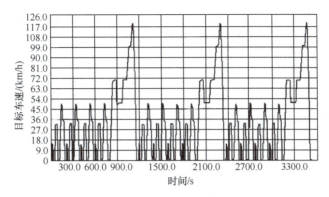

图 5.23　三个 NEDC 工况的目标车速

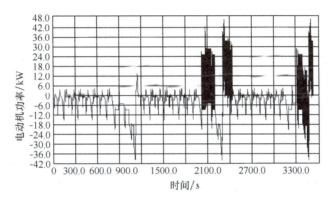

图 5.24　三个 NEDC 工况的电动机功率

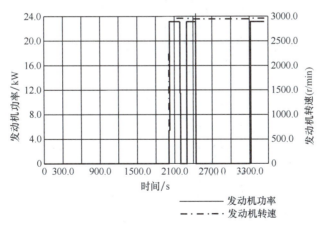

图 5.25　三个 NEDC 工况的发动机功率和转速

由图 5.24 至图 5.26 可以看出，在多工况下，电池 SOC 值降到放电限值时，时间约为 1900s，发动机起动，一部分能量提供给驱动电动机，另一部分能量为电池充电，电池 SOC 值开始升高，此时电池功率有非常大的跳转，由放电时的负值变成发动机为电池充电时的正值。当电池 SOC 值上升到 60%（时间约为 2450s）时为 NEDC 工况中的市区循环

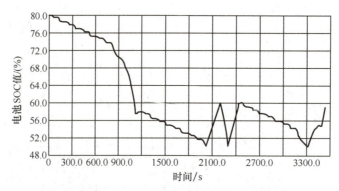

图 5.26　三个 NEDC 工况的电池 SOC 值

工况，目标车速下降，汽车需求功率较小，根据 Stateflow 模型中的状态转换条件，发动机/发电机组停止工作，使用电池的电能单独驱动汽车行驶。

读取三个 NEDC 工况的 result 文件夹，得出的燃油消耗量仿真结果见表 5-3。由表 5-3 可以看出，增程式电动汽车先采用纯电动模式行驶，只有在长途行驶时发动机/发电机组才启动，驱动汽车行驶。在增程模式下，当需求功率较小时，采用关闭发动机/发电机组的控制策略，因此增程式电动汽车的燃油经济性和排放性好。

表 5-3　燃油消耗量仿真结果

| 参　数 | 参数值 | 参　数 | 参数值 |
|---|---|---|---|
| 工况 | NEDC | 燃油消耗率/(L/100km) | 0.22 |
| 循环周期/个 | 3 | 总燃油消耗量/kg | 0.0544 |
| 时间/s | 13540 | 怠速燃油消耗量/kg | 0.0075 |
| NO 排放量/g | 45.9 | 加速燃油消耗量/kg | 0.0106 |
| CO 排放量/g | 113.4 | 常速燃油消耗量/kg | 0.0268 |
| HC 排放量/g | 9.58 | 减速燃油消耗量/kg | 0.0095 |

爬坡工况的电动机转矩和功率如图 5.27 所示。爬坡度仿真结果见表 5-4。可以看出，增程式电动汽车在不同车速时的爬坡度及爬坡性能远远超出了预期的设计目标。

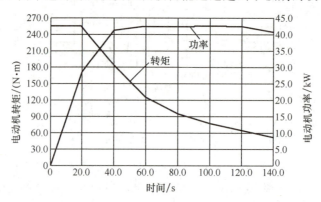

图 5.27　爬坡工况的电动机转矩和功率

表 5-4 爬坡度仿真结果

| 电动机转速/(r/min) | 车速/(km/h) | 爬坡度/(%) | 电动机转速/(r/min) | 车速/(km/h) | 爬坡度/(%) |
|---|---|---|---|---|---|
| 1000 | 18.73 | 44.24 | 5700 | 112.39 | 7.22 |
| 4000 | 74.93 | 13.80 | | | |

最高车速仿真结果是增程式电动汽车的最高车速为140km/h，与预期的设计目标一致。读取result文件获得的加速性能仿真结果为3.2s，与预期的设计目标基本一致。

一、名词解释

1. 增程式电动汽车
2. 增程器
3. 整车控制器
4. 恒功率控制策略

二、填空题

1. 增程式电动汽车动力主要由_____、_____、_____和_____等组成。

2. 增程式电动汽车有5种工作模式，即_____、_____、_____、_____和_____。

3. 增程式电动汽车的控制策略主要有_____、_____、_____、_____和_____等。

4. Cruise软件的典型应用是在汽车开发过程中对动力传动系统的研究，预测实车的_____、_____、_____、_____等。

三、选择题

1. 下列不属于增程器的部件是（　　）。
   A. 发动机　　　B. 发电机　　　C. 控制器　　　D. 电动机

2. 增程式电动汽车的电源管理系统主要包括（　　）。
   A. 动力蓄电池　B. 电池管理系统　C. 车载充电机　D. 非车载充电机

3. 增程式电动汽车驱动电动机功率的匹配主要考虑（　　）。
   A. 最高车速　　B. 最大爬坡度　　C. 加速时间　　D. 续驶里程

4. 增程式电动汽车动力蓄电池的匹配主要考虑（　　）。
   A. 最高车速　　B. 最大爬坡度　　C. 加速时间　　D. 续驶里程

四、判断题

1. 增程式电动汽车介于混合动力电动汽车与纯电动汽车之间，兼具纯电动汽车和混合动力电动汽车的特点。增程式电动汽车是一种特殊的混合动力电动汽车。（　　）

2. 增程器由发动机、发电机及其控制器组成，当动力蓄电池电量不足时，通过增程器发电为驱动电动机提供电能，延长续驶里程。（　　）

3. 增程器根据电能来源的不同分为发动机/发电机组、燃料电池和超级电容等，其中发动机/发电机组的增程器是应用较多、技术较成熟的增程器。（　　）

4. 如果严格按照增程式电动汽车的定义，增程器不能单独驱动车辆，但目前技术路线已经发生改变，增程器是可以单独驱动车辆的。　　　　　　　　　　　　（　　）

5. 增程式电动汽车与纯电动汽车相同，需要较大容量的动力蓄电池。　　（　　）

## 五、问答题

1. 增程式电动汽车由哪几部分组成？
2. 增程式电动汽车与纯电动汽车相比，有什么不同？
3. 增程式电动汽车与插电式混合动力电动汽车相比，有什么不同？
4. 在增程式电动汽车设计中，如何匹配驱动电动机、动力电池和增程器的参数？
5. 增程式电动汽车的工作模式主要有哪些？

## 六、拓展题

增程式电动汽车传动系统匹配仿真，完成以下任务。
（1）驱动电动机参数匹配。
（2）动力电池参数匹配。
（3）增程器参数匹配。

增程式电动汽车传动系统匹配仿真所需参数见表 5-5。

表 5-5　增程式电动汽车传动系统匹配仿真所需参数

| 参　　数 | 参　数　值 |
| --- | --- |
| 整车质量/kg | 1700 |
| 滚动阻力系数 | 0.015 |
| 空气阻力系数 | 0.29 |
| 迎风面积/$m^2$ | 1.97 |
| 轮胎滚动半径/m | 0.334 |
| 旋转质量换算系数 | 1.2 |
| 传动系统效率 | 0.95 |
| 主减速器传动比 | 6.058 |

增程式电动汽车的设计目标如下。
（1）最高车速大于或等于 120km/h。
（2）0～100km/h 的加速时间不大于 14s。
（3）最大爬坡度大于或等于 30%。
（4）纯电动模式的续驶里程：城市工况小于 60km；车速为 90km/h 的续驶里程大于 60km。
（5）总续驶里程大于或等于 300km。

# 第 6 章 混合动力电动汽车

### 教学目标

通过本章的学习,要求读者掌握混合动力电动汽车的分类、组成与原理、动力耦合类型、特点,掌握混合动力电动汽车动力传动系统的参数匹配;了解混合动力电动汽车制动能量回收系统和混合动力电动汽车的能量管理。

### 教学要求

| 知识要点 | 能力要求 | 参考学时 |
| --- | --- | --- |
| 概述 | 掌握混合动力电动汽车的分类、组成与原理、动力耦合类型、特点 | 2 |
| 混合动力电动汽车传动系统的参数匹配 | 掌握混合动力电动汽车的发动机和电动机参数、机械变速机构传动比、蓄电池参数的匹配方法;能够利用 MATLAB/Simulink 进行匹配仿真 | |
| 混合动力电动汽车制动能量回收系统 | 了解混合动力电动汽车制动力分配控制策略;了解混合动力电动汽车制动力分配控制策略的实现方法 | 2 |
| 混合动力电动汽车的能量管理 | 了解混合动力电动汽车的能量管理策略、工作模式及混合动力电动汽车的模糊逻辑能量管理策略 | |

**导入案例**

图 6.1 荣威 550 插电式混合动力电动汽车

荣威 550 插电式混合动力电动汽车如图 6.1 所示。它搭载了 1.5L 自然进气汽油发动机，其峰值功率为 78kW，峰值转矩为 135N·m。配套的主电动机和 ISG 辅助电动机均为三相交流电动机，电动机旁边有变压器，用于提高来自动力控制单元的电压，以保证电动机顺利驱动。主机的峰值功率为 50kW，峰值转矩为 317N·m；ISG 辅助电动机的峰值功率为 25kW，峰值转矩为 147N·m。搭载的动力蓄电池为磷酸铁锂电池，能够实现 3000 次充电循环，输出功率为 11.8kW·h。

混合动力电动汽车的结构是怎样的？如何匹配混合动力电动汽车动力传动系统的参数？通过本章的学习，读者可以得到答案。

奥迪插电式混合动力电动汽车

国际电子技术委员会对混合动力电动汽车的定义：在特定的工作条件下，可以从两种或两种以上的能量储存器、能量源或能量转换器中获取驱动能量的汽车，其中至少一种储存器或转换器安装在汽车上。混合动力电动汽车中至少有一种能量储存器、能量源或能量转换器可以传递电能。串联式混合动力电动汽车中只有一种能量转换器提供驱动力，并联式混合动力电动汽车则有多种能量转换器提供驱动力。

## 6.1 概　　述

### 6.1.1 混合动力电动汽车的分类

混合动力电动汽车的分类如图 6.2 所示。

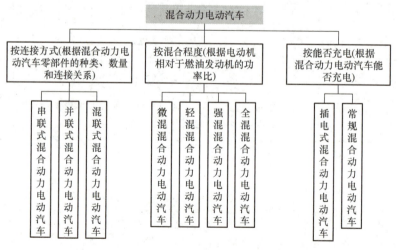

图 6.2 混合动力电动汽车的分类

## 6.1.2 混合动力电动汽车的组成与原理

### 1. 串联式混合动力电动汽车

串联式混合动力电动汽车的结构组成如图 6.3 所示，主要有发动机、发电机和电动机三大动力总成。发动机仅用于发电，其释放的电能通过电机控制器直接输送到电动机，由电动机产生的电磁力矩驱动汽车行驶。发电机释放的部分电能为动力蓄电池充电，延长混合动力电动汽车的续驶里程。另外，动力蓄电池还可以单独向电动机提供电能来驱动汽车行驶，使混合动力电动汽车在零污染状态下行驶。

混合动力电动汽车的结构

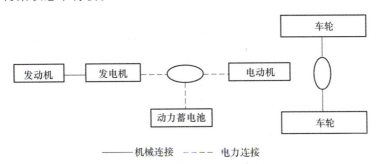

图 6.3 串联式混合动力电动汽车的结构组成

在串联式混合动力电动汽车上，由发动机带动发电机产生的电能和电池输出的电能共同输送给电动机来驱动汽车行驶，电力驱动是唯一驱动模式，动力流程如图 6.4 所示。电动机直接与驱动桥连接，发动机与发电机直接连接产生电能，驱动电动机为动力蓄电池充电，汽车行驶时的驱动力由电动机输出，储存在动力蓄电池中的电能转换为车轮的机械能。当电池 SOC 值降到预定值时，发动机开始为动力蓄电池充电。发动机与驱动系统不是机械连接，可以很大程度地减少发动机受到的汽车瞬态响应，使发动机进行最佳喷油和点火控制，在最佳工作点附近工作。

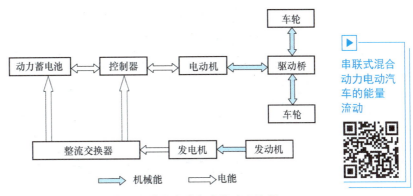

串联式混合动力电动汽车的能量流动

图 6.4 串联式混合动力电动汽车的动力流程

串联式混合动力电动汽车的发动机能够在稳定、高效、低污染的运转状态下运行，使有害气体的排放量控制在最小范围内。从总体结构上看，串联式混合动力电动汽车结构简单、易控制，因为只有电动机的电力驱动系统，所以其特点更加趋近于纯电动汽车。三大部件总成在电动汽车上的布置有较大自由度,但功率、体积和质量都较大,因此,在中小型电动汽车上布置有一定困难。另外,在发动机-发电机-电动机驱动系统中的热能—电能—机械能的能量转换过程中,能量损失较大。发动机释放的能量以机械能的形式从曲轴输出,并立即被发电机转换为电能,受发电机内阻和涡流的影响,将会产生能量损失,效率为90%~95%。随后电能被电动机转换为机械能,在电动机和控制器中能量进一步损失,效率为80%~85%。由于串联式混合动力驱动系统的能量转换效率比燃油汽车低,因此较适合在大型客车上使用。

### 2. 并联式混合动力电动汽车

并联式混合动力电动汽车的结构组成如图6.5所示,主要有发动机和电动机两大动力总成,有多种组合形式,可以根据使用要求选用。由于两大动力总成的功率可以叠加,发动机功率和电动机功率为汽车所需最大驱动功率的50%~100%,因此,可以采用小功率发动机与电动机/发电机,使得整个动力传动系统的装配尺寸、质量都较小,造价较低,续驶里程也比串联式混合动力电动汽车的长,其特点更加趋近于燃油汽车。并联式混合动力驱动系统通常应用于小型混合动力电动汽车上。

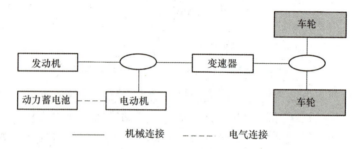

图6.5 并联式混合动力电动汽车的结构组成

并联式混合动力电动汽车的动力流程如图6.6所示。发动机通过某种变速装置与驱动桥连接,电动机与驱动桥直接连接。电动机可以用来平衡发动机所受的载荷,使其能在高效率区域工作,因为通常发动机在满负荷(中等转速)状态下运行,所以燃油经济性较好。当汽车在较小的路面载荷下行驶时,燃油汽车发动机的燃油经济性比较差,并联式混合动力电动汽车的发动机可以关闭,只用电动机驱动汽车,或者增大发动机的载荷,使电动机作为发电机,给动力蓄电池充电(一边驱动汽车,一边充电)。由于发动机在稳定的高速状态下具有比较高的效率和较小的质量,因此并联式混合动力电动汽车在高速公路上行驶时具有较好的燃油经济性。

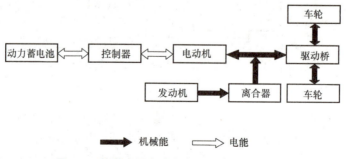

图6.6 并联式混合动力电动汽车的动力流程

并联式混合动力驱动系统有两条能量传输路线，可以同时以电动机和发动机为动力源驱动汽车，从而使电动汽车以纯电动汽车或低排放汽车的状态运行，但不能提供全部动力能源。

并联式混合动力电动汽车有发动机和电动机两个动力源，既可以分开工作，又可以一起协调工作，共同驱动汽车行驶。由于电动机的数量、种类、动力传动系统的类型、部件的数量和位置关系存在差别，因此并联式混合动力电动汽车构型具有明显的多样性。根据电动机位置的不同，并联式混合动力电动汽车的构型可分为 P0、P1、P2、P3、P4 等。P0～P4 构型示意如图 6.7 所示。

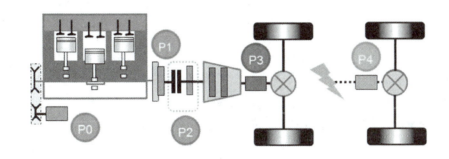

图 6.7　P0～P4 构型示意

P0～P4 构型的并联式混合动电动汽车的电动机布置方式如下。

P0：电动机位于发动机前端，以传动带与发动机连接，又称带传动起动发电机。发动机运转时，由曲轴带动发电。受传动带传力的限制，P0 构型多属于具有起停功能的弱混。

P1：电动机位于发动机后、离合器前，与发动机刚性连接，又称起动/发电一体机。电动机具有发动机起停、制动能量回收/发电功能；同时与曲轴刚性连接，可辅助输出动力。

P2：电动机位于发动机与变速器之间、离合器后。电动机与发动机之间有离合器，可单独驱动车轮，回收制动能量时，可切断与发动机的连接；同时能很好地与现有变速器集成，因此，P2 构型在混合动力电动汽车中应用较多。

P3：电动机位于变速器输出端，与发动机同源输出。

P4：电动机位于后桥上，即电动机与发动机不驱动同一曲轴，汽车可实现四轮驱动。

天逸 PHEV "三擎四驱" 混合动力驱动系统搭载 1.6TPHEV 专属高功率发动机和前后双电动机，综合峰值功率为 221kW，综合峰值转矩为 520N·m，0～100km/h 的加速时间为 7s。其中，发动机峰值功率为 147kW，峰值转矩为 300N·m，其采用 P1＋P2｜P4 混合构型，如图 6.8 所示。

P1 构型即皮带式起动/发电一体机，位于发动机附件面，可起动发动机，也可给动力蓄电池充电。它可以有效避免前电动机需要同时驱动汽车和起动发动机带来的抖动冲击感，消除低电量时因动力蓄电池的功率不足，电动机需要同时驱动汽车和起动发动机带来的风险，还可以降低传统起动机的起动噪声。前置驱动电动机采用 P2 构型，集成于变速箱内部，可实现纯电动驱动，可与发动机实现混合驱动，也可充当发电机，或给动力蓄电池充电，或给后电动机提供电能以驱动汽车，还可进行制动能量回收。后置驱动电动机采用 P4 构型，可单独驱动汽车，与前电动机共同驱动以实现纯电四轮驱动，与发动机共同

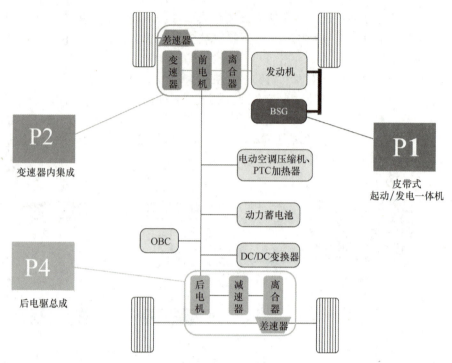

图 6.8　P1＋P2＋P4 混合构型

驱动实现混合四轮驱动,也可进行制动能量回收。基于优越的电动机架构,天逸 PHEV 匹配了混动、电动、四轮驱动及运动四种驾驶模式。混动模式可以智能控制三擎动力工作状态,保持最佳驾驶感受;电动模式仅靠电动机驱动,适合简单路况;在四轮驱动模式下,后电动机始终工作,发动机与前电动机按需介入,适合复杂路况;在运动模式下,发动机可以更积极地工作,适合更加刺激的驾驶场景。

### 3. 混联式混合动力电动汽车

混联式混合动力电动汽车

混联式混合动力驱动系统是串联式与并联式的综合。混联式混合动力电动汽车的结构组成如图 6.9 所示。发动机释放的功率一部分通过机械传动输送给驱动桥(未标),另一部分驱动发电机发电。发电机释放的电能

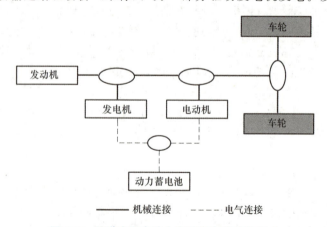

图 6.9　混联式混合动力电动汽车的结构组成

输送给电动机或动力蓄电池，电动机产生的驱动力矩通过动力复合装置传送给驱动桥。混联式混合动力驱动系统的控制策略如下：汽车低速行驶时以串联式混合动力为主；汽车高速稳定行驶时以并联式混合动力为主。

混联式混合动力驱动系统一般以行星齿轮机构作为动力分配装置。最佳混联式结构是将发动机、发电机和电动机通过一个行星齿轮装置连接，动力从发动机输出到与其连接的行星架，行星架将一部分转矩传送到发电机，将另一部分转矩传送到传动轴，同时发电机驱动电动机来驱动传动轴。这种机构有两个自由度，可以自由控制两个速度，此时汽车不是串联式或并联式混合动力驱动形式，而是两种驱动形式同时存在，充分利用了两种驱动形式的优点。混联式混合动力电动汽车的动力流程如图 6.10 所示。

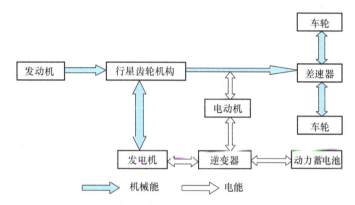

图 6.10　混联式混合动力电动汽车的动力流程

混联式混合动力驱动系统充分发挥出串联式混合动力驱动系统和并联式混合动力驱动系统的优点，能够使发动机、发电机、电动机等部件进行更多优化匹配，保证了在复杂工况下，系统在最佳状态下工作，更容易实现排放和油耗的控制目标。因此，混联式混合动力电动汽车是较具影响力的混合动力电动汽车。

与并联式混合动力驱动系统相比，混联式混合动力驱动系统的动力复合形式更复杂，对动力复合装置的要求更高。

### 6.1.3　混合动力电动汽车的动力耦合类型

混合动力电动汽车是发动机与电动机两种动力混合驱动的汽车，这种混合是通过动力耦合器的耦合作用实现的。动力耦合器的形式不但决定了混合动力电动汽车的工作模式，而且是制定功率分配策略的依据，并最终对整车动力性、燃油经济性和排放性产生重要影响。

动力耦合类型主要有转矩耦合、转速耦合、功率耦合和牵引力耦合等。

1. 转矩耦合

转矩耦合式动力传动系统是指在耦合过程中，两个或两个以上动力源的输出动力的输出转矩相互独立，而输出转速互成比例，最终的合成转矩是两个动力源输出转矩的耦合叠加。

转矩耦合可以通过齿轮耦合、磁场耦合、链或带耦合等方式实现。

（1）齿轮耦合方式。齿轮耦合方式是通过啮合齿轮（齿轮组）将多个输入动力合成输出。齿轮耦合方式结构简单，可以实现单输入、多输入等驱动形式，齿轮耦合效率较高，控制相对简单；但由于齿轮是刚性啮合的，因此在动力切换、耦合过程中易产生冲击。

齿轮耦合式混合动力电动汽车的结构组成如图 6.11 所示。

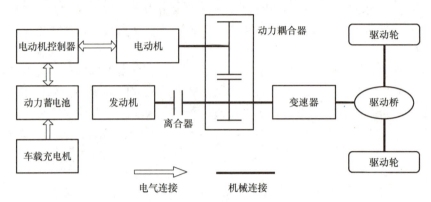

图 6.11　齿轮耦合式混合动力电动汽车的结构组成

合成输出转矩

$$T_3 = \eta_0（T_1 + i_k T_2）\tag{6-1}$$

式中，$T_1$ 为发动机的输出转矩；$T_2$ 为电动机的输出转矩；$T_3$ 为发动机和电动机的合成输出转矩；$\eta_0$ 为耦合效率；$i_k$ 为从电动机到发动机的传动比。

合成输出转速

$$n_3 = n_1 = n_2 / i_k \tag{6-2}$$

式中，$n_1$ 为发动机的输出转速；$n_2$ 为电动机的输出转速；$n_3$ 为发动机和电动机的合成输出转速。

（2）**磁场耦合方式**。磁场耦合方式是将电动机的转子与发动机输出轴做成一体，通过磁场作用力将电动机的输出动力和发动机的输出动力耦合。磁场耦合方式效率高，结构紧凑，耦合冲击小，制动能量回收方便；但混合度低，电动机一般只能起辅助驱动作用。由于电动机转子具有一定的惯性，因此磁场耦合方式多用于轻度混合动力电动汽车上，是采用较多的动力耦合方式，如本田 Insight 混合动力电动汽车采用的就是磁场耦合方式。

磁场耦合式混合动力电动汽车的结构组成如图 6.12 所示。

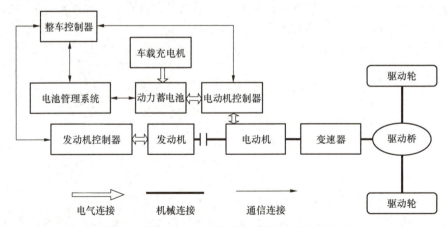

图 6.12　磁场耦合式混合动力电动汽车的结构组成

合成输出转矩
$$T_3 = T_1 = T_2 \tag{6-3}$$
合成输出转速
$$n_3 = n_1 = n_2 \tag{6-4}$$

(3) **链或带耦合方式**。链或带耦合方式是把齿轮改为链条或带，通过链条或带将两个动力源的输出动力耦合。这种耦合方式结构简单，冲击小；但耦合效率低。

转矩耦合方式的特点是发动机的转矩可控，转速不可控；通过控制电动机的转矩调节发动机的转矩，使发动机工作在最佳油耗曲线附近。转矩耦合方式结构简单，传动效率高，而且无须专门设计耦合机构，便于在原车基础上改装。

**2. 转速耦合**

转速耦合式动力传动系统是指在耦合过程中，两个或两个以上动力源的输出动力的输出转速相互独立，而输出转矩成比例，最终的合成转速是两个动力源输出转速的耦合叠加，而合成转矩不是两个动力源输出转矩的耦合叠加。合成转速

$$n_3 = pn_1 + qn_2 \tag{6-5}$$

式中，$n_1$ 为动力源 1 的输出转速；$n_2$ 为动力源 2 的输出转速；$n_3$ 为动力源 1 和动力源 2 的合成转速；$p$、$q$ 为转速耦合系数，由耦合器的结构决定。

转速耦合可以通过行星齿轮耦合、差速器耦合等方式实现。

(1) **行星齿轮耦合方式**。行星齿轮耦合方式是一种普遍采用的动力耦合方式，发动机输出轴与太阳轮连接，电动机与齿圈连接，行星架作为输出端。这种耦合方式结构简单，传动效率高，混合度高，并且可以实现多种形式驱动，动力切换过程中的冲击力小；但整车驱动控制难度较大。图 6.13 所示为行星齿轮耦合方式。

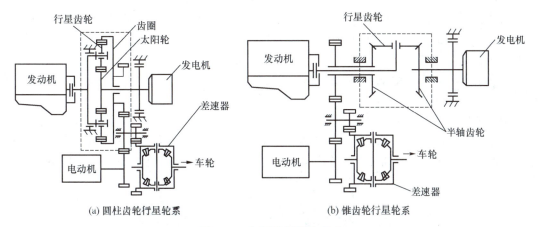

图 6.13 行星齿轮耦合方式

(2) **差速器耦合方式**。差速器耦合方式是行星齿轮耦合的一种特殊情况，与行星齿轮耦合方式类似，只是二者对发动机和电动机的动力性要求不同，从而动力混合程度不同。差速器耦合方式要求发动机和电动机的动力参数相当，动力混合程度比较高。图 6.14 所示为差速器耦合方式。

转速耦合方式的特点是发动机的转矩不可控，转速可以通过调整电动机的转速控制。采用转速耦合方式的混合动力电动汽车在行驶过程中，可以通过调整电动机的转速调节发

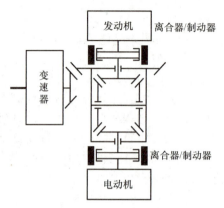

图 6.14　差速器耦合方式

动机的转速，使发动机在最佳油耗曲线附近工作。即使是在发动机工作点不变的情况下，也可以通过连续调整电动机的转速使车速连续变化。因此，采用转速耦合方式的混合动力电动汽车不需要无级变速器，便可以实现整车的无级变速。

3. 功率耦合

功率耦合方式的输出转矩与转速分别是发动机与电动机转矩和转速的线性和，可见发动机的转矩和转速都可控。

在采用功率耦合方式的混合动力电动汽车中，发动机的转矩和转速都可以自由控制，不受汽车工况的影响。因此，理论上可以通过调整电动机的转速和转矩，使发动机始终在最佳油耗点工作。但实际上，频繁调整发动机工作点可能会使经济性有所下降，因此，通常将发动机的工作点限定在经济区域内，缓慢调整发动机的工作点，使发动机工作相对稳定，经济性提高。采用功率耦合方式的混合动力电动汽车理论上不需要离合器和变速器，而且可实现无级变速。与前两种耦合方式相比，功率耦合方式无论是在优化发动机工作点方面还是在整车变速方面，都更具优越性。丰田普锐斯混合动力电动汽车采用单/双行星排混合动力系统，雷克萨斯 RX400h 混合动力电动汽车采用双行星排混合动力系统，其耦合方式都是功率耦合。

雷克萨斯 RX400h 混合动力电动汽车的动力耦合系统如图 6.15 所示。发动机和电动机 1 通过前排行星齿轮进行转速耦合，通过速度合成实现电动机 1 调节发动机转速，使发动机转速与车速独立，实现动力耦合器功能；转速合成后的动力与电动机 2 的动力形成转矩耦合。

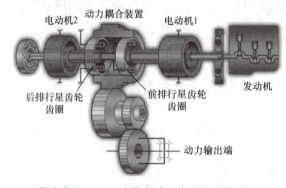

图 6.15　雷克萨斯 RX400h 混合动力电动汽车的动力耦合系统

功率耦合方式兼具转矩耦合方式和转速耦合方式的优点，能实现多种工作模式，可以充分发挥混合动力电动汽车节能减排的优势。虽然功率耦合方式结构复杂，控制困难，但随着制造技术和控制技术的发展，其已经成为混合动力电动汽车的发展趋势。

4. 牵引力耦合

牵引力耦合方式是指发动机驱动前轮（后轮），电动机驱动后轮（前轮），通过前、后车轮驱动力耦合多个动力源输出动力。这种耦合方式结构简单，改装方便，可实现单、双模式驱动及制动再生等驱动方式；但整车驱动控制更复杂，适合四轮驱动。

各种动力耦合类型的比较见表6-1。

表6-1 各种动力耦合类型的比较

| 动力耦合类型 | | 混合度 | 平顺性 | 复杂性 | 效率 | 控制 | 能量回收 | 成本 |
|---|---|---|---|---|---|---|---|---|
| 转矩耦合 | 齿轮耦合 | 中 | 差 | 低 | 高 | 容易 | 中 | 低 |
| | 磁场耦合 | 中 | 好 | 中 | 高 | 中 | 容易 | 中 |
| | 链或带耦合 | 低 | 中 | 低 | 低 | 容易 | 中 | 低 |
| 转速耦合 | 行星齿轮耦合 | 中 | 中 | 低 | 高 | 中 | 难 | 低 |
| | 差速器耦合 | 高 | 小 | 低 | 高 | 中 | 难 | 低 |
| 功率耦合 | | 高 | 好 | 高 | 中 | 较难 | 容易 | 高 |
| 牵引力耦合 | | 高 | 好 | 中 | 高 | 难 | 中 | 中 |

## 6.1.4 混合动力电动汽车的特点

混合动力电动汽车是将原动机、电动机、能量储存装置（电池）等组合在一起，它们之间的良好匹配和优化控制可充分发挥燃油汽车和电动汽车的优点，避免各自的不足，是具有实际开发意义的低排放、低油耗汽车。与纯电动汽车相比，混合动力电动汽车具有如下优点。

（1）由于有原动机作为辅助动力，电池的数量和质量减小，汽车自身质量减小。

（2）汽车的续驶里程和动力性可达到燃油汽车的水平。

（3）借助原动机的动力，带动空调、真空助力、转向助力及其他辅助电器，不需要消耗电池的电能，保证了驾驶人和乘客的舒适性。

与燃油汽车相比，混合动力电动汽车具有如下优点。

（1）可使原动机在最佳工况区域稳定运行，避免或减少发动机变工况下的不良运行，使得发动机的排污和油耗大大降低。

（2）在人口密集的商业区、居民区等地可用纯电动方式驱动汽车，实现零排放。

（3）由于可通过电动机提供动力，因此可配备功率较小的发动机，并可通过电动机回收汽车减速和制动时的能量，进一步降低汽车的能量消耗和排污量。

研发混合动力电动汽车的主要目的是降低石油能源的消耗量，降低汽车尾气中的有害气体量，减少大气污染。

表6-2列出了不同类型的混合动力电动汽车的性能比较。表6-3列出了不同类型的

混合动力电动汽车的特点。

表6-2 不同类型的混合动力电动汽车的性能比较

| 性　　能 | 串联式混合动力电动汽车 | 并联式混合动力电动汽车 | 混联式混合动力电动汽车 |
| --- | --- | --- | --- |
| 公路行驶燃油经济性 | 较优 | 优 | 优 |
| 城市道路行驶燃油经济性 | 优 | 较优 | 优 |
| 无路行驶燃油经济性 | 较优 | 优 | 优 |
| 低排放性能 | 优 | 较优 | 较优 |
| 成本 | 低 | 较低 | 较低 |
| 复杂程度 | 简单 | 较复杂 | 复杂 |
| 控制难易程度 | 容易 | 较难 | 难 |

表6-3 不同类型的混合动力电动汽车的特点

| 项　　目 | 串联式混合动力电动汽车 | 并联式混合动力电动汽车 | 混联式混合动力电动汽车 |
| --- | --- | --- | --- |
| 动力总成 | 发动机、发电机、电动机三大动力总成 | 发动机和电动机/发电机（或电动机）两大动力总成 | 发动机、电动机/发电机、电动机三大动力总成 |
| 驱动模式 | 电动机是唯一驱动模式 | 发动机驱动模式、电动机驱动模式、发动机/电动机混合驱动模式 | 发动机驱动模式、电动机驱动模式、发动机/电动机混合驱动模式、电动机/发电机混合驱动模式 |
| 传动效率 | 传动效率较低 | 传动效率较高 | 传动效率较高 |
| 制动能量回收 | 能够回收制动能量 | 能够回收制动能量 | 能够回收制动能量 |
| 整车布置 | 三大动力总成之间没有机械装置连接，结构布置的自由度较大，但三大动力总成的质量、尺寸都较大，一般应用于大型汽车 | 发动机驱动系统保持机械式传动系统，发动机与电动机之间由不同的机械装置连接，结构复杂，布置受到一定的限制 | 三大动力总成之间采用机械装置连接，三大动力总成的质量、尺寸较小，能够布置在小型汽车上，结构更加紧凑 |
| 适用条件 | 适用于大型客车或货车，适合在路况较复杂的城市道路和普通公路上行驶，性能更加接近电动汽车 | 适用于中小型汽车，适合在城市道路和高速公路上行驶，性能接近燃油汽车 | 适用于各种类型的汽车，可在各种道路上行驶，性能更加接近燃油汽车 |

## 6.2 混合动力电动汽车传动系统的参数匹配

### 6.2.1 发动机和电动机的参数匹配

根据并联式混合动力电动汽车的基本参数和设计目标,同时考虑发动机和电动机,进行整车最大总功率的匹配,确定发动机与电动机的主要参数。

混合动力电动汽车传动系统匹配仿真

并联式混合动力电动汽车在行驶过程中,其动力源于发动机和电动机。发动机和电动机的总功率取决于并联式混合动力电动汽车混合驱动时的最高车速、爬坡度及加速时间;发动机最大功率取决于汽车纯发动机模式下的最高车速;电动机峰值功率取决于汽车纯电动机模式下的最高车速。下面从并联式混合动力电动汽车混合驱动时的最高车速、爬坡度、加速时间、汽车纯发动机模式下的最高车速、汽车纯电动机模式时的最高车速五个方面进行发动机和电动机参数的匹配。

(1) 根据并联式混合动力电动汽车混合驱动时最高车速确定的整车最大总功率

$$P_{\max 1} = \frac{u_{\max}}{3600\eta_t}\left(mgf + \frac{C_D A u_{max}^2}{21.15}\right) \tag{6-6}$$

式中,$P_{\max 1}$ 为根据并联式混合动力电动汽车混合驱动时最高车速确定的整车最大总功率;$u_{\max}$ 为并联式混合动力电动汽车混合驱动时的最高车速;$m$ 为整车质量;$\eta_t$ 为传动系统效率;$g$ 为重力加速度;$f$ 为轮胎滚动阻力系数;$C_D$ 为空气阻力系数;$A$ 为迎风面积。

(2) 根据并联式混合动力电动汽车最大爬坡度确定的整车最大总功率

$$P_{\max 2} = \frac{u_p}{3600\eta_t}\left(mgf\cos\alpha_{\max} + mg\sin\alpha_{\max} + \frac{C_D A u_p^2}{21.15}\right) \tag{6-7}$$

式中,$P_{\max 2}$ 为根据并联式混合动力电动汽车最大爬坡度确定的整车最大总功率;$\alpha_{\max}$ 为最大坡度角;$u_p$ 为爬坡速度。

(3) 根据并联式混合动力电动汽车最短加速时间所需的整车最大总功率

$$P_{\max 3} = \frac{u}{3600\eta_t}\left(mgf + \frac{C_D A}{21.15}u^2 + \delta m \frac{du}{dt}\right) \tag{6-8}$$

式中,$P_{\max 3}$ 为根据并联式混合动力电动汽车最短加速时间确定的整车最大总功率;$\delta$ 为旋转质量换算系数;$u$ 为行驶速度;$\dfrac{du}{dt}$ 为加速度。

并联式混合动力电动汽车由静止原地起步的加速过程中,行驶速度

$$u = u_e\left(\frac{t}{t_e}\right)^{0.5} \tag{6-9}$$

式中,$u_e$ 为加速终止时的速度;$t_e$ 为由静止加速到 $u_e$ 所需的时间;$t$ 为加速时间。

根据最短加速时间确定的整车最大总功率

$$P_{\max 3} = \frac{1}{3600\eta_t}\left(mgf + \frac{u_e}{1.5} + \frac{C_D A u_e^3}{52.875} + \delta m \frac{u_e^2}{7.2t_e}\right) \tag{6-10}$$

并联式混合动力电动汽车的整车最大总功率

$$P_{\text{total}} \geqslant \max(P_{\max 1}, P_{\max 2}, P_{\max 3}) \tag{6-11}$$

（4）根据并联式混合动力电动汽车纯发动机模式最高车速确定的发动机最大功率

$$P_{\text{fmax}} = \frac{u_{\text{fmax}}}{3600\eta_t}\left(mgf + \frac{C_D A u_{\text{fmax}}^3}{21.15}\right) \tag{6-12}$$

式中，$P_{\text{fmax}}$ 为根据并联式混合动力电动汽车纯发动机模式最高车速确定的发动机最大功率；$u_{\text{fmax}}$ 为并联式混合动力电动汽车纯发动机模式的最高车速。

（5）根据并联式混合动力电动汽车纯电动机模式最高车速确定的电动机峰值功率

$$P_{\text{emax}} = \frac{u_{\text{emax}}}{3600\eta_t}\left(mgf + \frac{C_D A u_{\text{emax}}^2}{21.15}\right) \tag{6-13}$$

式中，$P_{\text{emax}}$ 为根据并联式混合动力电动汽车纯电动机模式最高车速确定的电动机峰值功率；$u_{\text{emax}}$ 为并联式混合动力电动汽车纯电动机模式的最高车速。

发动机峰值功率等于混合动力电动汽车整车最大总功率减去电动机峰值功率。

### 6.2.2 机械变速结构传动比匹配

机械变速结构是并联式混合动力电动汽车的主要传动装置，能够减速增扭。机械变速结构的匹配就是对机械变速结构中的转矩耦合器、变速器和主减速器进行匹配，以确定它们的传动比。

#### 1. 主减速器和转矩耦合器传动比的匹配

主减速器和转矩耦合器的传动比应满足并联式混合动力电动汽车纯发动机模式的最高车速要求，即

$$i_0 k_1 \leqslant \frac{0.377 n_{\text{fmax}} r}{u_{\text{fmax}}} \tag{6-14}$$

式中，$i_0$ 为主减速器传动比；$k_1$ 为转矩耦合器从发动机端到输出轴的传动比；$n_{\text{fmax}}$ 为发动机最高转速；$u_{\text{fmax}}$ 为并联式混合动力电动汽车纯发动机模式的最高车速。

当并联式混合动力电动汽车在纯发动机模式下以最高车速行驶时，为了获得发动机的最大功率，主减速比还应该满足

$$i_0 k_1 \geqslant \frac{0.377 n_{\text{ecp}} r}{u_{\text{fmax}}} \tag{6-15}$$

式中，$n_{\text{ecp}}$ 为发动机最大功率转速。

主减速器传动比与转矩耦合器从电动机端到输出轴的传动比应满足并联式混合动力电动汽车纯电动机模式的最高车速要求，即

$$i_0 k_2 \leqslant \frac{0.377 n_{\text{emax}} r}{u_{\text{emax}}} \tag{6-16}$$

式中，$k_2$ 为转矩耦合器从电动机端到输出轴的传动比；$n_{\text{emax}}$ 为电动机最高转速；$u_{\text{emax}}$ 为并联式混合动力电动汽车纯电动机模式的最高车速。

当并联式混合动力电动汽车在纯电动机模式下以最高车速行驶时，为了获得电动机的最大功率，主减速比还应该满足

$$i_0 k_2 \geqslant \frac{0.377 n_{\text{mcp}} r}{u_{\text{emax}}} \tag{6-17}$$

式中，$n_{\text{mcp}}$ 为电动机峰值功率转速。

### 2. 变速器传动比的匹配

对于应用转矩耦合器的并联式混合动力电动汽车来说，当转矩耦合器和主减速器传动比确定时，只需确定变速器一挡传动比就可以得到传动系统的最大传动比。

当并联式混合动力电动汽车低速爬坡时，不考虑空气阻力，其最大驱动力

$$F_{tamx} = F_f + F_{imax} \qquad (6-18)$$

式中，$F_{tmax}$ 为汽车最大驱动力；$F_f$ 为车轮滚动阻力；$F_{imax}$ 为汽车坡度阻力。

式(6-18)可写成

$$\frac{T_{tqmax} i_{g1} i_0 k_1 \eta_t}{r} = mgf\cos\alpha_{max} + mg\sin\alpha_{max} \qquad (6-19)$$

式中，$T_{tqmax}$ 为发动机最大转矩；$i_{g1}$ 为变速器一挡传动比；$\alpha_{max}$ 为最大坡度角。

变速器一挡传动比应满足

$$i_{g1} \geq \frac{mg(f\cos\alpha_{max} + \sin\alpha_{max})r}{T_{tqmax} i_0 k_1 \eta_t} \qquad (6-20)$$

确定变速器传动比后，需要验证所选发动机是否满足汽车的功率需求。在进行参数匹配时，选择发动机和变速器传动比是一个不断迭代的匹配过程，需要多次尝试，以得到最终的变速器传动比。

## 6.2.3 蓄电池的参数匹配

蓄电池的参数匹配主要包括电压等级的匹配、功率参数的匹配及能量参数的匹配。

(1) 电压等级的匹配。蓄电池组的电压等级主要取决于电动机的电压等级范围，电动机的峰值功率越大，电动机系统的电压等级就越高，对保证整个蓄电池组的电流不超过一定限制来说是有利的（功率一定）。但电压等级不能超过电源系统的最高电压限值，否则会引起系统的高压安全问题。一般交流感应电动机的电压等级有 288V、336V、600V 等。蓄电池组的标称电压应与电动机基本匹配，同时要求电动机控制器承受的电压范围与整个系统的电压范围一致，以保证系统运行可靠。

(2) 功率参数的匹配。蓄电池组的充放电功率应与发电机组的功率匹配，并满足电动机的功率要求，即蓄电池组的功率应大于电动机的最大功率。在混合动力电动汽车的实际应用中，当电动机大负荷工作时，电池快速放电，需要输出最大功率，此时需要给电动机输入大电流来提供驱动所需的最大功率。

蓄电池的最大需求功率

$$P_{ess} = \frac{P_{emax}}{\eta_e} \qquad (6-21)$$

式中，$P_{ess}$ 为蓄电池的最大需求功率。

在一定限值内，蓄电池的功率越大，汽车的节油率越高，但随着功率的增大，汽车的总整备质量增大，超过一定限定值反而会使节油率下降，并且蓄电池组的功率越大，电池成本越高。所以应该综合考虑选择蓄电池的功率。

(3) 能量参数的匹配。蓄电池总能量需要根据纯电动机模式下的续驶里程确定。

$$E_b = \frac{(mgf + C_D A u_a^2 / 21.15) S_a}{3.6 \eta_t \eta_e \eta_d (SOC_H - SOC_L)} \qquad (6-22)$$

式中，$E_b$ 为蓄电池总能量；$u_a$ 为平均车速；$S_a$ 为车速为 $u_a$ 时的续驶里程；$SOC_H$ 为初始

SOC 值；$SOC_L$ 为终止 SOC 值。

蓄电池容量为总能量与额定电压的比值，即

$$C_e = \frac{E_b}{U_e} \tag{6-23}$$

（4）蓄电池荷电状态（SOC）。要求并联式混合动力电动汽车长时间稳定行驶前后的电池 SOC 值基本保持不变或变化很小，以避免电池深度充放电，从而延长蓄电池的使用寿命。此外，不同制造企业的电池 SOC 值最佳工作范围有所不同，常用的镍氢蓄电池和锂离子蓄电池 SOC 值为 0.3～0.7。

### 6.2.4 仿真实例

混合动力电动汽车动力传动系统匹配所需参数见表 6-4。

表 6-4 混合动力电动汽车动力传动系统匹配所需参数

| 参　　数 | 参 数 值 |
| --- | --- |
| 整车质量/kg | 2470 |
| 滚动阻力系数 | 0.012 |
| 空气阻力系数 | 0.62 |
| 迎风面积/m² | 6.216 |
| 车轮半径/m | 0.364 |
| 旋转质量换算系数 | 1.3 |
| 传动系统效率 | 0.95 |
| 电动机效率 | 0.9 |
| 电池放电效率 | 0.95 |
| 附件能量消耗比例系数 | 0.18 |

并联式混合动力电动汽车的设计目标如下。

(1) 混合驱动模式下的最高车速为 100km/h。
(2) 混合驱动模式下，30km/h 的最大爬坡度为 30%。
(3) 混合驱动模式下，0～100km/h 的加速时间为 14s。
(4) 纯发动机模式下的最高车速为 85km/h。
(5) 纯电动机模式下的最高车速为 60km/h。
(6) 混合度大于 40%。
(7) 纯电动续驶里程为 30km。

#### 1. 发动机和电动机参数匹配

(1) 发动机和电动机功率的匹配。根据发动机和电动机匹配数学模型，编写发动机和电动机功率需求仿真模型，如图 6.16 所示。

运行发动机和电动机功率需求仿真模型，得到行驶速度-整车总功率曲线，如图 6.17 所示；爬坡速度-整车总功率曲线如图 6.18 所示；加速时间-整车总功率曲线如图 6.19 所示；行驶速度-发动机功率曲线如图 6.20 所示；行驶速度-电动机功率曲线如图 6.21 所示。同时，根据并联式混合动力电动汽车混合驱动模式的最高车速确定的整车最大总功率

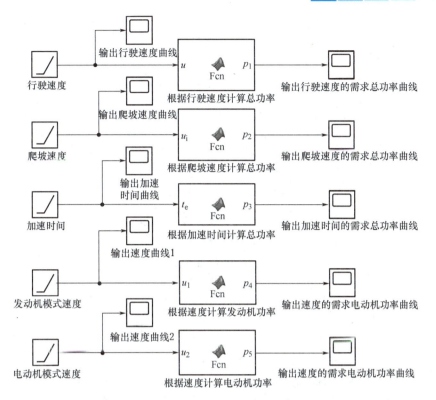

图 6.16 发动机和电动机功率需求仿真模型

$P_{max1}=102.26kW$,根据最大爬坡度确定的整车最大总功率 $P_{max2}=64.86kW$,根据加速时间确定的整车最大总功率 $P_{max3}=120.12kW$;根据并联式混合动力电动汽车纯发动机模式的最高车速确定的发动机最大功率 $P_{emax}=39.94kW$;根据并联式混合动力电动汽车纯电动机模式的最高车速确定的电动机峰值功率 $P_{mmax}=16.6kW$。

选择发动机的最大功率为 70kW,电动机的峰值功率为 50kW,混合度为 41.7%。

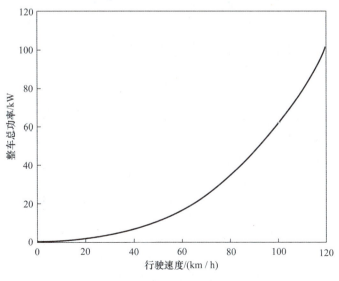

图 6.17 行驶速度-整车总功率曲线

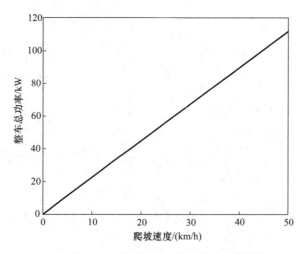

图 6.18　爬坡速度-整车总功率曲线

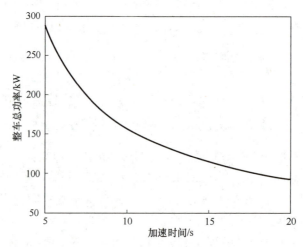

图 6.19　加速时间-整车总功率曲线

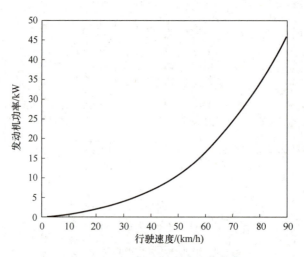

图 6.20　行驶速度-发动机功率曲线

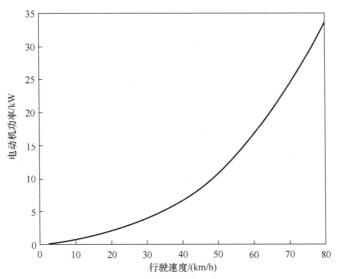

图 6.21 行驶速度-电动机功率曲线

（2）发动机参数的确定。根据发动机最大功率匹配结果，选取一款柴油机。发动机匹配参数见表 6-5。

表 6-5 发动机匹配参数

| 参　　数 | 参　数　值 |
|---|---|
| 最大功率/kW | 70 |
| 最大功率转速/(r/min) | 4000 |
| 最大转矩/(N·m) | 223 |
| 最大转矩转速/(r/min) | 1900 |
| 最高转速/(r/min) | 4400 |

（3）电动机参数的确定。已经确定电动机的峰值功率为 50kW。根据设计电动机的经验，电动机的过载系数为 2～3，考虑到过载系数较大时电动机的设计难度较大，过载系数一般取 2。由于过载系数是电动机峰值功率与额定功率的比值，因此电动机的额定功率取 25kW。

由于车用电动机一般选用中高速电动机，同时考虑到电动机的功率密度与可靠性因素，因此电动机的最高转速取 6000r/min。用扩大恒功率系数 $\beta$ 表示电动机最高转速与额定转速的比值，一般取 $\beta=2\sim4$，如果取 $\beta=2.5$，那么电动机的额定转速为 2400r/min。

根据电动机额定功率、峰值功率和额定转速，得到电动机的额定转矩为 99N·m，电动机的峰值转矩为 198N·m。

综上所述，驱动电动机匹配参数见表 6-6。

表 6-6 驱动电动机匹配参数

| 参　　数 | 参　数　值 |
|---|---|
| 额定功率/kW | 25 |
| 峰值功率/kW | 50 |
| 额定转矩/(N·m) | 99 |
| 峰值转矩/(N·m) | 198 |
| 额定转速/(r/min) | 2400 |
| 最高转速/(r/min) | 6000 |
| 额定电压/V | 336 |

**2. 机械变速结构传动比匹配**

根据主减速器和转矩耦合器传动比的匹配公式，利用已知参数，得到 $6.46 \leqslant i_0 k_1 \leqslant 7.10$，$11.44 \leqslant i_0 k_2 \leqslant 13.72$。

考虑到主减速器和转矩耦合器的体积，可以初步确定 $i_0$、$k_1$ 和 $k_2$。主减速器和转矩耦合器的传动比见表 6-7。

表 6-7 主减速器和转矩耦合器的传动比

| 组数 | $i_0$ | $k_1$ | $k_2$ |
|---|---|---|---|
| 1 | 3.2 | 2.03 | 3.75 |
| 2 | 3.35 | 2.03 | 3.58 |
| 3 | 3.5 | 2.03 | 3.43 |

根据变速器传动比的匹配公式，得到 $i_{g1} \geqslant 2.35$。

初步确定变速器一挡传动比为 2.5，对一挡传动比进行等比级数分配，可确定其他挡位的传动比。变速器各挡位的传动比见表 6-8。

表 6-8 变速器各挡位的传动比

| 挡位 | 传动比 |
|---|---|
| 1 | 2.50 |
| 2 | 1.84 |
| 3 | 1.36 |
| 4 | 1.00 |
| 5 | 0.74 |

根据匹配的发动机，发动机转速与转矩见表 6-9。

表 6-9 发动机转速与转矩

| 转速/(r/min) | 899 | 1194 | 1593 | 1892 | 2389 | 2788 | 3186 | 3584 | 3982 | 4400 |
|---|---|---|---|---|---|---|---|---|---|---|
| 转矩/(N·m) | 121.8 | 152.3 | 200.8 | 217.3 | 206.5 | 198.5 | 187.4 | 176.5 | 161.5 | 103.2 |

利用表 6-9 中的转速与转矩数据，编写发动机转矩与转速关系曲线拟合的 MATLAB 程序，利用曲线拟合工具箱，得到发动机转矩与转速的关系为

$$T_{tq} = -6.936 \times 10^{-15} n^5 + 8.447 \times 10^{-11} n^4 - 3.76 \times 10^{-7} n^3 + 7.14 \times 10^{-4} n^2 - 0.4782 n + 195.1 \quad (6-24)$$

根据表 6-7 和表 6-8 确定三组传动比，见表 6-10。

表 6-10 三组传动比

| 指标 | 第 1 组 | 第 2 组 | 第 3 组 |
| --- | --- | --- | --- |
| $i_0$ | 3.2 | 3.35 | 3.5 |
| $k_1$ | 2.03 | 2.03 | 2.03 |
| $k_2$ | 3.75 | 3.58 | 3.43 |
| $i_{g1}$ | 2.50 | 2.50 | 2.50 |
| $i_{g2}$ | 1.84 | 1.84 | 1.84 |
| $i_{g3}$ | 1.36 | 1.36 | 1.36 |
| $i_{g4}$ | 1.00 | 1.00 | 1.00 |
| $i_{g5}$ | 0.74 | 0.74 | 0.74 |

根据变速器传动比匹配数学模型，建立汽车功率平衡仿真模型，如图 6.22 所示。

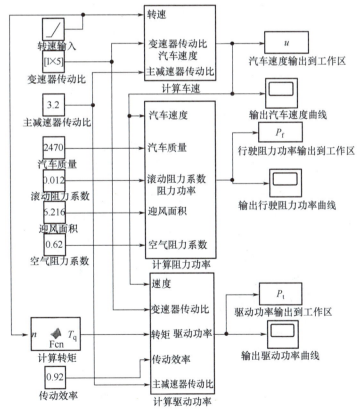

图 6.22 汽车功率平衡仿真模型

运行汽车功率平衡仿真模型,得到表6-10所示三组传动比的功率平衡曲线,如图6.23至图6.25所示。

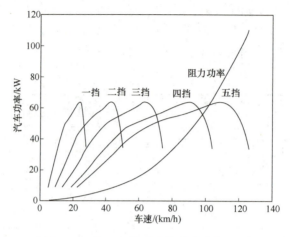

图 6.23　第 1 组传动比的功率平衡曲线

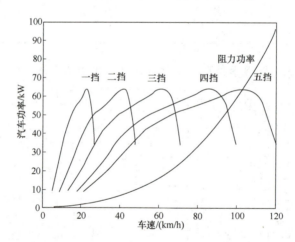

图 6.24　第 2 组传动比的功率平衡曲线

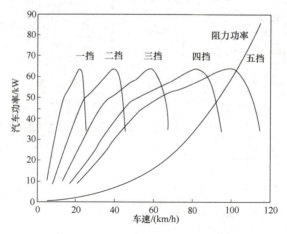

图 6.25　第 3 组传动比的功率平衡曲线

对比分析图 6.23 至图 6.25 中的三组传动比功率平衡曲线，可以看出，主减速器传动比越大，汽车的后备功率越大，汽车的最高车速越大。但是考虑到整车的燃油经济性及主减速器的体积，主减速器传动比不宜过大。综合考虑，选择第 2 组传动比的主减速器比较合适。

3. 蓄电池参数匹配

（1）电压等级的选择。根据已经确定的电动机的电压等级，选取 336 为蓄电池的电压等级。

（2）能量参数的确定。根据蓄电池参数匹配数学模型，建立蓄电池参数匹配仿真模型，如图 6.26 所示。

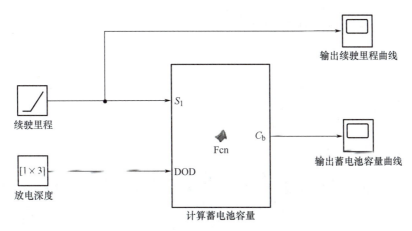

图 6.26　蓄电池参数匹配仿真模型

运行蓄电池参数匹配仿真模型，得到不同电池放电深度下的纯电动续驶里程与电池容量的关系曲线，如图 6.27 所示；同时输出行驶速度为 60km/h、电池放电深度为 70% 所需的电池容量 $C_E \geqslant 100.7 \mathrm{A \cdot h}$。

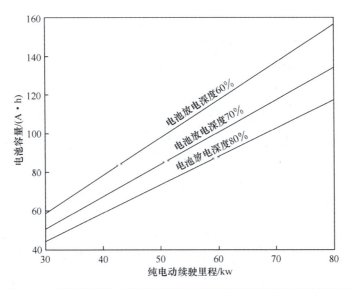

图 6.27　不同电池放电深度下的纯电动续驶里程与电池容量的关系曲线

(3) 蓄电池功率参数的选择。根据电动机的峰值功率，得蓄电池最大功率应大于 61.7kW，考虑到汽车的附件功率，最终确定蓄电池的最大功率为 65kW。

(4) 单体蓄电池数目和连接方式的确定。选取三元锂电池，其单体蓄电池的电压为 3.7V，容量为 1.2A·h。为了满足蓄电池电压的要求，选用 92 个单体蓄电池串联，串联后的蓄电池组电压为 340.4V，容量为 110.4A·h，满足匹配的电池电压及电池容量要求。

综上所述，蓄电池匹配参数见表 6-11。

表 6-11 蓄电池匹配参数

| 参　　数 | 参 数 值 |
| --- | --- |
| 电池容量/(A·h) | 110.4 |
| 单体蓄电池数目 | 92 |
| 单体蓄电池电压/V | 3.7 |
| 额定电压/V | 336 |

改变混合动力电动汽车的参数，使用仿真程序，可以对任意混合动力电动汽车的传动系统参数进行匹配。

## 6.3　混合动力电动汽车制动能量回收系统

制动能量回收系统是混合动力电动汽车的重要组成部分，又称再生制动系统，是指汽车制动或下坡时将储存于车身的势能和动能通过电动机转换为电能，并储存于储能装置的系统。

制动能量回收系统的结构与原理如图 6.28 所示。该系统由驱动轮、主减速器、变速器、电动机、AC/DC 变换器、DC/DC 变换器、能量储存系统（电池）及电动机控制器等组成。

制动能量回收模式

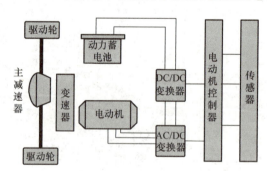

图 6.28　制动能量回收系统的结构与原理

在汽车制动或滑行过程中，根据驾驶人的制动意图，由控制器计算得到汽车需要的总制动力，再根据一定的制动力分配控制策略，得到电动机应该提供的电动机再生制动力。电动机控制器计算需要的电动机电枢中的制动电流，通过一定的控制方法使电动机跟踪需要的制动电流，从而较准确地提供再生制动力矩，电动机电枢中产生的电流经 AC/DC 变换器整流，再经 DC/DC 变换器反充到储能装置储存起来。

## 6.3.1 混合动力电动汽车制动力分配控制策略

混合动力电动汽车制动力由前、后车轮制动器提供的制动力和电动机提供的再生制动力三部分组成,其中再生制动力只作用在驱动轮上。其采用三种制动力分配控制策略,即前、后车轮制动力理想分配时的控制策略,前、后车轮制动力比例分配时的控制策略,最优能量回收控制策略。

**1. 前、后车轮制动力理想分配时的控制策略**

汽车制动时,如果前、后车轮制动力理想分配,则前、后车轮同时抱死,对附着条件的利用、制动时汽车的方向稳定性均有利。图 6.29 所示为电液制动系统原理。此系统可以实现制动力的理想分配。

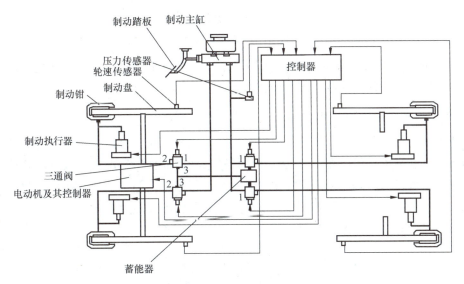

图 6.29 电液制动系统原理

当驾驶人踩制动踏板时,压力传感器得到制动力信息,在控制器中计算得到四个车轮上的制动器制动力和电动机的再生制动力矩,并传输到各轮制动执行器和电机控制器,通过一定的控制方法,使实际制动力按需要的制动力变化。此时三通阀 1 口与 3 口连通,液体压力储存在蓄能器中,同时得到制动踏板的脚感。当控制器检测到车轮的制动执行器出现故障时,控制器发出控制信号,使该车轮对应的三通阀 1 口与 2 口连通,该车轮同样能得到制动的效果,保证制动系统的可靠性。

图 6.30 所示为前、后车轮制动力理想分配时的控制策略。图中的最小后轮制动力曲线是根据我国行业标准提出的要求。联合国欧洲经济委员会法规规定,对于附着系数 $\varphi=0.2\sim0.8$ 的汽车,要求制动强度 $z\geqslant 0.1+0.85(\varphi-0.2)$。

图 6.30 中横轴为前轴上的总制动力(前轮制动力),纵轴为后轴上的总制动力(后轮制动力)。当制动减速度较小时,仅再生制动系统工作;当制动减速度增大时,前、后轴制动力将被控制在理想制动力分配曲线上。其中,前轴制动力等于再生制动力和机械制动力总和。当控制系统得到驾驶人的减速度要求时,前轴制动力根据制动电动机的特性和车

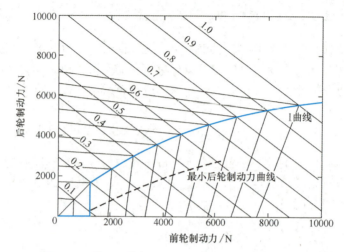

图 6.30　前、后车轮制动力理想分配时的控制策略

载能量储存系统的 SOC 值，决定驱动轴制动力是由制动能量回收系统单独提供，还是由机械制动系统和制动能量回收系统共同提供。

2. 前、后车轮制动力比例分配时的控制策略

对轿车来说，空载和满载的 I 曲线很接近，只用比例阀就可以满足制动稳定性和附着系数利用率高的要求。如何在对原有制动系统进行细微改动的情况下，从驱动轮分离出再生制动力呢？可以采用另一种分配控制策略——并行制动。并行制动是指再生制动与机械制动以固定的关系分享驱动轮制动力。也就是说，驱动轮制动力等于再生制动力与机械制动力的和。并行制动控制策略如图 6.31 所示。

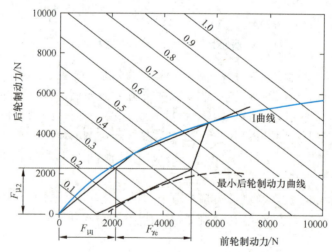

$F_{\mu 1}$—前轮制动力；$F_{\mu 2}$—后轮制动力；$F_{\gamma e}$—再生制动力

图 6.31　并行制动控制策略

当需要的制动力较小时，制动能量回收系统单独作用，其中包括对发动机制动的模拟；当需要的制动力增大时，再生制动力所占的比率逐渐减小，机械制动系统开始起作用；当总制动力大于一定值时，意味着这是一个紧急制动，再生制动力减小到零，机械制动系统提供所有制动力；当所需的制动力在两者之间时，制动能量回收系统与机械制动系统共同作用。

**3. 最优能量回收控制策略**

最优能量回收控制策略是指当总制动力小于此时能提供的最大再生制动力时，仅制动能量回收系统起作用；当总制动力大于此时能提供的最大再生制动力时，总制动力减去最大再生制动力是应该提供的机械制动力，剩余的机械制动力将分配为前轮机械制动力和后轮机械制动力。前、后车轮机械制动力的分配按照"尽量使总的前、后车轮制动力分配接近理想制动力曲线"的原则。

图 6.32 所示为最优能量回收控制策略。从图中可以看出，只要满足地面附着条件，前、后轴的制动力就（前、后车轮制动力）可以在一定范围内变化。其中，地面附着系数 0.7、制动强度 0.5 是假设值。在这种情况下，应该优先采用再生制动。

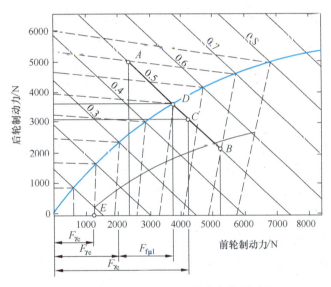

$F_{\gamma e}$—再生制动力；$F_{f\mu 1}$—前轮摩擦制动力

**图 6.32　最优能量回收控制策略**

最优能量回收控制策略存在以下三种情况。

(1) 如果现有的最大再生制动力在 $AB$ 线段上，并且在横坐标的投影范围内，如图 6.32 中 $C$ 点在横坐标的投影，那么作用在前轴上的制动力应该由电动机单独提供，控制器应该将后轮制动力控制在 $C$ 点对应的点上。

(2) 如果现有的再生制动力在 $A$ 点横坐标左边，那么再生制动力应该控制在电动机的最大制动力处，并且控制器应该控制前、后车轮摩擦制动力达到图中 $D$ 点。

(3) 在制动力需求很小的情况下，如果再生制动力自己可以满足要求，那么只用再生制动力。

从硬件组成方面考虑，前、后车轮制动力理想分配时的控制策略和最优控制策略都需要一套专门的制动力控制系统来控制前、后车轮的摩擦制动力，系统复杂，而并行制动控制策略可以在对原有制动系统做很小改动的情况下，通过控制电动机的电流来控制再生制动力，从而控制制动能量回收的效果。

### 6.3.2 混合动力电动汽车制动力分配控制策略的实现

下面以并联式混合动力电动汽车为例，介绍如何实现制动力分配控制策略。

ADVISOR 软件设计了汽车、发动机（燃料转换器）、电池系统（能源储存系统）和电动机系统等部件的仿真模型。图 6.33 所示为并联式混合动力电动汽车的仿真模型。每个仿真模型都有各自的部件数据文件，在 \ADVISOR 2002\data 目录下的子目录中。

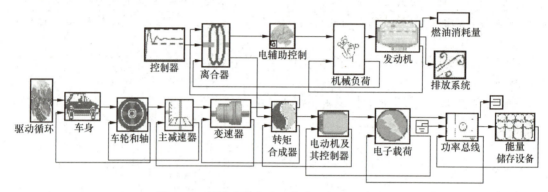

图 6.33 并联式混合动力电动汽车的仿真模型

#### 1. ADVISOR 中的制动力分配模型

ADVISOR 是集后向仿真与前向仿真于一体的软件。后向仿真程序通常不包括驾驶人行为模型，并且只能通过迭代预测最大极限性能。前向仿真包括驾驶人模型，可以试图调整发动机进气喉管和制动命令来跟踪预定的行驶工况。前向仿真程序擅长计算最大极限性能，但是计算速度通常较小。

#### 2. 理想制动力分配策略实现

理想制动力分配时，前轮和后轮的总制动力按照 I 曲线分配，而驱动轮上的摩擦制动力和再生制动力分配按照如下原则：当驱动轮上总的制动力小于或等于此时能够提供最大再生制动力时，只有制动能量回收系统起作用；当驱动轮上总的制动力大于此时能够提供的最大再生制动力时，再生制动力工作在最大值，其他制动力由摩擦制动力补充。

理想制动力分配时的再生制动控制框图如图 6.34 所示。输入量为总制动力和电动机最大再生制动力矩，其中总制动力由制动踏板力传感器得到，电动机的最大再生制动力矩由存储在芯片中的电动机特性曲线和电动机转速信号通过查表得到。输出量为前轮（驱动轮）再生制动力、前轮摩擦制动力和后轮摩擦制动力。

#### 3. 并行制动力分配策略实现

并行制动力分配时前轮和后轮的总制动力按照图 6.31 分配，驱动轮上的再生制动力按照图 6.32 确定，驱动轮上的摩擦制动力等于驱动轮上总制动力减去驱动轮上的再生制动力。

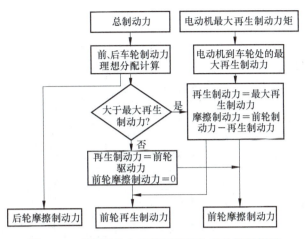

图 6.34　理想制动力分配时的再生制动控制框图

并行制动力分配时的再生制动控制框图如图 6.35 所示。输入量为总制动力，由制动踏板力传感器得到。再生制动力由存储在芯片中的再生制动力控制曲线（图 6.32）得到。前、后车轮总摩擦制动力等于总制动力减去再生制动力。前、后车轮摩擦制动力通过制动回路中的液压比例阀分配。控制算法的输出量为前轮（驱动轮）再生制动力、前轮摩擦制动力和后轮摩擦制动力，其中前轮（驱动轮）再生制动力由电动机控制单元控制。

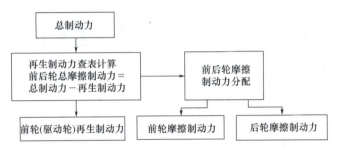

图 6.35　并行制动力分配时的再生制动控制框图

**4. 最优制动力分配策略实现**

最优制动力分配时，优先采用再生制动，即在总制动力小于或等于此时能够提供的最大再生制动力时，只有制动能量回收系统起作用；当总制动力大于此时能够提供的最大再生制动力时，剩余制动力由摩擦制动力提供。

最优制动力分配时的再生制动控制算法框图如图 6.36 所示。控制算法的输入量为总制动力和电动机最大再生制动力矩。其中，总制动力由制动踏板力传感器得到，电动机最大再生制动力矩由存储在芯片中的电动机特性曲线和电动机转速信号通过查表得到。控制算法的输出量为前轮（驱动轮）再生制动力、前轮摩擦制动力和后轮摩擦制动力，这三个量分别输送到电动机控制单元、前轮摩擦制动力调节装置和后轮摩擦制动力调节装置。

将建立的三种控制策略模型嵌入 ADVISOR 软件，可以建立混合动力车型的制动力控制策略模型，通过仿真得到各种制动工况下的制动能量回收效率和制动力分配情况，研究

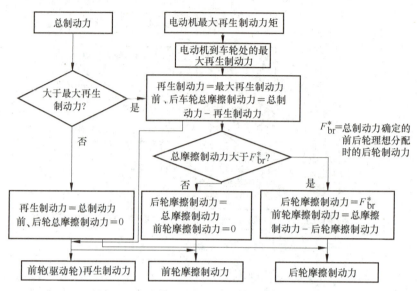

图 6.36 最优制动力分配时的再生制动控制算法框图

再生制动控制策略的有效性。如果制动能量回收效率和制动力分配情况不理想，则可以进一步优化控制策略模型，这里不作介绍。

## 6.4 混合动力电动汽车的能量管理

作为一种多能量源交通工具，混合动力电动汽车的性能与能量管理策略密切相关。能量管理策略是燃油汽车与纯电动汽车完美结合的纽带，是混合动力电动汽车成功的决定性因素。

能量管理策略的控制目标是根据驾驶人的操作（如对加速踏板、制动踏板等的操作），判断驾驶人的意图，在满足汽车动力性的前提下，最优分配电动机、发动机、动力电池等部件的输出功率，实现能量的最优分配，提高汽车的燃油经济性和排放性。由于混合动力电动汽车中的动力蓄电池不需要外部充电，因此能量管理策略还应考虑动力蓄电池的荷电状态平衡，以延长电池使用寿命，降低汽车维护成本。

### 6.4.1 混合动力电动汽车的能量管理策略

混合动力电动汽车的结构不同，能量管理策略也不同。国内外学者提出了如下能量管理策略。

**1. 串联式混合动力电动汽车的能量管理策略**

由于串联式混合动力电动汽车的发动机与汽车行驶工况没有直接联系，因此其能量管理策略的主要目标是使发动机在最佳效率区和排放区工作。为了优化能量、分配整体效率，还应考虑传动系统的动力蓄电池、发动机、电动机和发电机等部件。下面介绍串联式混合动力电动汽车的三种基本能量管理策略。

(1) 恒温器策略。

当动力蓄电池的 SOC 值小于设定值下限时，起动发动机，在最低油耗或排放点按恒功率模式输出，其中一部分功率用于满足车轮驱动功率要求，另一部分功率给动力蓄电池充电。当动力蓄电池的 SOC 值上升到设定值上限时，发动机关闭，由电动机驱动汽车。该策略的优点是发动机效率高、排放量低；缺点是动力蓄电池充放电频繁，加上发动机开关时的动态损耗，系统总体的损失功率增大，能量转换效率较低。

(2) 功率跟踪式策略。

由发动机全程跟踪汽车功率需求，只有当动力蓄电池的 SOC 值大于设定值上限，且仅由动力蓄电池提供的功率能满足汽车需求时，发动机才停机或怠速运行。由于动力蓄电池容量小，因此动力蓄电池充放电次数减少也会使系统内部损失减少。但是发动机必须在从低到高的较大负荷区内运行，使得发动机的效率和排放量不如恒温器策略下发动机的效率和排放量。

(3) 基本规则型策略。

基本规则型策略综合了恒温器策略与功率跟踪式策略的优点，根据发动机负荷特性图设定高效率工作区，根据动力蓄电池的充放电特性设定了动力蓄电池高效率的荷电状态范围；并设定一组控制规则，根据需求功率和 SOC 值进行控制，以充分利用发动机和动力蓄电池的高效率区，使整体效率最高。

### 2. 并联式混合动力电动汽车的能量管理策略

并联式混合动力电动汽车的能量管理策略属于基于转矩的控制，主要有以下四类。

(1) 静态逻辑门限策略。

静态逻辑门限策略通过设置车速、动力蓄电池的 SOC 值上下限、发动机工作转矩等一组门限参数，限定动力系统各部件的工作区域，并根据汽车实时参数及预先设定的规则调整动力系统各部件的工作状态，以提高汽车整体性能，实现简单，实际应用较广泛。但由于其主要依靠工程经验设置门限参数，静态逻辑门限策略无法保证汽车燃油经济性最优，而且这些静态参数不能适应工况的动态变化，无法使整车系统效率最高。

(2) 瞬时优化能量管理策略。

针对静态逻辑门限策略的缺点，一些学者提出了瞬时优化能量管理策略。瞬时优化能量管理策略一般采用等效燃油消耗最少法或功率损失最小法，二者原理相似，下面仅介绍等效燃油消耗最少法。等效燃油消耗最少法是将电动机的等效燃油消耗与发动机的实际燃油消耗之和定义为名义燃油消耗，将电动机的能量消耗转换为等效的发动机燃油消耗，得到一张类似于发动机万有特性图的电动机等效燃油消耗图。在某个工况瞬时，从保证系统在每个工作时刻的名义燃油消耗最少出发，确定电动机的工作范围（用电动机转矩表示），同时确定发动机的工作点，对每对工作点计算发动机的实际燃油消耗及电动机的等效燃油消耗，选择名义燃油消耗最少的点作为当前工作点，实现对发动机、电动机输出转矩的合理控制。该策略还可采用多目标优化技术，采用一组权值协调排放量和燃油消耗同时优化存在的矛盾。虽然等效燃油消耗最少法在每个步长内是最优的，但是无法保证在整个运行区间内是最优的，而且需要大量浮点运算和比较精确的汽车模型，计算量大，实现困难。

(3) 全局最优能量管理策略。

全局最优能量管理策略是应用最优化方法和最优化控制理论开发出来的混合动力系统

能量分配策略，主要有基于多目标数学规划方法的能量管理策略、基于古典变分法的能量管理策略和基于贝尔曼方程的能量管理策略三种。

研究最成熟的是基于贝尔曼方程的能量管理策略。该策略先建立的是空间状态方程，然后计算在约束条件下满足性能指标的最优解。为了满足电池荷电状态平衡下的约束条件，采用拉格朗日乘子法推导出的性能指标，除了包含燃油消耗，还包括荷电状态变化量。采用迭代方法计算其拉格朗日系数，可以得到满足荷电状态平衡的约束条件最优解。该策略只适用于特定的驾驶循环，即必须预先精确知道汽车的需求功率，因而不能用于在线控制。

全局优化模式实现了真正意义上的最优化，但实现这种策略的算法往往比较复杂，计算量也很大，在实际的汽车实时控制中很难得到应用。通常的做法是以应用全局优化算法得到的能量管理策略为参考，帮助总结和提炼用于在线控制的能量管理策略，如与逻辑门限策略结合，在保证可靠性和实际可能性的前提下进行优化控制。

（4）模糊能量管理策略。

模糊能量管理策略基于模糊控制方法决策混合动力系统的工作模式和功率分配，其将"专家"的知识以规则的形式输入模糊控制器，模糊控制器将车速、电池 SOC 值、需求功率/转矩等输入量模糊化，基于设定的控制规则完成决策，以实现对混合动力系统的合理控制，从而提高汽车的整体性能。基于模糊逻辑的策略可以表达难以精确定量表达的规则；可以方便地实现不同影响因素（功率需求、电池 SOC 值、电动机效率等）的折中；鲁棒性好。但是模糊控制器的建立主要依靠经验，无法获得全局最优。

3. 混联式混合动力电动汽车的能量管理策略

混联式混合动力电动汽车具有特有的传动系统结构（如采用行星齿轮传动），除采用瞬时优化能量管理策略、全局优化能量管理策略和模糊能量管理策略（与并联式混合动力电动汽车能量管理策略原理类似），还采用一些特有的能量管理策略（发动机恒定工作点策略和发动机最优工作曲线策略）。

（1）发动机恒定工作点策略。

由于采用行星齿轮机构，发动机转速可以独立于车速变化，因此发动机工作在最优工作点，提供恒定的转矩输出，而剩余的转矩由电动机提供。电动机负责动态部分，避免发动机动态调节带来的损失，而且与发动机相比，电动机的控制更灵敏、更易实现。

（2）发动机最优工作曲线策略。

发动机工作在万有特性图中的最佳油耗线上，只有当发电机电流需求超出电池的接受能力或者电动机驱动电流需求超出电动机或电池的允许限制时，才调整发动机的工作点。

## 6.4.2　混合动力电动汽车的工作模式

混合动力电动汽车的实际运行工况十分复杂，主要包括起步、加速、减速、巡航、上坡、下坡、制动、停车、倒车等。混合动力电动汽车是由两种动力源驱动的，由于发动机和电动机两套动力系统分别有不同的高效工作区，因此为了充分发挥混合动力系统的优势，汽车在不同运行工况下应具有不同的工作模式，以充分提高汽车的整体性能。

1. 串联式混合动力电动汽车的工作模式

串联式混合动力电动汽车的工作模式如下。

(1) 纯电动机驱动模式。纯电动机驱动模式是指发动机关闭,由动力蓄电池向驱动电动机提供电能,驱动汽车行驶。

(2) 纯发动机驱动模式。纯发动机驱动模式是由发动机-发电机组向驱动电动机提供电能,驱动汽车行驶;动力蓄电池既不供电,又不从传动系统中获取能量。

(3) 混合驱动模式。混合驱动模式是指发动机-发电机组和动力蓄电池共同向驱动电动机提供电能,驱动汽车行驶。

(4) 行车充电模式。行车充电模式是指发动机-发电机组向驱动电动机提供电能驱动汽车行驶以外,同时为动力蓄电池充电。

(5) 混合充电模式。混合充电模式是指发动机-发电机组和运行在发电机状态下的驱动电动机(发电机)共同为动力蓄电池充电。

(6) 再生制动模式。再生制动模式是指发动机-发电机组关闭,驱动电动机(发电机)运行在发电动机状态,通过消耗汽车本身的动能产生电功率为动力蓄电池充电。

(7) 停车充电模式。停车充电模式是指汽车停止行驶,驱动电动机不接收功率,发动机-发电机组仅为动力蓄电池充电。

### 2. 并联式混合动力电动汽车的工作模式

并联式混合动力电动汽车的工作模式如下。

(1) 纯电动机驱动模式。当混合动力电动汽车处于起步、低速等轻载工况且动力蓄电池的电量充足时,若以发动机作为动力源,则发动机燃料经济性和排放性较差。此时关闭发动机,由动力蓄电池提供能量,并用电动机驱动汽车行驶。但当动力蓄电池电量较低时,为保护动力蓄电池,应该切换到行车充电模式。

(2) 纯发动机驱动模式。当混合动力电动汽车高速平稳运行或者行驶在城市郊区等排放要求不高的地方时,可由发动机单独工作驱动汽车行驶。在这种工作模式下,发动机工作于高效区,燃料经济性和传动效率都较高。

(3) 混合驱动模式。当混合动力电动汽车急加速或者爬坡时,发动机和电动机均处于工作状态,电动机作为辅助动力源协助发动机,为汽车提供急加速或者爬坡时所需的功率。在这种工作模式下,汽车的动力性能最佳。

(4) 行车充电模式。当混合动力电动汽车正常行驶时,若动力蓄电池的荷电状态未达到最高限值,发动机除要提供驱动汽车所需的动力外,其多余能量用于带动发电机为动力蓄电池充电。

(5) 再生制动模式。当混合动力电动汽车减速或者制动时,发动机不工作,利用电动机反拖作用既可以有效地辅助制动,又可以使电动机以发电机模式工作发电,然后给动力蓄电池充电,将回收的制动能量存储在动力蓄电池中,必要时释放出来驱动汽车行驶,提高了能量利用率和整车燃料经济性,降低了污染物的排放量。

(6) 停车充电模式。在停车充电模式下,通常关闭发动机和电动机,当动力蓄电池剩余电量不足时,可以起动发动机和电动机,控制发动机工作在高效区,并拖动电动机为动力蓄电池充电。

### 3. 混联式混合动力电动汽车的工作模式

混联式混合动力电动汽车的工作模式如下。

(1) 纯电动机驱动模式。纯电动机驱动模式是指汽车由动力蓄电池通过功率转换器为驱动电动机供电，驱动电动机通过动力合成器提供驱动功率。此时，发动机和发电机处于关闭状态。

（2）纯发动机驱动模式。纯发动机驱动模式是指仅由发动机向汽车提供驱动功率，动力蓄电池既不从传动系统中获取能量，又不提供电能。此时，驱动电动机和发电机处于关闭状态。

（3）混合驱动模式。混合驱动模式是指汽车的驱动功率由动力蓄电池和发动机共同提供，并通过动力合成器合成后，向机械传动装置提供动力。

（4）行车充电模式。行车充电模式是指发动机除提供汽车行驶所需的驱动功率外，同时向动力蓄电池提供充电功率。此时，发动机的功率由动力合成器分成两路，一路驱动汽车行驶，另一路带动发电机发电给动力蓄电池充电。

（5）再生制动模式。再生制动模式是指发动机处于关闭状态，驱动电动机处于发电机状态，通过消耗汽车本身的动能产生电功率为动力蓄电池充电。

（6）停车充电模式。停车充电模式是指汽车停止行驶，发动机通过动力合成器带动发电机发电，并向动力蓄电池提供电能进行充电。

### 6.4.3　混合动力电动汽车的模糊逻辑能量管理策略

下面以并联式混合动力电动汽车为例，介绍模糊逻辑能量管理策略。并联式混合动力电动汽车的能量管理系统普遍采用分级分布式结构，最上层为能量管理系统的决策单元，统一协调和控制各个低端控制器；中间层包括多个低端控制器；最下层为各个执行器。能量管理系统的决策单元接收驾驶人输入的指令、各个执行器的信息和环境信息，协调各子系统的工作。

#### 1. 并联式混合动力电动汽车的能量管理策略

对同一种并联形式的混合动力电动汽车来说，采用不同的管理策略可以得到不同的燃油消耗、排放量和电池 SOC 值。设计混合动力电动汽车的主要目的是在保证汽车性能的条件下，降低汽车的燃油消耗和排放量，同时要兼顾电池的使用寿命，基于这些目标，根据不同的侧重点，可以制定出不同的能量管理策略。

并联式混合动力电动系统的整车能量管理策略主要解决系统运行模式的切换和混合模式下的功率分配。

并联式混合动力电动系统有多种运行（能量流动）模式。根据不同的工况要求，以优化各部件工作点为目的，可以在这些运行模式中切换，以适应不同的工况，并联式混合动力电动系统的运行模式主要有起步模式、低速或城市工况模式、加速模式、巡航模式、减速模式和驻车模式等。

（1）起步模式。由于电动机具有低速大转矩的特性，因此混合动力电动汽车的起步由电动机单独完成。若电池 SOC 值较低，则由发动机提供起步时的动力；若电池的剩余电量适中，即电池 SOC 值中等，则由电动机驱动汽车，发动机关闭；若电池的剩余电量多，即电池 SOC 值较高，则由电动机驱动汽车，发动机关闭。

（2）低速或城市工况模式。当混合动力电动汽车在城市道路行驶或低速行驶时，若电池 SOC 值较高或为中等，则汽车所需动力由电动机单独提供，电动机所需能量由电池提供；若电池 SOC 值较低，则汽车所需动力由发动机提供，电动机转变为发电机为动力蓄电池充电。

(3) 加速模式。在加速模式下，控制策略主要是基于电池荷电状态制定的，由电能源提供汽车附加的驱动力的状态决定，主要考虑以下三种方式。

① 当电池 SOC 值较高时，若汽车弱加速，电动机只提供部分功率来辅助发动机驱动汽车；若汽车急加速，电动机提供最大功率来辅助发动机。

② 当电池 SOC 值为中等时，无论汽车是弱加速还是急加速，发动机都工作，电动机驱动汽车，并提供部分功率辅助汽车加速。

③ 当电池 SOC 值较低时，电动机空转，发动机的节气门全打开。

(4) 巡航模式。当发动机以恒定速度行驶时，由于汽车克服路面阻力保持恒定速度行驶时的转矩很小，因此发动机主要提供平均功率，而不是峰值功率。当发动机的功率大于路面所需的功率，并且电池 SOC 值较低时，电动机转变为发电机，为动力电池充电以满足下一步的使用要求。

(5) 减速模式。在减速模式下，有部分制动能量回收，通常有松开加速踏板和踩下制动踏板两种模式。在松开加速踏板模式下，电动机的反拖作用使车速缓慢下降，若电池 SOC 值较低或为中等，部分制动能量被回收，发动机关闭，电动机提供部分负转矩来给动力蓄电池充电；在踩下制动踏板模式下，车速迅速下降，若电池 SOC 值较低或为中等，大量制动能量被回收，电动机提供最大负转矩来给动力蓄电池充电，发动机关闭。如果动力蓄电池的剩余电量多，即电池 SOC 值较高，则电动机空转，发动机关闭。

(6) 驻车模式。在驻车模式下，汽车不需要能量，电动机空转，发动机关闭。若此时电池 SOC 值较低，则发动机开启，驱动电动机给动力蓄电池充电。

功率分配是系统能量管理策略研究的关键。通常功率分配可看作一个以减少燃油消耗和改善排放为目标的优化问题，决定了混合动力电动系统中发动机的工作区域。优化程度（或者说发动机工作点选择方式）不同，采用的功率分配策略也不同，大体上可以分为恒定工作点策略、优化工作区策略、ICE 优化曲线策略、瞬时优化策略、全局优化策略、智能优化策略等。

### 2. 并联式混合动力电动汽车的模糊逻辑能量管理策略

由于汽车在不同工况下的能量需求及电池 SOC 值不同，因此混合动力电动汽车能量管理系统是一个复杂的非线性系统。模糊控制是指基于模糊推理，模仿人的思维方式，对难以建立精确数学模型的对象实施的控制，它是模糊数学与控制理论结合的产物。它具有不要求知道被控对象的精确数学模型，只需提供现场操作人员的经验知识及操作数据；控制系统适合解决常规控制难以解决的非线性、时变及滞后系统；以语言变量代替常规的数学变量，易构造形成专家的"知识"；控制推理采用"不精确推理"等优点。为了改善控制的效果，提高并联式混合动力电动汽车对各种工况的适应能力，研究混合动力系统能量管理策略，将模糊控制等智能控制技术引入整车能量管理控制系统。

模糊逻辑能量管理策略的实现基于以下事实：动力蓄电池与电动机工作所需的电能源于发动机的热能，当利用电驱动时，由于经过能量转换，因此能量损失一般大于发动机直接驱动。但是，在某些工况下，电驱动的能量损失也可能小于发动机直接驱动的损失。例如，当汽车低负荷行驶时，若由发动机直接驱动，则运行效率较低，总的能量利用效率即运行效率；若由电驱动，则总的能量利用效率要考虑电动机的机械效率、电池的库仑效率及电池充电时发动机的运行效率。显然,若在发动机运行效率较高时进行电池充电控制,则电池充电时发动机的运行效率大于发动机直接驱动时的运行效率,从而使由电驱动时总的能量利用效率大于发动机直接驱动时总的能量利用效率,即在某些工况下,利用电驱动是有利的。模糊逻辑能量管理策略综合考虑发动机、动力蓄电池和电动机的工作效率,可以提高混合驱动系统的整体效率。

**3. 并联式混合动力电动汽车模糊逻辑能量管理的控制目标及原则**

(1) 控制目标。

模糊逻辑能量管理策略的主要目标是实现最佳燃油效率并兼顾排放量和电池SOC值。最佳效率要求发动机平稳地工作在某个区域,在该区域发动机的燃油效率较高,并且是发动机最佳燃油曲线向两侧的适当延伸。图6.37中的虚线所示区域为发动机工作区间。兼顾动力蓄电池荷电状态要求在一定的运行工况下,电池SOC值变化范围尽可能在动力蓄电池使用寿命长、充放电效率高的区域,同时体现了动态能量平衡原则。

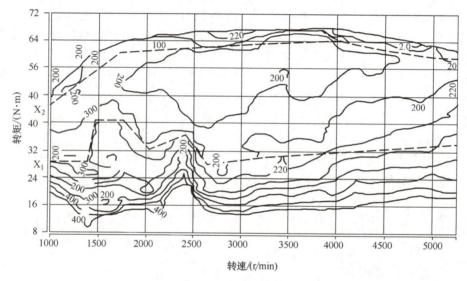

图6.37 发动机工作区间定义

模糊逻辑能量管理可实现在不同驾驶人意图和不同路面环境下,混合动力电动汽车的自动控制,以满足汽车行驶的不同需求,达到在保证电池效率和使用寿命的情况下,既能满足整车性能要求,又能获得较好的经济性和排放性。

(2) 控制的主要原则。

根据并联式混合动力电动汽车整车能量管理策略,结合控制目标,确定模糊逻辑能量管理的控制原则如下:

① 为延长动力蓄电池的使用寿命和提高动力蓄电池的充放电效率,动力蓄电池的荷电状态在循环工况的起始和结束时,应基本保持不变。

② 为提高整车系统效率,发动机应尽可能工作在高效率区。因此,在动力蓄电池荷电状态允许的情况下,对于起步或城市道路低、中速运行模式,尽可能用电动机起步或驱动。

③ 在混合动力驱动系统中,控制系统以发动机为主能源,以电动机为辅助能源。管理系统根据汽车需求转矩与发动机最优转矩的差值,结合动力蓄电池的荷电状态,决定电

动机工作状态,以调节发动机的工作状态,保证或尽量使发动机工作在最佳燃油转矩曲线上。

④ 在保证制动安全的前提下,回收制动能量。

**4. 并联式混合动力电动汽车的模糊推理系统结构**

MATLAB模糊逻辑工具箱提供了模糊逻辑控制器和系统设计的全部环节,包括定义输入和输出控制变量、设计隶属函数、编辑控制规则、选择推理方法及反模糊化方法等,并提供了图形用户界面的形式,极大地方便了用户,不用在烦琐的计算中花费太多时间,所有规则的模糊运算、模糊蕴含、模糊合成和反模糊化都由计算机完成。

针对混合动力电动汽车在效率与排放、电池SOC值等控制方面的要求,应用MATLAB平台下的Fuzzy编辑器,建立两输入、一输出的模糊推理系统,其结构如图6.38所示。

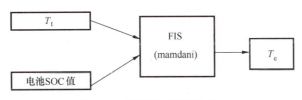

图6.38 模糊推理系统的结构

**5. 并联式混合动力电动汽车的模糊控制变量**

图6.38所示的模糊推理系统有两个输入变量,分别为下游动力传动部件总的请求转矩$T_t$和电池SOC值,分别用于表示整车和动力蓄电池的工作效率。其中,动力蓄电池的荷电状态与工作效率的关系明显;而总的请求转矩表示负荷水平,与发动机的运行效率不直接相关,但是,建立发动机高效运行功率的模糊集可使其与发动机效率关联。该模糊推理系统的输出变量为发动机转矩$T_e$。

(1) 输入变量论域。

输入变量$T_t$的论域为$[0, T_{max}]$,当驾驶人的请求转矩高于发动机最大转矩时,采用发动机工作于最大转矩曲线上的控制方法;当请求转矩小于零时,采用制动控制策略,即请求转矩全部由电动机提供,作为发电机为动力蓄电池充电。因此,模糊控制论域定为$[0, T_{max}]$。为方便起见,将输入变量论域转化到$[-3, +3]$上,"$-3$"表示零转矩,"0"表示优化转矩,"$+3$"表示最大转矩。其中,优化转矩可以是优化燃油转矩曲线或最大效率曲线,这里参照的是优化ICE曲线控制策略,如图6.39所示。图中优化转矩曲线表示优化燃油转矩曲线。

输入请求转矩$T_t$论域的制定原则,如图6.40所示。

图6.40中,当输入变量$T_t \leq T_{opt}$($T_{opt}$是优化转矩,即发动机优化燃油转矩)时,$T_t$的论域为$[-3, 0]$;当输入变量$T_t > T_{opt}$时,$T_t$的论域为$[0, +3]$。

将精确量$[0, T_{opt}]$转化到区间$[-3, 0]$的公式为

$$\overline{T}_t = \frac{3 \times (T_t - T_{opt})}{T_{opt}} \qquad (6-25)$$

将精确量$[T_{opt}, T_{max}]$转化到$[0, +3]$的公式为

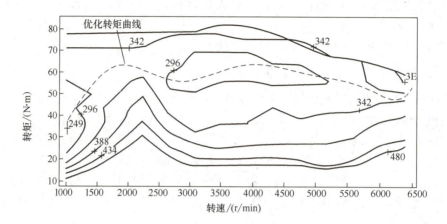

图 6.39　优化 ICE 曲线控制策略

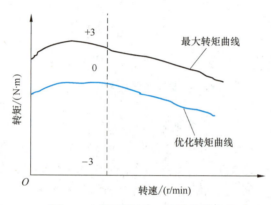

图 6.40　请求转矩 $T_t$ 论域的制定原则

$$\overline{T}_t = \frac{3 \times (T_t - T_{opt})}{T_{max} - T_{opt}} \qquad (6-26)$$

式中，$\overline{T}_t$ 为转化后的转矩值；$T_t$ 为实际输入的转矩；$T_{opt}$ 为优化燃油转矩；$T_{max}$ 为发动机最大转矩。

输入变量 SOC 的论域 [0，1]，其中 "0" 表示 SOC 最小值，"1" 表示 SOC 最大值。

（2）输出变量论域。

模糊逻辑控制器的输出变量 $T_e$ 的论域为 [−3，+3]，将其转换为实际输出转矩 [$x_1$，$x_2$]，$x_1$ 和 $x_2$ 分别为图 6.40 中发动机工作区间的上、下界。

（3）控制变量模糊子集。

在通常情况下，误差和误差变化等语言变量的模糊语言子集取 {负大，负中，负小，零，正小，正中，正大} 或 {NB, NM, NS, ZE, PS, PM, PB} 等。因此，输入变量 $T_t$ 和输出变量 $T_e$ 的模糊子集取 {负大，负中，负小，零，正小，正中，正大} 或 {NB, NM, NS, ZE, PS, PM, PB}。

电池 SOC 值的模糊子集取 {太低，较低，低，适中，高，较高，太高} 或 {very low, lower, low, normal, high, higher, very high}。

输入变量 $T_t$ 的模糊语言表述是通过比较请求转矩和优化转矩得到的，当为 "负大"

时，表示请求转矩比优化转矩小很多；当为"零"时，表示请求转矩与优化转矩相等。

6. 控制变量的隶属函数

输入变量的隶属函数的设计主要根据发动机、动力蓄电池和电动机的效率 MAP 图确定各自高效运行的模糊集。输入变量隶属函数的确定方法主要有模糊统计法、二元对比排序法、专家经验法和借助常见模糊分布等方法。输入变量和输出变量均选用钟型隶属函数。图 6.41 所示为输入变量 $T_t$ 和输出变量 $T_e$ 的隶属函数曲线，图 6.42 所示为输入变量电池 SOC 值的隶属函数曲线。

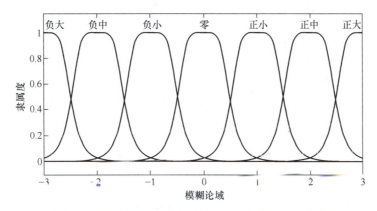

图 6.41 输入变量 $T_t$ 和输出变量 $T_e$ 的隶属函数曲线

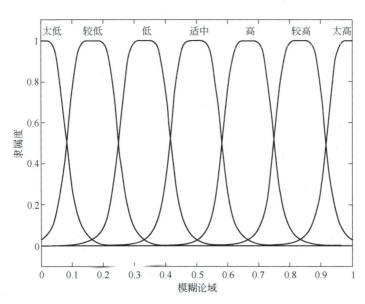

图 6.42 输入变量电池 SOC 值的隶属函数曲线

7. 模糊逻辑控制规则

控制规则是整个模糊逻辑控制环节的核心，每条规则必须是准确的，而且能够反映设计者的控制意图。通过多次修正和试凑初步建立的模糊规则，根据发动机工作模式和电池荷电状态的不同，按照在某特定道路循环下动力蓄电池充放电平衡的原则，建立转矩分配的控制规则：如果请求转矩比发动机优化转矩大很多，并且电池 SOC 值较高，则控制发动机工作在最优燃油转矩曲线上，即电动机参与工作，提供辅助转矩；如果请求转矩在优化转矩附近，当电池 SOC 值较高时，控制发动机工作在低于最优燃油转矩曲线附近，当电池 SOC 值较低时，控制发动机工作在最优燃油转矩曲线上；如果请求转矩比优化转矩小很多，当电池 SOC 值较高或为中等时，控制发动机停止工作，由电动机提供驱动转矩，当电池 SOC 值较低时，控制发动机工作在最优燃油转矩曲线附近，多余能量用于驱动电动机转变为发电机发电等。模糊控制模型中建立的相应模糊规则见表 6-12。

表 6-12 模糊控制模型中建立的相应模糊规则

| 电池 SOC 值 | $T_t$ | | | | | | |
|---|---|---|---|---|---|---|---|
| | NB | NM | NS | ZE | PS | PM | PB |
| very low | ZE | PS | PS | PM | PM | PB | PB |
| lower | NS | ZE | PS | PS | PM | PM | PB |
| low | NS | ZE | ZE | PS | PS | PM | PB |
| normal | NM | NS | ZE | ZE | ZE | PS | PM |
| high | NM | NS | NS | ZE | ZE | ZE | PS |
| higher | NB | NM | NS | NS | ZE | ZE | ZE |
| very high | NB | NB | NM | NS | NS | ZE | ZE |

还可以用 IF…and…THEN 模糊语言描述控制规则，举例如下。

(1) IF $T_t$ is NM and SOC is very low THEN $T_e$ is PS。
(2) IF $T_t$ is NS and SOC is low THEN $T_e$ is ZE。
(3) IF $T_t$ is ZE and SOC is normal THEN $T_e$ is ZE。
(4) IF $T_t$ is PM and SOC is high THEN $T_e$ is ZE。

上述控制规则的含义如下。

(1) 整车传动部件总的请求转矩比优化转矩小很多，并且当电池 SOC 值很低时，发动机工作在低于最优燃油转矩曲线附近，直接输出驱动转矩，多余能量用于驱动电动机转变为发电机给动力蓄电池充电。

(2) 整车传动部件总的请求转矩与优化转矩相差不大，并且当电池 SOC 值低时，电动机不工作，发动机按最优燃油转矩曲线工作，直接输出驱动转矩。

(3) 整车传动部件总的请求转矩与优化转矩相等，并且当电池 SOC 值正常时，电动机不工作，发动机按最优燃油转矩曲线工作，直接输出驱动转矩。

(4) 整车传动部件总的请求转矩比优化转矩大很多，并且当电池 SOC 值高时，电动机参与工作并提供辅助转矩，调节发动机按最优燃油转矩曲线工作。

**8. 仿真结果**

在并联式混合动力整车仿真模型中，各动力总成采用 ADVISOR 原有模型，并分别采用模糊逻辑管理策略和电辅助式管理策略进行仿真，性能仿真结果（采用一个循环）比较见表 6-13。

表 6-13 性能仿真结果（采用一个循环）比较

| 管理策略 | 排放/（g/km） | | | 燃油消耗 /(L/100km) | 动力性 | | 动力传动系统总效率/(%) |
| --- | --- | --- | --- | --- | --- | --- | --- |
| | HC | CO | NO$_x$ | | 加速时间/s (0~96.6km/h) | 最高车速 /(km/h) | |
| 模糊逻辑 | 0.337 | 1.387 | 0.15 | 5.1 | 12.6 | 154 | 93.26 |
| 电辅助式 | 0.334 | 1.61 | 0.183 | 5.4 | 10.1 | 183.8 | 93.05 |

模糊逻辑能量管理策略的控制目标不但是提高发动机的工作效率，而且从系统整体效率出发，在兼顾排放量和燃油消耗的同时，考虑发动机、电动机和动力蓄电池的效率，是一种较理想的能量管理策略。电气辅助能量管理策略只是将电动机的优化工作区限定在一个范围内，较少考虑排放量，控制策略简单，优化效果有限。

采用模糊逻辑管理策略后，汽车动力性在某些方面与采用电辅助式管理策略相比有所下降，这是模糊逻辑管理策略进行折中计算的结果。两者不可兼得，整体效率的提高是以动力性的部分下降为前提的，但完全可以满足正常行驶的需要。

## 思考题

### 一、名词解释
1. 混合度
2. 串联式混合动力电动汽车
3. 并联式混合动力电动汽车
4. 混联式混合动力电动汽车

### 二、填空题
1. 按照连接方式，混合动力电动汽车可分为_____混合动力电动汽车、_____混合动力电动汽车和_____混合动力电动汽车。
2. 并联式混合动力电动汽车的工作模式主要有_____、_____、_____、_____和_____。
3. 混合动力电动汽车的动力耦合类型主要有_____、_____、_____和_____等。
4. 串联式混合动力电动汽车是带动发电，电能通过_____输送给_____，由_____驱动汽车行驶。另外，可以单独向驱动电动机提供电能驱动汽车行驶。

### 三、选择题
1. 在串联式混合动力电动汽车再生制动模式下，给电动机提供能量的是（　　）。
   A. 发动机　　　　　　　　B. 动力蓄电池
   C. 发动机和动力电池　　　D. 车辆的动能
2. 并联式混合动力电动汽车低速行驶时，给电动机提供能量的是（　　）。
   A. 发动机　　　　　　　　B. 动力蓄电池
   C. 发动机和动力电池　　　D. 启动蓄电池
3. 混联式混合动力电动汽车全速行驶时，给电动机提供能量的是（　　）。

A. 发动机 B. 动力蓄电池
C. 发动机和动力电池 D. 启动蓄电池

4. 关于并联式混合动力电动汽车，下列说法正确的是（　　）。

A. 电力驱动是唯一驱动模式 B. 发动机直接参与驱动
C. 发动机不直接参与驱动 D. 发动机和驱动电动机混合驱动

### 四、判断题

1. 混合动力电动汽车都属于新能源汽车。（　　）
2. 在串联式混合动力电动汽车中，发动机不能直接驱动车轮，只能由发动机-发电机组向电动机提供电能，驱动汽车行驶。（　　）
3. 并联式混合动力电动汽车有发动机和电动机两条能量传输路线，它们可以分开工作，也可以一起协调工作，共同驱动汽车行驶。（　　）
4. 混联式混合动力电动汽车的混合驱动模式是指汽车的驱动功率由动力蓄电池和发动机共同提供，并通过动力合成器合成后，向机械传动装置提供动力。（　　）
5. 并联式混合动力电动汽车的混合驱动模式是指发动机和电动机均处于工作状态，发动机作为辅助动力源协助电动机，为汽车提供急加速或者爬坡时所需的功率。（　　）

### 五、问答题

1. 串联式混合动力电动汽车的工作模式有哪些？
2. 并联式混合动力电动汽车的工作模式有哪些？
3. 混联式混合动力电动汽车的工作模式有哪些？
4. 混合动力电动汽车制动能量回收系统的功能是什么？
5. 混合动力电动汽车能量管理策略的功能是什么？

### 六、拓展题

混合动力电动汽车传动系统匹配仿真，完成以下任务。

（1）发动机和驱动电动机参数匹配。
（2）机械变速结构传动比匹配。
（3）蓄电池参数匹配。

混合动力电动汽车传动系统匹配仿真所需参数见表6-14。

表6-14　混合动力电动汽车传动系统匹配仿真所需参数

| 参　　数 | 参　数　值 |
| --- | --- |
| 整车质量/kg | 1870 |
| 滚动阻力系数 | 0.012 |
| 空气阻力系数 | 0.28 |
| 迎风面积/m² | 2.21 |
| 轮胎滚动半径/m | 0.284 |
| 旋转质量换算系数 | 1.1 |
| 传动系统效率 | 0.95 |
| 电动机效率 | 0.92 |

续表

| 参　　数 | 参　数　值 |
| --- | --- |
| 电池放电效率 | 0.95 |
| 附件能量消耗比例系数 | 0.18 |

并联式混合动力电动汽车的设计目标如下。

(1) 混合驱动模式下的最高车速为160km/h。
(2) 混合驱动模式下，50km/h的最大爬坡度为20%。
(3) 混合驱动模式下，0～100km/h的加速时间为12s。
(4) 纯发动机模式下的最高车速为140km/h。
(5) 纯电动机模式下的最高车速为80km/h。
(6) 混合度大于40%。
(7) 纯电动模式下的续驶里程为80km。

# 第7章 燃料电池电动汽车

通过本章的学习,要求读者掌握燃料电池电动汽车的类型、特点,掌握燃料电池电动汽车的组成与工作原理,掌握燃料电池电动汽车动力传动系统参数匹配,了解燃料电池电动汽车的能量控制策略。

| 知识要点 | 能力要求 | 参考学时 |
| --- | --- | --- |
| 概述 | 掌握燃料电池电动汽车的类型、特点、对燃料电池的基本要求、关键技术 | 2 |
| 燃料电池电动汽车的组成与工作原理 | 掌握燃料电池电动汽车的组成与工作原理 | |
| 燃料电池电动汽车传动系统的参数匹配 | 掌握燃料电池电动汽车动力传动系统的参数匹配;能够利用 MATLAB/Simulink 对传动系统参数匹配进行仿真 | 2 |
| 燃料电池电动汽车的能量控制策略 | 了解燃料电池电动汽车的 On/Off 控制策略、功率跟随控制策略及瞬时优化最佳能耗控制策略 | |

## 导入案例

图7.1所示为现代NEXO氢燃料电池电动汽车，在动力方面，该车0～100km/h的加速时间为9.2s，最高车速为179km/h，其搭载的燃料电池系统的最大功率为135kW，峰值转矩为395N·m；在续驶里程方面，其在NEDC标准下的续驶里程超过800km；在加氢方面，其只需5min即可加注完成约156L（6.3kg）的70MPa氢气。

图7.1　现代NEXO氢燃料电池电动汽车

燃料电池电动汽车的结构是怎样的？如何匹配燃料电池电动汽车传动系统参数？通过本章的学习，读者可以得到答案。

以燃料电池为电源的电动汽车称为燃料电池电动汽车。燃料电池电动汽车一般以质子交换膜燃料电池为车载能量源。

燃料电池电动汽车1

燃料电池电动汽车2

## 7.1　概　　述

### 7.1.1　燃料电池电动汽车的类型

燃料电池电动汽车按主要燃料种类的不同，可分为以下两类。

（1）以纯氢气为燃料的燃料电池电动汽车。

（2）以重整后产生的氢气为燃料的燃料电池电动汽车。

燃料电池电动汽车按多电源的配置不同，可分为以下四类。

（1）纯燃料电池驱动的燃料电池电动汽车。

（2）燃料电池与辅助电池（FC+B）联合驱动的燃料电池电动汽车。

（3）燃料电池与超级电容器（FC+C）联合驱动的燃料电池电动汽车。

（4）燃料电池与辅助电池和超级电容器（FC+B+C）联合驱动的燃料电池电动汽车。

**1. 纯燃料电池驱动的燃料电池电动汽车**

纯燃料电池电动汽车只有一个动力源——燃料电池，汽车的所有功率负荷都由燃料电池承担。纯燃料电池电动汽车的动力传动系统结构如图7.2所示。

图7.2　纯燃料电池电动汽车的动力传动系统结构

燃料电池系统将氢气与氧气反应产生的电能通过总线传递给驱动电动机，驱动电动机将电能转换为机械能并传递给动力传动系统，驱动汽车行驶。

(1) 这种系统结构形式的优点。

① 系统结构简单，便于实现系统控制和整体布置。

② 系统部件少，利于整车轻量化。

③ 部件较少，整体能量传递效率高，可提高整车的燃料经济性。

(2) 这种系统结构形式的缺点。

① 燃料电池功率大，成本高。

② 对燃料电池系统的动态性能和可靠性提出了较高要求。

③ 不能进行制动能量回收。

为了有效解决上述问题，必须以辅助能量储存系统为燃料电池系统的辅助动力源，与燃料电池联合工作，组成混合驱动系统共同驱动汽车行驶。从本质上讲，这种结构的燃料电池电动汽车采用的是混合动力结构，其与传统意义上的混合动力结构的差别在于发动机是燃料电池，而不是内燃机。在燃料电池电动汽车中，燃料电池和辅助能量储存装置共同向电动机提供电能，通过变速机构驱动汽车行驶。

2. 燃料电池与辅助电池联合驱动的燃料电池电动汽车

燃料电池与辅助电池联合驱动的燃料电池电动汽车的动力传动系统结构如图7.3所示，它是典型的串联式混合动力结构。在该动力传动系统中，燃料电池系统和辅助电池共同为驱动电动机提供能量，驱动电动机将电能转换为机械能并传递给动力传动系统，驱动汽车行驶。当汽车制动时，驱动电动机转变为发电机，辅助电池储存回馈的能量。当燃料电池系统和辅助电池联合供能时，燃料电池的能量输出较平缓，随时间变化的波动较小，能量需求变化的高频部分由辅助电池分担。

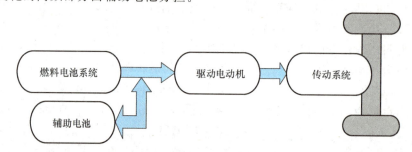

图7.3　燃料电池与辅助电池联合驱动的燃料电池电动汽车的动力传动系统结构

(1) 这种系统结构形式的优点。

① 由于增加了辅助电池，因此系统对燃料电池的功率要求比纯燃料电池电动汽车结构形式低很多，从而大大降低了整车成本。

② 燃料电池可以在设定的比较好的工作条件下工作，工作时，燃料电池的效率较高。

③ 对燃料电池的动态响应性能要求较低。

④ 汽车的冷起动性能较好。

⑤ 制动能量回收系统可以回收汽车制动时的部分动能，提高整车的能量效率。

(2) 这种系统结构形式的缺点。

① 辅助电池使得整车质量增大，动力性和经济性受到影响，在能量复合型混合动力电动汽车上表现更明显。

② 在辅助电池的充放电过程中有能量损耗。

③ 系统变得复杂，系统控制和整体布置难度增大。

### 3. 燃料电池与超级电容器联合驱动的燃料电池电动汽车

燃料电池与超级电容器联合驱动的结构形式和燃料电池与辅助电池联合驱动的结构形式相似，只是把辅助电池换成了超级电容器。与辅助电池（动力蓄电池）相比，超级电容器充放电效率高，能量损失小，比动力蓄电池功率密度大，在回收制动能量方面比动力蓄电池有优势，循环寿命长；但是超级电容器的能量密度较小。随着超级电容器技术的不断进步，这种结构形式将成为重要的研究课题及发展方向。

### 4. 燃料电池与辅助电池和超级电容器联合驱动的燃料电池电动汽车

燃料电池与辅助电池和超级电容器联合驱动的燃料电池电动汽车的动力传动系统结构如图7.4所示，为串联式混合动力结构。在该动力传动系统中，燃料电池系统、辅助电池和超级电容器共同为驱动电动机提供能量，驱动电动机将电能转换为机械能并传递给动力传动系统，驱动汽车行驶；当汽车制动时，驱动电动机转变为发电机，辅助电池和超级电容器储存回馈的能量。当采用燃料电池系统、辅助电池和超级电容器联合供能时，燃料电池的能量输出较平缓，随时间变化的波动较小，能量需求变化的低频部分由辅助电池承担，能量需求变化的高频部分由超级电容器承担。在这种结构形式中，各动力源的分工更加明确，能够更好地发挥优势。

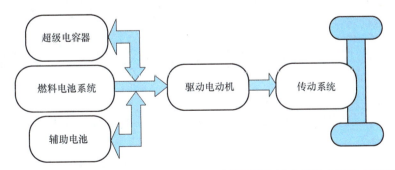

图7.4 燃料电池与辅助电池和超级电容器联合驱动的燃料电池电动汽车的动力传动系统结构

这种结构形式的优点比燃料电池与辅助电池联合驱动的结构形式的优点明显，尤其是在部件效率、动态特性、制动能量回收等方面。其缺点也更加明显，即增加了超级电容器，整车质量增大；系统更加复杂，系统控制和整体布置的难度随之增大。

总的来说，如果能够对系统进行很好的匹配和优化，这种结构形式在为汽车带来良好的性能方面有很大的吸引力。

在三种混合动力传动系统中，燃料电池与辅助电池和超级电容器联合驱动的结构形式能够最大限度地满足整车起动、加速、制动的动力和效率需求，但成本最高，结构和控制也最复杂。燃料电池电动汽车动力传动系统的一般结构是燃料电池与辅助电池联合驱动，其具有以下特点。

（1）燃料电池单独或与辅助电池共同提供持续功率，当汽车起动、爬坡和加速等工况有峰值功率需求时，辅助电池提供峰值功率。

（2）当汽车起步和功率需求量不大时，辅助电池可以单独输出能量。

（3）辅助电池技术比较成熟，可以在一定程度上弥补燃料电池技术的不足。

燃料电池电动汽车用辅助电池包括铅酸蓄电池、镍镉蓄电池、镍锌蓄电池、锌空气电池、铝空气电池、钠硫蓄电池、钠镍氯化物电池、锂聚合物电池和锂离子蓄电池等。

燃料电池与辅助电池混合动力传动系统主要有两种结构形式：燃料电池直接混合系统和辅助电池直接混合系统。

燃料电池直接混合系统将燃料电池直接接入直流母线，驱动系统的电压必须设计在燃料电池可以调节的范围内，由于辅助电池需要向驱动系统传输能量，并从燃料电池和汽车系统取得能量，因此必须安装双向DC/DC变换器且响应快。燃料电池与辅助电池之间的功率平衡由DC/DC变换器和燃料电池管理系统共同实现。该结构形式实现了燃料电池输出电压的最优化设计；但是对燃料电池的要求比较高，同时DC/DC变换器要实现双向快速控制，双向DC/DC变换器的成本较高，而且整个系统的控制比较复杂。

在辅助电池直接混合系统中，DC/DC变换器将燃料电池的输出电压和系统电压分开，驱动系统电压可以设计得较高，以减小驱动系统的电流，有利于延长各电器元件的使用寿命；同时，高的系统电压可以充分满足辅助电池的需要。DC/DC变换器还负责燃料电池与辅助电池之间的功率平衡。但是由于燃料电池的能量输出只有通过DC/DC变换器才能进入直流母线，因此系统的效率较低，特别是对于连续负载来说不是最优化设计。例如，在匀速工况下，系统功率需求较小，只需由燃料电池单独提供汽车行驶所需的功率即可。

上述两种结构形式的主要差别在于DC/DC变换器的使用。DC/DC变换器的位置和结构决定了动力传动系统的构型，其中DC/DC变换器的位置主要取决于电动机及其控制器特性、燃料电池的特性及混合度。

### 7.1.2 燃料电池电动汽车的特点

丰田Mirai
氢燃料电池
电动汽车

**1. 燃料电池电动汽车的优点**

燃料电池电动汽车技术与燃油汽车、纯电动汽车技术相比，具有以下优点。

（1）效率高。燃料电池的工作过程是化学能转换为电能的过程，不受卡诺循环的限制，能量转换效率较高，可以达到30%以上，汽油机汽车和柴油机汽车的整车效率分别为16%～18%和22%～24%。

（2）续驶里程长。以燃料电池为能量源，克服了纯电动汽车续驶里程短的缺点,其长途行驶能力及动力性接近燃油汽车。

(3) 绿色环保。燃料电池没有燃烧过程,以纯氢作为燃料,生成物只有水,属于零排放。以其他富氢有机化合物用车载重整器制氢为燃料电池的燃料,生成物除水外,还可能有少量 $CO_2$,接近零排放。

(4) 过载能力强。燃料电池除在较宽的工作范围内具有较高的工作效率外,其短时过载能力可达额定功率的 200% 甚至更高。

(5) 噪声小。燃料电池属于静态能量转换装置,除了空气压缩机和冷却系统外,无其他运动部件,因此与燃油汽车相比,运行过程中的噪声和振动都较小。

(6) 设计方便、灵活。燃料电池汽车可以按照 X-By-Wire 的思路设计汽车,改变了传统的汽车设计理念,可以在空间和质量等方面灵活配置。

### 2. 燃料电池电动汽车的缺点

(1) 燃料电池电动汽车的制造成本和使用成本较高。

(2) 辅助设备复杂且质量和体积较大。

(3) 起动时间长,抗振能力有待提高。

## 7.1.3 燃料电池电动汽车对燃料电池的基本要求

燃料电池电动汽车对燃料电池的基本要求如下。

(1) 燃料电池的比能量不低于 150~200W·h/kg,比功率不低于 300~400W/kg,要求达到甚至超过美国先进电池联盟提出的电池性能和使用寿命的指标。

(2) 可以在 -20℃ 的条件下启动和工作,具有可靠的安全性和密封性,不会发生燃料气体结冰和泄漏问题。

(3) 各种结构件有足够的强度和可靠性,可以在负荷变化情况下正常运转,且耐受燃料电池电动汽车行驶时的振动和冲击。

(4) 燃料电池电动汽车除排放达到零污染的要求外,动力性要求基本达到或接近燃油汽车动力性的水平。

(5) 各种辅助技术装备的外形尺寸和质量应尽可能地小,以符合燃料电池电动汽车的装车要求。

(6) 燃料充填方便、迅速。能够方便地更换与修理燃料电池的电极和催化剂。

(7) 配置的辅助电源应能满足提供启动电能和储存制动反馈电能的要求。

## 7.1.4 燃料电池电动汽车的关键技术

### 1. 燃料电池系统

燃料电池是燃料电池电动汽车发展的关键技术。车用燃料电池系统的核心是燃料电池堆。燃料电池堆技术的发展趋势可由耐久性、低温启动温度、净输出比功率及制造成本四个要素评价。燃料电池堆研究正向性能高、效率高和耐久性强的方向发展。

降低成本也是研究燃料电池堆的目标,控制成本的有效手段是降低材料(电催化剂、电解质膜、双极板等)的成本,以及膜电极制作、双极板加工和系统装配等的加工费用。但是需要继续研究使材料价格与系统性能达到平衡的方法。以电催化剂为例,非铂催化剂体系虽然在降低成本上有潜力,但是性能无法达到车用燃料电池系统的要求。人们一直努力降低铂的使用量,但即使膜电极负载量高(如铂担载量为 $1mg/cm^2$),其性能也不能满足车用功率的需求。更有效地利用电催化剂的活性组分,使活性组分长期保持高活性状态,延长催化剂使用寿命是研究催化剂的重点。

另外,车用燃料电池系统还需要攻克许多工程技术壁垒,包括系统启动与关闭时间、系统能量管理与变换操作、电池堆水热管理模式及低成本、高性能的辅助设施(包括空气压缩机、传感器和控制系统)等。

### 2. 车载储氢系统

储氢技术是氢能应用走向规模化的关键。常见车载储氢系统的储氢方法有高压储氢、低温储存液氢和金属氢化物储氢三种。对于车载储氢系统,美国能源部提出续驶里程与燃油汽车相当的燃料电池电动汽车,其车载储氢目标是质量储氢密度为 6%、体积储氢密度为 $60kg/m^3$。纵观现有储氢方法,除了低温储存液氢技术,其他技术都不能完全达到以上指标。而低温储氢的成本与能耗都很大,不是车载储氢系统的最佳选择。

有效减小储氢系统的质量与体积是研究车载储氢技术的重点。一个比较理想的方案是采用储氢材料与高压储氢复合的车载储氢新模式,即在高压储氢容器中装填质量较小的储氢材料,与纯高压(大于 40MPa)储氢方式相比,既可以降低储氢罐内的储氢压力(约为 10MPa),又可以提高储氢能力。复合式储氢模式的技术难点是开发吸、放氢性能好,成型加工性良好,质量小的储氢材料。

### 3. 车载蓄电系统

车载蓄电系统包括铅酸蓄电池、镍氢蓄电池、锂离子蓄电池等蓄电池及超级电容器。铅酸蓄电池作为汽车起动电源已经十分成熟,但功率密度低,充电时间长,作为未来电动汽车动力传动系统的可能性很小;镍氢蓄电池具有比能量大、功率大、充放电快速、耐用性优异等特点,广泛应用于混合动力电动汽车和纯电动汽车;锂离子蓄电池具有比能量大、比功率高、自放电小、无记忆效应、循环特性好、放电快速等特点,已进入电动汽车动力电源行列。

超级电容器能在短时间内提供或吸收大的功率(为蓄电池的数十倍),其效率高、具有上万次的循环寿命和极长的储存寿命、工作温度范围宽、基础材料价格低,可以作为混合动力电动汽车的有效蓄电系统;但能量密度低,能否作为独立的车用动力系统大规模推广,还有待更多运行数据佐证。

### 4. 电动机及其控制技术

驱动电动机是燃料电池电动汽车的心脏,正向功率大、转速高、效率高和小型化方向发展。驱动电动机主要有永磁无刷电动机和感应电动机。永磁无刷电动机具有功率密度和效率较高、体积小、惯性低、响应快等优点,在电动汽车领域有着广阔的应用前景。由感应电动机驱动的电动汽车几乎都采用矢量控制和直接转矩控制。矢量控制又分为最大效率控制和无速度传感器矢量控制,前者是使励磁电流随着电动机参数和负载条件变化,从而使电动机的损耗最小、效率最大;后者是利用电动机电压、电流和电动机参数估算速度,不用速度传感器,达到简化系统、降低成本、提高可靠性的目的。直接转矩控制克服了矢量控制中需要解耦的不足,把转子磁链定向转换为定子磁通定向,通过控制定子磁链的幅值及该矢量相对于转子磁链的夹角,达到控制转矩的目的。由于直接转矩控制手段直接、结构简单、控制性能优良、动态响应迅速,因此非常适用于电动汽车的控制。

**5. 整车布置**

燃料电池电动汽车在整车布置方面存在燃料电池系统及电动机的相关布置、动力蓄电池组的车身布置、氢气瓶的安全布置及高压电安全系统的车身布置等关键问题。这些核心部件的布置不仅要考虑布置方案的优化及零部件性能实现的便利,还要求相关方案考虑燃油汽车不具备的安全性问题。从国内外多轮样车的试制过程来看,燃料电池及驱动电动机同时进前舱是趋势,辅助电池沿车身主轴纵向布置优于零星布置,布置氢气瓶时,要更多地考虑碰撞安全性问题。

**6. 整车热管理**

需要关注燃料电池电动汽车整车热管理的如下两方面特性。

(1) 燃料电池自身的运行温度为 60~70℃,实际的散热系统工作温度大致可以控制在 60℃,与整车运行的环境温度相比,温差不大,使得燃料电池电动汽车无法像燃油汽车一样依赖环境温差散热,而必须依赖整车动力传动系统提供额外的冷却动力为系统散热。从动力传动系统效率角度出发,这是不经济的,在热管理开发方面必须关注二者的平衡。

(2) 整车零部件的体积留给整车布置的回旋余地很小,导致散热系统设计的改良空间不大,无法采用通用的解决方案应对,必须开发专用的零部件(如特殊构造或布置的冷凝器、高功率的冷却风扇等),从而要求有丰富的整车散热系统的基础数据,以支持相关开发设计。

另外,与整车散热系统密切相关的车用空调系统开发也是整车企业必须关注的。由于燃料电池电动汽车没有汽油发动机,传统空调压缩机的动力源发生了颠覆性变化,改用纯电动压缩机作为空调系统的动力源。当进行整车散热系统需求分析时,空调系统性能需求作为整车散热系统的"负载"因素,成为散热系统开发的技术难点。

**7. 整车与动力传动系统的参数选择和优化设计**

燃料电池电动汽车的整车性能参数是整个燃料电池动力传动系统开发的信息来源,虚拟配置的动力传动系统的特性参数也影响整车性能。两者的参数选择是一个多变量、多目标的优化设计过程,而且参数选择与行驶工况和控制策略紧密相关,只有在建立准确的仿真模型的基础上经过反复寻优计算,才能达到较好的设计结果。参数设计主要借助通用的或专用的仿真软件(如 ADVISOR、EASY 5、PSCAD 等)进行离线仿真,其优点是方便、快捷,适合在设计初期对系统性能进行宏观的预估和评价,但难以对动力传动系统进行深入细致的分析与设计。随着系统开发的不断深入,已经存在的部件(包括难建模部件、整车控制器等及驾驶人)或环节将会集成仿真回路。为了实现虚拟模型与真实部件的联系,需建立实时仿真开发环境。在燃料电池电动汽车领域,实时仿真主要用于整车控制器的在环仿真。例如,采用 dSPACE 软件建立整车控制器的硬件在环仿真环境。集成真实部件的动力传动系统实时仿真测试环境将是整车及动力传动系统的参数选择与优化设计的技术升级方向。

**8. 多能源动力传动系统的能量管理策略**

能量管理策略对燃料经济性影响很大,并且受到动力传动系统参数和行驶工况的双重影响，常用开发方式是借助仿真技术建立一个虚拟开发环境，合理简化动力传动系统模型，从理论分析的角度得到最优功率分配策略与能量源参数和工况特征之间的解析关系，并从该关系出发，定量分析功率缓冲器特性参数对最优功率分配策略的影响，为功率缓冲器的参数选择提供理论依据。开发能量管理策略的目的是定量分析工况特征参数与最优功率分配策略之间的映射关系，完成功率分配策略的工况适应性研究。

完成能量管理策略的工况适应性开发后，能量管理策略的核心问题转变为功率分配优化，还必须考虑一些限制条件，如蓄电池容量的限制和各部件额定值的限制等。可用作功率分配的决策输入量很多，如电池 SOC 值、总线电压、车速、驾驶人功率需求等。按照是否考虑这些变量的历史状态，功率分配策略可以分为瞬时策略与非瞬时策略两类。

作为能量管理策略的一部分，制动能量回收是提高燃料经济性的重要措施，也是一个难点问题，必须综合考虑制动稳定性、制动效能、驾驶人感受、蓄电池充电接受能力等因素。制动系统关乎生命安全，而且制动过程通常很短暂，在研究初期一般不直接进行道路试验，而是在建立系统动态模型的基础上进行深入、细致的仿真研究。

上述燃料电池电动汽车的关键技术对整车动力性、经济性和安全性影响较大，是需要解决的核心问题。

## 7.2 燃料电池电动汽车的组成与工作原理

### 7.2.1 燃料电池电动汽车的组成

燃料电池电动汽车主要由燃料电池、高压储氢罐、辅助动力源、DC/DC 变换器、驱动电动机和整车控制器组成，如图 7.5 所示。

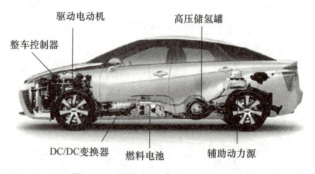

图 7.5 燃料电池电动汽车的组成

**1. 燃料电池**

燃料电池是燃料电池电动汽车的主要动力源，是一种不需要燃烧燃料而直接以电化学反应方式将燃料的化学能转换为电能的高效发电装置。

燃料电池发电的基本原理如图 7.6 所示，电池的负极（燃料极）输入氢气（燃料），氢分子（$H_2$）在阳极催化剂的作用下离解为氢离子（$H^+$）和电子（$e^-$），氢离子穿过燃料电池的电解质层向正极（空气极）运动，电子无法通过电解质层，而由一个外部电路流向正极；在电池正极输入氧气（$O_2$），氧气在正极催化剂的作用下离解成氧原子（O），与通过外部电路流向正极的电子和穿过电解质的氢离子结合生成稳定结构的水（$H_2O$），完成电化学反应，放出热量。这种电化学反应与氢气在氧气中发生的剧烈燃烧反应完全不同，只要不断向负极输入氢气，不断向正极输入氧气，电化学反应就会不断地进行，电子就会不断地通过外部电路流动形成电流，从而不断地向汽车提供电力。

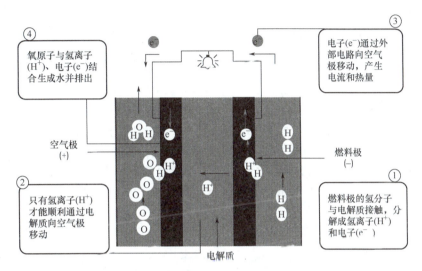

图 7.6　燃料电池发电的基本原理

### 2. 高压储氢罐

高压储氢罐（图 7.7）是气态氢的储存装置，为燃料电池供应氢气。为保证燃料电池电动汽车一次充气续驶里程，需要多个高压储氢罐储存气态氢气。一般轿车需要 2～4 个高压储氢罐，客车需要 5～10 个高压储氢罐。燃料电池电动汽车主要用高压储氢罐供应氢燃料，使用材料为碳纤维强化塑料的三层结构，可以承受 70MPa 的压力。

图 7.7　高压储氢罐

### 3. 辅助动力源

根据设计方案的不同，燃料电池电动汽车采用的辅助动力源有所不同，可以用蓄电池组、飞轮储能器或超大容量电容器等共同组成双电源系统。蓄电池可采用镍氢蓄电池或锂离子蓄电池。

### 4. DC/DC 变换器

燃料电池电动汽车的燃料电池需要安装单向 DC/DC 变换器，蓄电池和超级电容器需要安装双向 DC/DC 变换器。DC/DC 变换器的主要功能是调节燃料电池的输出电压，并使其能够提高到 650V；调节整车能量分配；稳定整车直流母线电压。

### 5. 驱动电动机

燃料电池电动汽车用驱动电动机主要有直流电动机、交流电动机、永磁同步电动机和开关磁阻电动机，具体选型需结合整车开发目标，综合考虑电动机的特点，多用永磁同步电动机。

### 6. 整车控制器

整车控制器是燃料电池电动汽车的"大脑"，由燃料电池管理系统、电池管理系统、驱动电动机控制器等组成。它一方面接收驾驶人的需求信息（如点火开关、加速踏板、制动踏板、挡位信息等），实现整车工况控制；另一方面基于反馈的实际工况（如车速、制动、电动机转速等）及动力传动系统的状况（燃料电池及动力电池的电压、电流等），根据预先匹配的多能源控制策略进行能量分配调节控制。

上汽大通 EUNIQ 7 燃料电池电动汽车如图 7.8 所示。

图 7.8　上汽大通 EUNIQ 7 燃料电池电动汽车

上汽大通 EUNIQ 7 燃料电池电动汽车的主要部件布置如图 7.9 所示。燃料电池前置，高压储氢罐中置，电驱模块和三元锂离子电池组后置。上汽大通 EUNIQ 7 燃料电池电动汽车的后副车架集成了"三合一"电驱模块及三元锂离子电池组，形成了动力输出闭环，即使氢能系统发生故障，也能依靠三元锂离子电池组的电量行驶一段距离。

上汽大通 EUNIQ 7 燃料电池电动汽车有三个高压储氢罐，如图 7.10 所示，它采用的是金属内胆＋航天级碳纤维全缠绕，可耐受相当于火山喷发岩浆的高温；纤维壁厚为 26.5mm，高压储氢罐的耐压强度达到 70MPa；与此同时，上汽大通 EUNIQ 7 燃料电池电动汽车采用先进的双回路冗余断电断氢设计，符合我国及欧洲联盟（欧盟）全方位碰撞安全防护两大标准，碰撞实验中完好无损、系统无泄漏。

上汽大通 EUNIQ 7 燃料电池电动汽车采用质子交换膜燃料电池，壳体为铝合金材质，如图 7.11 所示。燃料电池产生的电能，一部分用于直接驱动汽车，另一部分储存在电池组。

图 7.9 上汽大通 EUNIQ 7 燃料电池电动汽车的主要部件布置

图 7.10 上汽大通 EUNIQ 7 燃料电池电动汽车的三个高压储氢罐

图 7.11 上汽大通 EUNIQ 7 燃料电池电动汽车的质子交换膜燃料电池

上汽大通 EUNIQ 7 燃料电池电动汽车的氢能源系统设置了四种工作模式，即直驱模式、行车补电模式、停车补电模式和能量回收模式。该车只要在加氢站加氢 3min，就能完全加满额定容积为 6.4kg 的高压储氢罐，其在 NEDC 循环工况下的续驶里程为 605km，百公里耗氢量为 1.18kg。

### 7.2.2 燃料电池电动汽车的工作原理

燃料电池电动汽车的工作原理如图 7.12 所示，高压储氢罐中的氢气和空气中的氧气在汽车搭载的燃料电池中发生氧化还原反应，产生电能，驱动电动机工作，电动机产生的机械能经变速传动装置传递给驱动车轮，驱动汽车行驶。

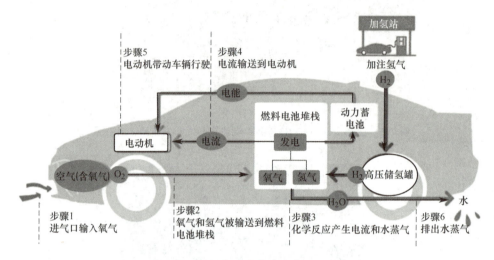

图 7.12　燃料电池电动汽车的工作原理

## 7.3　燃料电池电动汽车传动系统的参数匹配

### 7.3.1 驱动电动机的参数匹配

受有限的车内空间、恶劣的工作环境及频繁的运行工况切换的影响，燃料电池电动汽车用驱动电动机必须具有以下特性：功率密度高，以满足空间布置要求；瞬时过载能力强，以满足加速和爬坡要求；调速范围宽（包括恒转矩区和恒功率区）；转矩动态响应快；在运行的整个转矩-转速范围内的效率高，以提高能量利用率；可以四象限运行；状态切换平滑；具有高可靠性及容错控制；成本合理。

燃料电池电动汽车用驱动电动机有直流电动机、异步电动机、永磁同步电动机和开关磁阻电动机。受空间布置及功率需求的影响，通常燃料电池电动客车采用异步电动机驱动系统，燃料电池电动轿车采用永磁同步电动机驱动系统。

为保证各种行驶工况的需要，满足汽车动力性要求，需根据汽车动力性指标（最高车速、加速时间和最大爬坡度）确定驱动电动机的性能参数。电动机的主要性能参数包括最高转速、额定转速、峰值转矩、峰值功率、额定功率、额定转矩、工作电压。

（1）最高转速和额定转速。电动机的最高转速由最高车速和机械传动系统传动比确定。增大电动机的最高转速有利于减小电动机驱动系统的体积和质量，使传动比增大，从而增大传动系统的体积、质量和传动损耗。因此，应综合考虑各方面因素后，确定电动机的最高转速。

当功率一定时,电动机的额定转速越高,相应的功率密度越大。电动机最高转速与额定转速的比值称为扩大恒功率区系数,用 $\beta$ 表示。在电动机额定功率一定的前提下,$\beta$ 值越大,最高转速越小,对应的电动机额定转矩越大,对电动机的支撑要求越高,并且需要更大的电动机电流和电力电子设备电流,增大了功率变换器的尺寸和损耗。因为 $\beta$ 值大是汽车起步加速和稳定运行必需的,所以减小额定转矩只能通过选用高转速电动机解决,但会增大传动系尺寸,应协调考虑最高车速和传动系统尺寸。

电动机的最高转速

$$n_{\max}=\frac{30v_{\max}i_t}{3.6\pi r} \quad (7-1)$$

电动机的额定转速

$$n_e=\frac{n_{\max}}{\beta} \quad (7-2)$$

(2) 峰值转矩和峰值功率。电动机的峰值转矩由最大爬坡度确定,汽车爬坡时车速很低,可忽略空气阻力,则有

$$T_{g\max}=\frac{mgr}{n_t i_t}(f\cos\alpha_{\max}+\sin\alpha_{\max}) \quad (7-3)$$

式中,$T_{g\max}$ 为根据最大爬坡度确定的电动机峰值转矩。

电动机的峰值功率取决于加速时间,且与扩大恒功率区系数有关。在最高转速一定,且保证相同加速能力的情况下,电动机的 $\beta$ 值越大,峰值功率越小,并随着扩大恒功率区系数的增大,峰值功率趋于饱和。因此,扩大恒功率区系数的取值对降低电动机系统功率需求、减小电动机驱动系统的质量与体积、提高整车效率有非常重要的意义。$\beta$ 值取决于电动机驱动系统的类型及控制算法,通常取 $\beta=2\sim4$。

在水平路面上,车速从 0 到目标车速 $v_j$ 的加速时间

$$t=\int_0^{v_j}\frac{\delta m}{F_t-F_f-F_w}dv \quad (7-4)$$

汽车行驶驱动力与电动机峰值功率、峰值转矩之间的关系

$$F_t=\begin{cases}\dfrac{T_{a\max}\eta_t i_t}{r}, & n\leqslant n_e \\ 9550 i_t\dfrac{P_{e\max}\eta_t}{n_e r}, & n>n_e\end{cases} \quad (7-5)$$

式中,$T_{a\max}$ 为根据峰值功率 $P_{e\max}$ 折算的恒转矩区电动机的峰值转矩。

给定汽车加速时间后,可根据式(7-3)至式(7-5)求得电动机的峰值功率。

由于峰值功率 $P_{e\max}$ 满足加速性能指标要求,其折算后的峰值转矩 $T_{a\max}$ 也可以满足汽车爬坡性能指标要求,即 $T_{a\max}>T_{g\max}$,因此,电动机峰值转矩可设计为 $T_{e\max}=T_{a\max}$。如果汽车爬坡度有特殊要求,则取 $T_{e\max}=T_{g\max}$,通过调整峰值功率和扩大恒功率区系数重新匹配。

(3) 额定功率和额定转矩。主要克服滚动阻力和空气阻力的电动机额定功率

$$P_e=(F_f+F_w)\frac{v}{3600\eta_t} \quad (7-6)$$

式中,$v$ 可按汽车最高车速的 90% 或我国高速公路的最高限速 120km/h 取值。

电动机的额定转矩

$$T_e=9550\frac{P_e}{n_e} \quad (7-7)$$

(4)工作电压。工作电压的选择涉及用电安全、元器件的工作条件等问题,工作电压过低,会使电流过大,导致系统电阻损耗增大;工作电压过高,会对逆变器的安全性造成威胁。一般燃料电池电动汽车的工作电压为280~400V,但有增大的趋势。

### 7.3.2 燃料电池的参数匹配

根据 NEDC 循环工况(等速、加速、减速、停车)确定燃料电池的输出功率。

燃料电池电动汽车在平坦路面上等速行驶时所需的燃料电池功率

$$P_i = \frac{v}{3600\eta_t}\left(mgf + \frac{C_D A v^2}{21.15}\right) \tag{7-8}$$

式中,$P_i$ 为燃料电池电动汽车等速行驶时所需的燃料电池功率。

燃料电池电动汽车加(减)速行驶所需的燃料电池功率

$$P_j = \frac{v(t)}{3600\eta_d \eta_t}\left[mgf + mgi + \frac{C_D A v^2}{21.15} + \delta m a_j\right] \tag{7-9}$$

式中,$P_j$ 为燃料电池电动汽车加(减)速行驶所需的燃料电池功率;$v(t)$ 为燃料电池电动汽车加(减)速行驶速度;$a_j$ 为燃料电池电动汽车加(减)速度。

汽车行驶速度

$$v(t) = v_0 + 3.6 a_j t \tag{7-10}$$

式中,$v_0$ 为加速起始速度;$t$ 为行驶时间。

### 7.3.3 辅助动力源的参数匹配

燃料电池电动汽车的辅助动力源为蓄电池组,在汽车起步工况下,辅助动力源提供全部动力;在加速或爬坡等工况下,主动力源提供补充动力;在汽车制动工况下,吸收制动回馈的能量。

当辅助动力源用蓄电池在整车有较大功率需求时,可以对其进行大电流放电,燃料电池响应跟上后,放电电流大幅度减小,大电流放电的持续时间不长;当整车进行制动回馈时,可以在短时间内接受较大电流的充电,即电池要具有瞬间大电流充放电的能力,虽然充放电电流很大,但是由于持续时间都较短,因此电池的充电深度或放电深度都不大,电池 SOC 值的波动范围也不大。

蓄电池的参数由能回收大部分制动能量及在混合驱动模式下能满足汽车驱动和辅助电器系统的功率需求决定。

蓄电池的功率需求包括最大放电功率需求和最大充电功率需求。对于燃料电池电动汽车,蓄电池的首要作用是提供瞬时功率。根据整车的动力性要求,分析各工况(如汽车起步、爬坡、超车等)的功率需求,除以机械效率,可以得到对动力源的峰值功率需求,该功率由蓄电池和燃料电池共同提供。

当汽车长时间匀速行驶时,可以认为功率仅由燃料电池提供,可以计算出燃料电池的功率,系统对蓄电池的放电功率需求为总功率需求减去燃料电池的功率。

另外,汽车紧急制动时产生的制动功率很大,但以此功率设计蓄电池的最大充电功率是不合理的。实际上,制动能量回收效益较明显的是在城市循环工况下,根据城市循环工况的统计特性选择最大充电功率。

根据上述分析,蓄电池的额定功率可由式(7-11)确定。

$$P_{xe} = \frac{P_{emax}}{\eta_e} + P_{fd} - P_{ro} + P_{ff} \tag{7-11}$$

式中，$P_{xe}$ 为蓄电池的额定功率；$P_{fd}$ 为汽车辅助电器系统的功率需求。

蓄电池的质量

$$m_x = \frac{P_{xe}}{\rho_{xg}} \tag{7-12}$$

式中，$m_x$ 为蓄电池的质量；$\rho_{xg}$ 为蓄电池的比功率。

蓄电池的额定容量

$$C_{xe} = \frac{m_x \rho_{xn}}{U_e \eta_d} \tag{7-13}$$

式中，$C_{xe}$ 为蓄电池的额定容量；$\rho_{xn}$ 为蓄电池的比能量；$U_e$ 为蓄电池的额定电压；$\eta_d$ 为蓄电池的放电效率。

### 7.3.4 传动系传动比匹配

传动比是传动系统中各部件传动比的乘积，主要是变速器和主减速器的传动比的乘积。由于电动机的机械特性对驱动汽车十分有利，因此传动系统有多个挡位。驱动力图与燃油汽车相比具有特殊性，选择挡位和速比、确定最高车速时与燃油汽车不同。下面对可能出现的三种情况进行分析。

(1) 当电动机从额定转速向上调速的范围足够大，即 $n_{max}/n_e \geq 2.5$ 时，选择一个挡位（采用固定速比）。这是一种理想情况。

(2) 当电动机从额定转速向上调速的范围不够宽，即电动机最高转速不能满足 $n_{max}/n_e \geq 2.5$ 时，应考虑增加一个挡位。

(3) 当电动机从额定转速向上调速的范围较窄，满足 $n_{max}/n_e \leq 1.8$ 时，增加一个挡位后车速无法衔接，可考虑再增加挡位或说明电动机参数与整车性能要求不匹配，重新选择电动机的参数。

由于燃料电池电动汽车的动力全部由电动机提供，因此控制电动机能够在较大的范围内满足车速要求。最大传动比根据电动机的峰值转矩和最大爬坡度对应的行驶阻力确定。

$$i_{tmax} \geq \frac{F_{amax} r}{\eta T_{emax}} \tag{7-14}$$

式中，$F_{amax}$ 为最大爬坡度对应的行驶阻力。

由于汽车大多数时间以最高挡行驶，即用最小传动比的挡位行驶，因此最小传动比的选择很重要，应考虑满足最高车速的要求和行驶在最高车速时的动力性要求。

(1) 由最高车速和电动机的最高转速确定传动系最小传动比的上限。

$$i_{tmin} \leq \frac{0.377 n_{max} r}{v_{max}} \tag{7-15}$$

(2) 由电动机最高转速对应的最大输出转矩和最高车速对应的行驶阻力确定传动系最小传动比的下限。

$$i_{tmin} \geq \frac{F_{vmax} r}{\eta_t T_{vmax}} \tag{7-16}$$

式中，$F_{vmax}$ 为最高车速对应的行驶阻力；$T_{vmax}$ 为电动机最高转速对应的最大输出转矩。

### 7.3.5 仿真实例

燃料电池电动汽车动力传动系统匹配所需参数见表 7-1。

表7-1 燃料电池电动汽车动力传动系统匹配所需参数

| 参　　数 | 参　数　值 |
|---|---|
| 整车质量/kg | 2175 |
| 滚动阻力系数 | 0.012 |
| 空气阻力系数 | 0.32 |
| 迎风面积/m² | 2.1 |
| 车轮半径/m | 0.281 |
| 旋转质量换算系数 | 1.05 |
| 传动系统效率 | 0.92 |
| 传动系传动比 | 8.5 |

燃料电池电动汽车的设计目标如下。
(1) 最高车速不低于160km/h。
(2) 最大爬坡度不小于20°。
(3) 0～100km/h的加速时间不超过14s。

**1. 利用MATLAB/Simulink匹配驱动电动机参数**

利用驱动电动机匹配数学模型,建立驱动电动机功率匹配仿真模型,如图7.13所示。

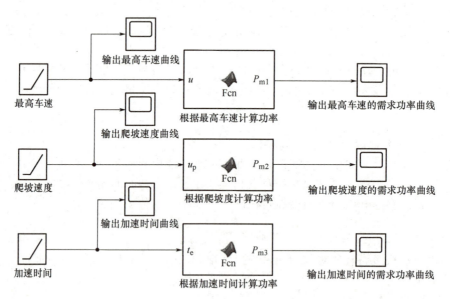

图7.13 驱动电动机功率匹配仿真模型

运行驱动电动机功率匹配仿真模型,可以得到图7.14所示的最高车速-电动机需求功率曲线,图7.15所示的爬坡车速-电动机需求功率曲线,图7.16所示的加速时间-电动机需求功率曲线;同时输出满足最高车速160km/h所需的电动机功率$P_{max1}=51.65$kW,满足以30km/h速度爬坡度20°所需的电动机功率$P_{max2}=66.08$kW;满足0～100km/h的加速时间14s所需的电动机功率$P_{max3}=77.39$kW。

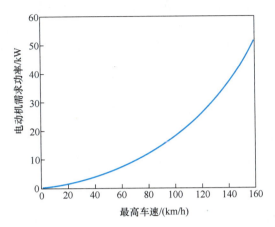

图 7.14 最高车速-电动机需求功率曲线

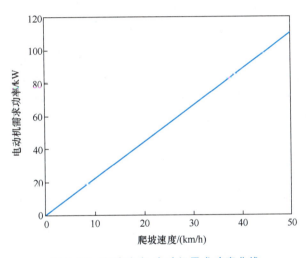

图 7.15 爬坡速度-电动机需求功率曲线

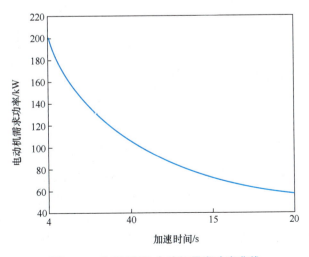

图 7.16 加速时间-电动机需求功率曲线

本例选择的电动机为永磁同步电动机,其峰值功率取 80kW,过载系数取 1.54,额定功率取 52kW。电动机的最高转速为 12838r/min,取 12900r/min;扩大恒功率区系数取 3;额定转速为 4300r/min。电动机的额定转矩为 89N·m,峰值转矩为 262N·m。

综上所述,驱动电动机匹配参数见表 7-2。

表 7-2 驱动电动机匹配参数

| 参　　数 | 参 数 值 |
| --- | --- |
| 额定功率/kW | 52 |
| 峰值功率/kW | 80 |
| 额定转矩/(N·m) | 89 |
| 峰值转矩/(N·m) | 262 |
| 额定转速/(r/min) | 4300 |
| 最高转速/(r/min) | 12900 |

#### 2. 利用 MATLAB 匹配燃料电池参数

根据表 7-1 中的数据和 NEDC 循环工况下的燃料电池匹配数学模型,编写 NEDC 循环工况燃料电池所需功率的 MATLAB 仿真程序,可得到燃料电池电动汽车 NEDC 循环工况燃料电池需求功率图,如图 7.17 所示。

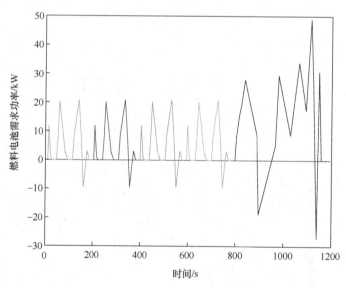

图 7.17 燃料电池电动汽车 NEDC 循环工况燃料电池需求功率图

可以看出,在 NEDC 循环工况下,燃料电池电动汽车在 100~120km/h 加速末时刻,燃料电池需求功率达到最大值(为 49.0131kW),可选择燃料电池的峰值输出功率为 50kW。

改变燃料电池电动汽车的性能参数,采用仿真模型,可以对任意燃料电池电动汽车的传动系统参数进行匹配和仿真。

## 7.4 燃料电池电动汽车的能量控制策略

燃料电池电动汽车动力传动系统的能量控制策略随着动力传动系统的结构形式不同而不同，但总的能量控制策略有三大基本控制目标，即动力性、经济性和续驶里程。

在燃料电池系统与动力蓄电池混合动力电动汽车的行驶过程中，动力传动系统控制器需要时刻根据汽车的功率需求及电池管理系统所提供的电池 SOC 值，决定能量在燃料电池系统和动力蓄电池中的分配。也就是说，需要根据加速踏板、制动踏板及挡位信息等计算需求转矩和需求功率，然后进行最优化的能量分配，将燃料电池系统和动力蓄电池的输出经电动机控制器转换为驱动电动机的功率输出，从而驱动汽车行驶。

燃料电池混合动力系统的控制策略主要有 On/Off 控制策略、功率跟随控制策略、瞬时优化最佳能耗控制策略等。

### 7.4.1 On/Off 控制策略

On/Off 控制策略的核心是汽车行驶过程中，燃料电池系统始终工作在高效区，从而保证汽车续驶里程较大。为了满足该既定目标，需要设定电池 SOC 值。假定燃料电池混合动力电动汽车在行驶过程中，其电池 SOC 值的最大值为 $SOC_{max}$，最小值为 $SOC_{min}$。当电池 SOC 值在最大值与最小值之间时，其等效内阻较小，因此在该区间工作时，动力蓄电池的效率比较高。

On/Off 控制策略的执行情况如下。

(1) 当 $SOC \leqslant SOC_{min}$ 时，动力蓄电池处于低荷电状态，燃料电池系统需要开启并持续工作在高效区，为驱动电动机提供主动力源。当驱动电动机的需求功率 $P_m$ 小于此时燃料电池系统的输出功率 $P_{ro}$ 时，电力控制系统需要将燃料电池系统的多余功率提供给动力蓄电池充电，直至 $SOC > SOC_{max}$ 或者 $P_{ro} < P_m$。

(2) 当 $SOC_{min} < SOC \leqslant SOC_{max}$ 时，动力蓄电池处于适宜荷电状态，此时动力蓄电池能够提供的最大功率为 $P_{xm}$。当 $P_{xm} \geqslant P_m$ 时，动力蓄电池作为主动力源，燃料电池系统处于关闭状态；当 $P_{xm} < P_m$ 时，动力蓄电池的最大功率不能满足汽车行驶需求，燃料电池系统开启，以弥补驱动功率的不足。

(3) 当 $SOC > SOC_{max}$ 时，动力蓄电池处于高荷电状态，动力蓄电池能够满足驱动电动机需求功率，燃料电池系统关闭，动力蓄电池单独提供驱动电动机的功率需求，直至动力蓄电池 $SOC < SOC_{min}$ 或者 $P_{xm} < P_m$。

### 7.4.2 功率跟随控制策略

功率跟随控制策略以动力蓄电池的荷电状态为核心，即保持动力蓄电池 SOC 值始终在最佳范围内，燃料电池系统除了供给驱动电动机一部分功率，还需要额外承担一部分动力蓄电池的功率消耗。燃料电池系统的开启与关闭不是简单地以电池 SOC 值的上、下限阈值为参考，而是由驱动电动机功率需求及电池 SOC 值共同控制的。因此，功率跟随控制策略可以在一定程度上解决 On/Off 控制策略不能满足燃料电池电动汽车行驶的动力性要求，同时改善燃料电池系统和动力蓄电池系统，使主动力源与辅助动力源尽可能达到最优控制。

功率跟随控制策略的执行情况如下。

(1) 当汽车停止时,燃料电池系统和动力蓄电池均不向驱动电动机输出功率。

(2) 当汽车起动时,燃料电池系统关闭,动力蓄电池单独工作,向驱动电动机输出起动功率 $P_m$,动力蓄电池的输出功率 $P_{xm} = P_m$,当燃料电池系统经预热后达到启动温度时,根据功率需求决定燃料电池系统是否启动,即当驱动电动机功率需求 $P_{req} < P_{xm}$ 时,动力蓄电池仍单独向驱动电动机输出功率,直至 $P_{req} \geq P_{xm}$ 为止。

(3) 当汽车处于怠速状态时,系统需求功率 $P_{req} = 0$,燃料电池系统和动力蓄电池均不向驱动电动机输出功率,但此时燃料电池系统需要根据电池 SOC 值判断是否向动力蓄电池充电。通常设定动力蓄电池的目标荷电状态为 $SOC_{aim} = (SOC_{min} + SOC_{max})/2$,控制系统根据当前电池 SOC 与 $SOC_{aim}$ 之间的关系决定燃料电池系统的输出功率,即

$$P_{ro} = \frac{2(SOC_{aim} - SOC)}{SOC_{max} - SOC_{min}} P_{ch} \tag{7-17}$$

式中,$P_{ch}$ 为 $SOC = SOC_{min}$ 时控制系统的额外功率,当 $SOC < SOC_{aim}$ 时,燃料电池系统向动力蓄电池充电;反之,不向动力蓄电池输出功率。

(4) 当汽车正常行驶时,需要根据当前驱动电动机的需求功率与燃料电池系统所能提供的功率进行判断。

① 当 $P_{req} > P_{romax}$(如汽车加速或者上坡)时,燃料电池系统输出的最大功率小于驱动电动机的需求功率,动力蓄电池需要开启向驱动电动机输出功率,燃料电池系统输出额定功率,动力蓄电池的输出功率为需求功率与燃料电池额定功率的差,即

$$P_{xm} = P_{req} - P_{ro} \tag{7-18}$$

② 当 $P_{romin} < P_{req} \leq P_{romax}$ 时,燃料电池系统的输出功率除了满足驱动电动机的功率需求,还要根据电池 SOC 值决定是否向动力蓄电池输出功率。此时燃料电池系统的输出功率

$$P_{ro} = \frac{2(SOC_{aim} - SOC)}{SOC_{max} - SOC_{min}} P_{ch} + P_m \tag{7-19}$$

当 $SOC \geq SOC_{aim}$ 时,燃料电池系统无须向动力蓄电池充电,驱动电动机的需求功率可由燃料电池系统和动力蓄电池同时提供;当 $SOC < SOC_{aim}$ 时,燃料电池系统同时为驱动电动机和动力蓄电池输出功率。当驱动电动机的需求功率和动力蓄电池的充电功率之和小于燃料电池系统的最小输出功率 $P_{romin}$ 时,为避免燃料电池系统在低效率区工作,燃料电池系统以 $P_{romin}$ 工作。

③ 当 $P_{req} \leq P_{romin}$ 时,驱动电动机的需求功率较小。若 $SOC < SOC_{aim}$,则燃料电池系统工作在高效区,同时为驱动电动机和动力蓄电池输出功率,直至 $SOC \geq SOC_{max}$ 为止;若 $SOC = SOC_{max}$,并且能满足驱动电动机的功率需求,则动力蓄电池单独为系统提供功率输出,直至 $SOC < SOC_{min}$;同时,为了避免燃料电池系统频繁开启和关闭影响燃料电池系统的使用寿命,需要根据当前动力蓄电池 SOC 值做适当的规定。

(5) 汽车处于制动状态时,$P_m < 0$,燃料电池系统与动力蓄电池均不向驱动电动机输出功率,可根据当前电池 SOC 值回收制动能量,给动力蓄电池充电;同时燃料电池系统也需要根据当前电池 SOC 值决定是否向动力蓄电池充电。

与 On/Off 控制策略相比,功率跟随控制策略不是单纯的以电池 SOC 值决定燃料电池

系统的开启与关闭,而是将燃料电池系统的合适工作区间($P_{romin}$,$P_{romax}$)与动力蓄电池 $SOC_{aim}$ 结合,以驱动电动机的功率需求为依据综合考虑,实现系统的功率分配。在该过程中,功率跟随控制策略可以避免 On/Off 控制策略中燃料电池系统频繁开启、关闭和动力蓄电池频繁深度充放电的影响,从而在一定程度上延长燃料电池电动汽车的使用寿命,实现系统能量分配的优化。

### 7.4.3 瞬时优化最佳能耗控制策略

瞬时优化最佳能耗控制策略的核心是建立动力系统燃料消耗等价函数,根据等价函数确定一个周期内驱动电动机的需求功率如何在燃料电池与动力蓄电池之间分配,从而使动力系统瞬时燃料消耗量最小。

瞬时优化最佳能耗控制策略以功率跟随控制策略为基础,其核心是在每个控制周期内对系统的能量分配进行瞬时优化,即决定驱动电动机的需求功率如何在燃料电池系统和动力蓄电池之间分配,尽可能提高汽车的经济性。

当燃料电池电动汽车工作时,控制系统需要根据当前时刻电池 SOC 值确定下一时刻燃料电池系统是否向动力蓄电池充电。等价氢气消耗函数建立的理论基础如下:在当前时刻,动力蓄电池处于放电状态,燃料电池系统和动力蓄电池同时向驱动电动机输出功率,为了保证电池 SOC 值在 $SOC_{aim}$ 附近,需要在未来时刻向动力蓄电池充电;相反,在当前时刻,动力蓄电池处于充电状态,燃料电池系统向动力蓄电池和驱动电动机同时输出功率,动力蓄电池需要在未来时刻放电,使 SOC 值回到 $SOC_{aim}$ 附近。

瞬时优化最佳能耗控制策略是在保证整车动力性能的前提下,结合燃料消耗等价函数,在每个周期内决定驱动电动机的需求功率如何在燃料电池系统和动力蓄电池中分配,从而改善经济性能。具体控制策略规则如下。

(1) 停车及怠速阶段。根据电池 SOC 值判断燃料电池系统是否需要向动力蓄电池充电。

(2) 起动阶段。动力蓄电池向燃料电池系统输出功率,直至燃料电池暖机起动温度,再根据驱动电动机的需求功率决定燃料电池系统是否输出功率。

(3) 正常行驶阶段。此阶段可分为如下四种情况:①动力蓄电池输出功率,燃料电池以小功率输出;②燃料电池系统和动力蓄电池混合驱动,功率分配比根据瞬时优化函数决定;③燃料电池系统输出功率满足驱动电动机的功率需求,同时给动力蓄电池充电;④燃料电池系统单独工作,动力蓄电池处于较稳定的荷电状态,燃料电池系统处于最佳工况点。

(4) 制动阶段。动力蓄电池和燃料电池系统均不向驱动电动机输出功率,可根据当前电池 SOC 值回收驱动电动机的制动能量。

燃料电池混合动力系统的三种控制策略比较见表 7-3。

表 7-3 燃料电池混合动力系统的三种控制策略比较

| 控制策略 | 控制目标 | 优点 | 缺点 |
| --- | --- | --- | --- |
| On/Off 控制策略 | 燃料电池系统始终工作在高效区 | 燃料电池系统工作在高效区,经济性好,控制方法简单 | 没有考虑动力蓄电池的工作状态,容易导致过充电、过放电;系统动力性不能得到保障 |

续表

| 控制策略 | 控制目标 | 优点 | 缺点 |
| --- | --- | --- | --- |
| 功率跟随控制策略 | 电池SOC值在$SOC_{aim}$附近 | 动力蓄电池处于浅循环工作状态,对电池寿命损耗较小,而且系统动力性较好 | 燃料电池系统要在一个范围内改变,对燃料电池系统的要求较高,增大了系统控制的难度 |
| 瞬时优化最佳能耗控制策略 | 燃料消耗等价函数 | 经济性和动力性都好 | 控制策略比较复杂,对控制系统要求较高 |

除此之外,读者们在功率跟随控制策略的基础上,根据不同的燃料电池电动汽车,结合模糊控制、遗传算法、神经网络算法等先进算法,提出了许多新的控制策略,读者可自行学习,此处不做介绍。

一、名词解释

1. 纯燃料电池驱动的燃料电池电动汽车
2. 燃料电池与辅助电池联合驱动的燃料电池电动汽车
3. On/Off 控制策略
4. 功率跟随控制策略
5. 瞬时优化最佳能耗控制策略

二、填空题

1. 按多电源的配置不同燃料电池电动汽车可分为_____驱动的燃料电池电动汽车、_____联合驱动的燃料电池电动汽车、_____联合驱动的燃料电池电动汽车以及_____联合驱动的燃料电池电动汽车。其中采用_____联合驱动的燃料电池电动汽车使用较为广泛。

2. 燃料电池电动汽车主要由_____、_____、_____、_____、_____和_____等组成。

3. 燃料电池电动汽车的燃料电池需要装置_____,蓄电池和超级电容器需要装置_____。DC/DC变换器的主要功能有调节燃料电池的_____,使电压升高到650V;调节_____;稳定整车直流母线电压。

4. 根据设计方案的不同,燃料电池电动汽车用的辅助动力源有所不同,可以用_____、_____或_____等共同组成双电源系统。

5. 为保证燃料电池电动汽车一次充气的续驶里程,需要多个_____储存氢气。一般轿车需要_____个高压储氢罐,客车需要_____个高压储氢罐。

三、选择题

1. 下列不适合做燃料电池电动汽车辅助动力源的是(  )。
   A. 锂离子蓄电池　　B. 飞轮　　　　C. 电容　　　　D. 铅酸蓄电池

2. 直接燃料电池电动汽车的主要燃料是(  )。
   A. 汽油　　　　　　B. 天然气　　　C. 氢气　　　　D. 甲醇

3. 燃料电池电动汽车的氢燃料主要由高压储氢罐供应，使用材料为碳纤维强化塑料的三层结构，可以承受（    ）的高压。

A. 50MPa　　　　B. 60MPa　　　　C. 70MPa　　　　D. 80MPa

4. 丰田 Mirai 燃料电池电动汽车储氢罐的最大压力是（    ）。

A. 50MPa　　　　B. 60MPa　　　　C. 70MPa　　　　D. 80MPa

5. 上汽大通 EUNIQ 7 布置了（    ）耐高压储氢罐。

A. 2个　　　　　B. 3个　　　　　C. 4个　　　　　D. 1个

## 四、判断题

1. 直接燃料电池电动汽车的主要燃料是氢气；重整燃料电池电动汽车的主要燃料有汽油、天然气、甲醇、甲烷、液化石油气等。（    ）

2. 燃料电池电动汽车都有动力蓄电池系统。（    ）

3. 燃料电池电动汽车的燃料电池可以与蓄电池组、飞轮储能器或超大容量电容器等共同组成双电源系统。（    ）

4. 燃料电池没有燃烧过程，以纯氢做燃料，生成物只有水，属于零排放。（    ）

5. 上汽大通 EUNIQ 7 的氢能源系统设置了四种工作模式，即直驱模式、行车补电、停车补电和能量回收。（    ）

## 五、问答题

1. 燃料电池电动汽车有哪些特点？
2. 燃料电池电动汽车的工作原理是怎样的？
3. 燃料电池电动汽车主要由哪几部分组成？
4. 在燃料电池电动汽车设计中，如何确定燃料电池、驱动电动机和蓄电池参数？
5. 燃料电池电动汽车的能量控制策略有哪些？

## 六、拓展题

1. 讨论当前国内燃料电池电动汽车的发展情况。
2. 讨论当前国内燃料电池电动汽车制氢的发展情况。

# 参 考 文 献

毕明，2007. 直流电动机驱动控制器硬件的设计与实现［D］. 成都：电子科技大学.
曹秉刚，曹建波，李军伟，等，2008. 超级电容在电动车中的应用研究［J］. 西安交通大学学报（11）：1317-1322.
陈家昌，王菊，伦景光，2008. 国际燃料电池汽车技术研发动态和发展趋势［J］. 汽车工程（5）：380-385.
陈全世，信继欣，孙力，2005. 中国电动车辆研究与开发［M］. 北京：北京理工大学出版社.
程伟，欧阳启，张晓辉，2008. 燃料电池汽车用电机驱动系统选型及性能参数研究［J］. 上海汽车（3）：4-8.
崔胜民，2016. 新能源汽车技术解析［M］. 北京：化学工业出版社.
崔智全，2004. 混合动力电动汽车动力源功率分配研究［D］. 哈尔滨：哈尔滨工业大学.
董昭，2007. 无刷直流电动机控制系统研究［D］. 西安：西安理工大学.
段炼，2008. 直接甲醇燃料电池阳极气液两相流动的研究［D］. 济南：山东大学.
冯垛生，2007. 太阳能发电原理与应用［M］. 北京：人民邮电出版社.
高瑞，2007. 基于卡尔曼滤波的永磁同步电机的无位置传感器算法研究［D］. 哈尔滨：哈尔滨工业大学.
郭瑞敏，2007. 铝/空气电池钙钛矿型空气电极的研究［D］. 长沙：中南大学.
郝亚川，2008. 基于永磁同步电机的电动汽车驱动系统研究［D］. 北京：北京工业大学.
胡骅，宋慧，2007a. 燃料电池电动汽车：Ⅰ［J］. 汽车电器（1）：51-56.
胡骅，宋慧，2007b. 燃料电池电动汽车：Ⅱ［J］. 汽车电器（2）：49-55.
胡骅，宋慧，2007c. 燃料电池电动汽车：Ⅲ［J］. 汽车电器（3）：46-55.
胡骅，宋慧，2007d. 燃料电池电动汽车：续完［J］. 汽车电器（4）：51.
黄学杰，2008. 浅谈混合电动汽车用锂离子电池［J］. 电池工业（3）：187-190.
姜辉，2006. 电动汽车传动系统的匹配及优化［D］. 哈尔滨：哈尔滨工业大学.
李建兴，2005. 铅酸蓄电池电动汽车续驶里程的研究［D］. 哈尔滨：哈尔滨工业大学.
李时伟，2007. 开关磁阻电动机参数分析及控制系统研究［D］. 哈尔滨：哈尔滨工业大学.
刘博，2004. 基于纯电动汽车的制动能量回收系统的研究与实现［D］. 北京：清华大学.
刘灵芝，2008. 锂离子电池管理系统研究［J］. 安庆师范学院学报（自然科学版）（2）：50-52，78.
卢圣涛，2007. 车用交流异步电机直接转矩控制系统研究与仿真［D］. 武汉：武汉理工大学.
马爱华，2008. 锂离子电池智能管理系统设计［D］. 北京：北京交通大学.
秦岭，2008. 基于无刷直流电机的电动汽车驱动控制器的研制［D］. 合肥：合肥工业大学.
秦昀，2012. 增程式电动汽车动力传动系统参数匹配及性能仿真［D］. 哈尔滨：哈尔滨工业大学.
曲荣利，2007. 混合动力汽车镍氢电池充放电特性研究［D］. 大连：大连理工大学.
任东华，2007. 质子交换膜燃料电池性能影响研究［D］. 南京：南京理工大学.
芮菊，2008. 固体氧化物燃料电池（SOFC）的建模与仿真［D］. 上海：上海交通大学.
石小波，2008. 电动车用开关磁阻电机低转矩脉动控制系统研究及实现［D］. 长沙：湖南大学.
双纪文，2008. 混合动力汽车的无位置传感器无刷直流电机控制系统研究［D］. 成都：西南交通大学.
孙刚，2006. 混合动力车辆制动能量回收系统的控制研究［D］. 哈尔滨：哈尔滨工业大学.
孙振川，2008. 异步电机直接转矩控制理论和技术的研究［D］. 济南：山东大学.
覃宇夏，2008. 锂离子电池大电流放电影响因素的研究［D］. 长沙：湖南大学.
田锐，2005. 混合动力汽车用铅酸蓄电池均衡控制策略研究［D］. 重庆：重庆大学.
田玉冬，吴军民，2007. 熔融碳酸盐燃料电池的电气建模［J］. 上海电机学院学报（4）：254.

王成, 2007. 电动汽车发展对能源与环境影响研究 [D]. 长春: 吉林大学.
王凤麒, 2005. 并联式混合动力汽车动力传动系的研究 [D]. 哈尔滨: 哈尔滨工业大学.
王宏亮, 2005. 纯电动汽车整车建模与仿真 [D]. 哈尔滨: 哈尔滨工业大学.
王辉, 2006. 锌空气电池空气电极的研究 [D]. 哈尔滨: 哈尔滨工业大学.
王家捷, 穆举国, 茹海涛, 2006. 锌镍动力电池的发展和应用 [J]. 电池工业 (3): 194-196.
王秀玲, 2007. 电动汽车驱动系统的研究 [D]. 长春: 吉林大学.
王益全, 2005. 电动机原理与实用技术 [M]. 北京: 科学出版社.
王源, 2006. 电动汽车用动力铅酸电池快速充电技术研究 [D]. 哈尔滨: 哈尔滨工业大学.
王远, 2006. 太阳能电池及其应用技术研究 [D]. 武汉: 华中科技大学.
王振, 2007. 质子交换膜燃料电池系统特性仿真研究 [D]. 济南: 山东大学.
王治华, 殷承良, 2008. 电动汽车用 $LiFePO_4$ 锂离子电池安全性分析 [J]. 电池工业 (3): 169-172.
魏学哲, 戴海峰, 孙泽昌, 2007. 燃料电池汽车辅助动力蓄电池选型设计 [J]. 电源技术 (10): 772-776.
温有东, 2012. 电动汽车用永磁同步电机的研究 [D]. 哈尔滨: 哈尔滨工业大学.
翁史烈, 翁一武, 苏明, 2003. 熔融碳酸盐燃料电池动态特性的研究 [J]. 中国电机工程学报, 23 (7): 168-172, 200.
夏青松, 2007. 电动汽车动力系统设计及仿真研究 [D]. 武汉: 武汉理工大学.
肖婷, 2008. 车用动力镍氢电池 SOC 建模与仿真 [D]. 武汉: 武汉理工大学.
熊家祎, 2007. 百瓦内重整熔融碳酸盐燃料电池的建模与控制 [D]. 郑州: 郑州大学.
熊伟铭, 张觉慧, 任纪良, 等, 2007. 燃料电池汽车整车集成的关键技术 [J]. 上海汽车 (8): 3-6, 13.
徐文兵, 2008. 超级电容能量监控系统的研究与设计 [D]. 上海: 上海交通大学.
杨妙梁, 2008a. 国外车用锂离子蓄电池的应用与发展动向 (一) [J]. 汽车与配件 (39): 30-33.
杨妙梁, 2008b. 国外车用锂离子蓄电池的应用与发展动向 (二): 新一代锂离子蓄电池研发成果及今后发展动向 [J]. 汽车与配件 (52): 46-48.
杨武, 2004. 车用燃料电池动力系统的仿真研究 [D]. 北京: 清华大学.
姚海兰, 2008. 永磁同步电机直接转矩控制系统 [D]. 上海: 同济大学.
叶开志, 吴志新, 郑广州, 等, 2008. 固体氧化物燃料电池在电动汽车中的应用 [J]. 城市车辆 (6): 42-44.
尹安东, 于霞, 2007. 燃料电池电动汽车驱动系统及其控制技术 [J]. 农业装备与车辆工程 (4): 33-35.
于霞, 2008. 燃料电池电动客车参数匹配与性能仿真研究 [D]. 合肥: 合肥工业大学.
曾成碧, 赵莉华, 2009. 电机学 [M]. 北京: 机械工业出版社.
翟跃, 2010. 电动汽车网络管理系统的研究与实现 [D]. 哈尔滨: 哈尔滨工业大学.
张宏阁, 马建军, 2008. 铁电池技术在电动汽车上的应用分析 [J]. 装备制造技术 (1): 99-101.
张金柱, 2005. 永磁同步电动机在混合动力汽车上的应用 [J]. 轻型汽车技术 (6): 25-28.
张鹏, 2010. 电动汽车制动能量回收系统的研究与实现 [D]. 哈尔滨: 哈尔滨工业大学.
张巍, 2008. 纯电动汽车电池管理系统的研究 [D]. 北京: 北京交通大学.
张武荣, 2007. 异步电机矢量控制研究 [D]. 沈阳: 沈阳工业大学.
张玉龙, 2007. 镍氢动力电池智能管理系统的研究 [D]. 哈尔滨: 哈尔滨工业大学.
赵云峰, 陈俊, 朱自萍, 等, 2012. 混合动力汽车和新能源汽车数据分析 [J]. 农业装备与车辆工程(5): 26-33.
郑敏信, 齐铂金, 吴红杰, 2008. 锂离子动力电池组充放电动态特性建模 [J]. 电池 (3): 149-151.
周立平, 2005. 基于模糊的并联混合动力电动汽车能量管理策略 [D]. 哈尔滨: 哈尔滨工业大学.
朱可, 2007. 燃料电池城市客车动力系统关键技术研究 [D]. 合肥: 合肥工业大学.

# 附录　AI 伴学内容及提示词

AI 伴学工具：生成式人工智能工具，如 DeepSeek、Kimi、豆包、通义千问、文心一言、ChatGPT 等。

| 序号 | AI 伴学内容 | AI 提示词 |
| --- | --- | --- |
| 1 | 第 1 章 绪论 | 举例介绍发展新能源汽车的必要性 |
| 2 | | 解读新能源汽车的定义 |
| 3 | | 未来新能源汽车具有哪些特征 |
| 4 | | 新能源汽车主要有哪些类型 |
| 5 | | 新能源汽车"三纵三横"技术体系是怎样的 |
| 6 | | 我国新能源汽车的标准体系框架是怎样的 |
| 7 | | 我国节能与新能源汽车技术路线（发展愿景、总体目标、主要里程碑、技术路线） |
| 8 | | AI 在新能源汽车的应用前景（3000 字） |
| 9 | 第 2 章 电动汽车用动力蓄电池 | 举例介绍电池的类型（化学电池、物理电池、生物电池） |
| 10 | | 举例说明动力蓄电池的性能指标主要有哪些 |
| 11 | | 动力蓄电池结构类型（单体蓄电池、蓄电池模块、蓄电池包和蓄电池系统） |
| 12 | | 举例说明动力蓄电池的组合方式有哪些 |
| 13 | | 举例说明电动汽车对动力蓄电池的要求有哪些 |
| 14 | | 铅酸蓄电池的基本结构、工作原理及优缺点 |
| 15 | | 镍氢蓄电池的基本结构、工作原理及优缺点 |
| 16 | | 锂离子蓄电池的类型、基本结构、工作原理及优缺点 |
| 17 | | 锂离子蓄电池的正极材料、负极材料、隔膜和电解质的要求与类型 |
| 18 | | 新能源汽车锂离子蓄电池的尺寸要求和技术要求 |
| 19 | | 燃料电池的基本结构、工作原理及优缺点 |
| 20 | | 质子交换膜、电催化剂、气体扩散层、膜电极和双极板的要求、类型和作用 |
| 21 | | 燃料电池堆的组成及产品介绍 |
| 22 | | 燃料电池发电系统的组成及产品介绍 |
| 23 | | 新体系电池（全固态锂离子蓄电池、锂硫电池、金属空气电池、石墨烯电池）介绍 |
| 24 | | 电动汽车用动力蓄电池如何与 AI 结合 |
| 25 | | 出一套电动汽车用动力蓄电池的自测题 |

续表

| 序号 | AI伴学内容 | AI提示词 |
|---|---|---|
| 26 | 第3章 电动汽车用电动机 | 电动汽车用电动机的主要类型、电动机性能指标及要求 |
| 27 | | 直流电动机的分类、结构、特点、工作原理及控制方法 |
| 28 | | 无刷直流电动机的分类、结构、特点、工作原理及控制方法 |
| 29 | | 异步电动机的结构、特点、工作原理、运行特性及控制方法 |
| 30 | | 永磁同步电动机的结构、特点、工作原理、运行特性及控制方法 |
| 31 | | 开关磁阻电动机的结构、特点、工作原理、运行特性及控制方法 |
| 32 | | 轮毂电动机驱动系统的组成、类型及驱动方式 |
| 33 | | 电驱动系统的组成、产品介绍及发展趋势 |
| 34 | | 电动汽车用电动机如何与AI结合 |
| 35 | | 出一套电动汽车用电动机的自测题 |
| 36 | 第4章 纯电动汽车 | 纯电动汽车的组成、工作原理、驱动形式及特点（2000字） |
| 37 | | 纯电动汽车动力传动系统的参数匹配方法（5000字） |
| 38 | | 纯电动汽车的动力性评价及仿真方法（3000字） |
| 39 | | 纯电动汽车的经济性评价及仿真方法（3000字） |
| 40 | | 纯电动汽车电池管理系统的定义、组成、功能、工作模式、参数检测及荷电状态估算方法（5000字） |
| 41 | | 纯电动汽车制动能量回收系统的定义、组成、原理、控制策略（3000字） |
| 42 | | 纯电动汽车的仿真方法（3000字） |
| 43 | | 纯电动汽车如何与AI结合 |
| 44 | | 出一套纯电动汽车的自测题 |
| 45 | 第5章 增程式电动汽车 | 增程式电动汽车的定义、结构、工作模式及特点（2000字） |
| 46 | | 增程式电动汽车动力传动系统的参数匹配方法（5000字） |
| 47 | | 增程式电动汽车的控制策略及其设计（2000字） |
| 48 | | 增程式电动汽车的动力系统建模及仿真方法（3000字） |
| 49 | | 增程式电动汽车如何与AI结合 |
| 50 | | 出一套增程式电动汽车的自测题 |
| 51 | 第6章 混合动力电动汽车 | 混合动力电动汽车的分类、组成、原理及特点（2000字） |
| 52 | | 混合动力电动汽车的动力耦合类型（2000字） |
| 53 | | 混合动力电动汽车动力传动系统的参数匹配方法（5000字） |
| 54 | | 混合动力电动汽车制动能量回收系统的控制策略（3000字） |
| 55 | | 混合动力电动汽车的能量管理策略（3000字） |
| 56 | | 三种（串联式、并联式、混联式）混合动力电动汽车的工作模式（3000字） |
| 57 | | 混合动力电动汽车如何与AI结合 |
| 58 | | 出一套混合动力电动汽车的自测题 |

续表

| 序号 | AI 伴学内容 | AI 提示词 |
| --- | --- | --- |
| 59 | 第 7 章 燃料电池 电动汽车 | 燃料电池电动汽车的类型、特点及关键技术（2000 字） |
| 60 | | 燃料电池电动汽车的组成及工作原理（2000 字） |
| 61 | | 燃料电池电动汽车动力传动系统的参数匹配方法（5000 字） |
| 62 | | 燃料电池电动汽车的能量控制策略（3000 字） |
| 63 | | 燃料电池电动汽车如何与 AI 结合 |
| 64 | | 出一套燃料电池电动汽车的自测题 |